大家小书

大家写给大家看的书

北宋政治改革家王安石

邓广铭 著

北京出版集团公司
北京出版社

图书在版编目（CIP）数据

北宋政治改革家王安石 / 邓广铭著. — 北京：北京出版社，2016.2
（大家小书）
ISBN 978-7-200-11413-3

Ⅰ．①北…　Ⅱ．①邓…　Ⅲ．①王安石（1021～1086）—传记　Ⅳ．①K827=441

中国版本图书馆 CIP 数据核字（2015）第 137826 号

总 策 划　安　东　高立志
责任编辑　严　艳
责任印制　宋　超
装帧设计　北京纸墨春秋艺术设计工作室

·大家小书·
北宋政治改革家王安石
BEISONG ZHENGZHI GAIGEJIA WANG'ANSHI
邓广铭　著
*
北京出版集团公司
北京出版社　出版
（北京北三环中路6号）
邮政编码：100120
网　址：www.bph.com.cn
北京出版集团公司总发行
新华书店经销
北京华联印刷有限公司印刷
*
880毫米×1230毫米　32开本　12.75印张　300千字
2016年2月第1版　2022年8月第3次印刷
ISBN 978-7-200-11413-3
定价：28.00元
质量监督电话：010-58572393

序　言

袁行霈

“大家小书”，是一个很俏皮的名称。此所谓“大家”，包括两方面的含义：一、书的作者是大家；二、书是写给大家看的，是大家的读物。所谓“小书”者，只是就其篇幅而言，篇幅显得小一些罢了。若论学术性则不但不轻，有些倒是相当重。其实，篇幅大小也是相对的，一部书十万字，在今天的印刷条件下，似乎算小书，若在老子、孔子的时代，又何尝就小呢？

编辑这套丛书，有一个用意就是节省读者的时间，让读者在较短的时间内获得较多的知识。在信息爆炸的时代，人们要学的东西太多了。补习，遂成为经常的需要。如果不善于补习，东抓一把，西抓一把，今天补这，明天补那，效果未必很好。如果把读书当成吃补药，还会失去读书时应有的那份从容和快乐。这套丛书每本的篇幅都小，读者即使细细地阅读慢慢地体味，也花不了多少时间，可以充分享受读书的乐趣。如果把它们当成补药来吃也行，剂量小，吃起来方便，消化起来也容易。

我们还有一个用意，就是想做一点文化积累的工作。把那些经过时间考验的、读者认同的著作，搜集到一起印刷出版，使之不至于泯没。有些书曾经畅销一时，但现在已经不容易得到；有些书当时或许没有引起很多人注意，但时间证明它们价值不菲。这两类书都需要挖掘出来，让它们重现光芒。科技类的图书偏重实用，一过时就不会有太多读者了，除了研究科技史的人还要用到之外。人文科学则不然，有许多书是常读常新的。然而，这套丛书也不都是旧书的重版，我们也想请一些著名的学者新写一些学术性和普及性兼备的小书，以满足读者日益增长的需求。

“大家小书”的开本不大，读者可以揣进衣兜里，随时随地掏出来读上几页。在路边等人的时候，在排队买戏票的时候，在车上、在公园里，都可以读。这样的读者多了，会为社会增添一些文化的色彩和学习的气氛，岂不是一件好事吗？

“大家小书”出版在即，出版社同志命我撰序说明原委。既然这套丛书标示书之小，序言当然也应以短小为宜。该说的都说了，就此搁笔吧。

目　录

序 言

一

我现在刚刚把那本撰写于20世纪70年代的《王安石》的修改工作进行完毕。这次修改的幅度是比较大的。

这次之所以对《王安石》进行大幅度的修改，虽有不少原因，但其中比较重要的原因之一，则是因为，在近十多年内，我一直置身于改革开放的宏观政治气氛之中，经历了思想战线上的一次拨乱反正的大辩论，更加明确了破除迷信、解放思想、实事求是的治国、治事、治学、治史的正确导向；而随时随地出现在神州大地上的“改革是解放生产力”的万千现实事例，更使我受到启发，加深了对王安石发动于11世纪的变法革新事业的理解和认识。

我当然知道，王安石发动于九百年前的那场变法革新政治运动，是不可能也不应当与当前的改革开放相提并论的，也不能把二者进行任何类比和比附。但是，如马克思在《政治经济学批判导言》中所说：“人体解剖对猴体解剖是一把钥匙，低等动物身上表露的高等动物的征兆，反而只有在高等动物本身已被认识之后才能理解。”我重写此书的道理也正在于此。我是从现实政治经济的飞腾活跃的改革场景的体认，得到了启发，加深了对于王安石变法革新这一重大历史事件的理解和认识，从而产生了要重新改写《王安石》一书的意念。

在新中国成立之初的1951年，我就写过一本取名为《王安石》的小册子，开宗明义，我突出地提出了他所主张的“天变不足畏，祖宗不足法，流俗之言不足恤”三原则，以为这虽是由司马光、范镇等保守派人物首先揭发出来的，实际上却是最真切的对王安石的传神写照。1972年9月，日本首相田中角荣访华。据说，当他到中南海去拜会毛泽东主席时，毛泽东称赞他说，第二次世界大战后的日本历届首相全都反华，而田中却要来与我国恢复邦交正常化，这颇有似于宋朝宰相王安石的“祖宗不足法”的精神；又说，当时的美帝、苏修正阴谋合力对付中国，必然对田中的访华不予赞同，而田中竟能不予理睬，毅然来华，这又颇似王安石的“流俗之言不足恤”的精神。这次的谈话传出之后，人民出版社即来人与我商谈，要我把50年代初所写那本小册子尽速稍加修改，最好争取在1972年底即能出书。我却以为，那本小册子乃二十多年前所作，要重印，必须做大幅度的修改才行，于是商定于一年之后交稿，我也的确按照预定时间交了稿。但当时全国的学术文化界，却正上演着“儒法斗争”和“批林批孔”这两出闹剧，当出版社依照当时的惯例，首先印出了百来本讨论稿，送到有关大学和研究机构进行讨论时，所收集到的意见，却几乎是众口一词：对于“儒法斗争”和“批林批孔”的反映都很不够，亦即很缺乏“时代气息”。责编先生且为此而从上海的报刊上剪来几篇有关的社论交给我，供我进行修改时参考。为求书稿能够出版，我自不能传承王安石的“流俗之言不足恤”那种精神，而是按照从各处讨论会上收集来的意见，把全书做了一番修改。审查通过之后，到1975年5月才得以出版。可是，到“四人帮”被粉碎之后，出版社要重印此书时，提出要我加以删削和修改的，却正是以前要我补入的有关“儒法斗争”和“批林批孔”的“富有时代气息”的那些文句和段落。

当那本《王安石》再版出书之后，香港一家报纸刊出了一篇简短的书评，题为《邓广铭三写王安石》，对于我的那本著述，有所称赞，也有所批评。对批评者提出的一些意见，基本上我都是同意的。此事过去已将近二十年了。我现在却要在垂暮之年，主动地来四写王安石。在写作过程中，我越来越感觉到，这次的重写，不但并非多余，而且十分必要。理由如下：

在70年代曾两次印行的那本《王安石》（印数达九万五千余册），其中所掺入的有关“儒法斗争”和“批林批孔”的污染因素，应当继续加以清除，这固然也可以作为这次重写的理由之一，然而更重要的原因却还另有所在。

王安石可以被称为诗人、文学家、学者、思想家、政治家或政治改革家，而我在过去三写王安石，以及这次四写王安石时，所要着重加以表述和描绘的，则一直是选取了他作为政治改革家的一面。

王安石是一个具有高尚品格的人，是一个杰出的政治改革家。对于政治、经济、军事和社会的变革他都具有理想和抱负、韬略和办法。宋哲宗即位之初，做中书舍人的苏轼，在《王安石赠太傅制》中，说他“名高一时，学贯千载；智足以达其道，辩足以行其言；瑰玮之文足以藻饰万物，卓绝之行足以风动四方；用能于期岁之间，靡然变天下之俗”。这等于说，用立德、立功、立言“三不朽”的标准来衡量，王安石的生平行谊，不但全都符合，而且到达了极高的境界。这些语句，尽管是依照司马光致吕公著函中所说“介甫文章节义过人处甚多”为基调的，可是，在苏轼加以升华之后，格局境界却大不相同了。但与王安石的生平业绩相比照，却还是属于实事求是，而并无溢美拔高之处。所可惜者，这一次极公允的评价，在其发布之后，却一直被湮没在出现于它以前和以后的、大量带有诬蔑和诽谤性的记述和议论当中，从而未能引起当时以及后代人的特别注意。特别是蔡京与宋徽宗假借推行新法的名义而放僻邪侈、祸国殃民、无所不为，并在蔡京的策划下树立了“元祐党籍碑”，致使新旧两派更势成水火，而蔡京与宋徽宗的种种罪恶行径，终致使北宋政权为南侵的女真铁骑所覆灭。但从蔡京势焰熏灼之日，在他所提拔的一群福建人中，也有保守派人物的徒众，例如杨时就是从学于程颢、程颐的人。这些受过蔡京恩惠的人，对于蔡京的一些祸国殃民行径，虽也有时形诸奏章，进行论劾，但在另一方面，也总要设法稍加开脱，于是就用推本求源之计，认为王安石是变法改制的始作俑者，遂把天下之恶皆归之于他。杨时在宋钦宗即位后，就曾上疏说：

> 蔡京用事二十余年，蠹国害民，几危宗社，人所切齿，而论其罪者莫知其所本也。蔡京以继述神宗为名，实挟王安石以图身利……今日之祸，实安石有以启之。谨按：安石挟管商之术，饰六艺以文奸言，变乱祖宗法度。当时司马光已言其为害当见于数十年之后。今日之事，若合符契。①

请看，杨时在《疏》中并未举出任何事实为证，而只是根据司马光的一句预言，就把蔡京的一切罪行都转嫁到王安石身上了。

福建崇安县的胡安国，他的仕进虽全与蔡京无关，但程门的高弟杨时、游酢等人都是他的好友。他对王安石之不列《春秋》于学官，竟也指斥为“乱伦灭理。用夏变夷，殆由乎此”。这里的所谓“用夏变夷”，当即指女真兵马侵据中原，颠覆了北宋政权而言。

在杨时、胡安国诸人大倡王安石的新法新学为北宋灭亡的祸端之后，南宋一代的知识分子几乎无人敢持异议，遂使此说成了定论。一些博学多识的学者，如南宋的朱熹、吕祖谦，清初的黄宗羲、王夫之等人，也都不免接受这一定论，

① 《宋史·杨时传》。

甚至更加以阐发。及至一些古文选本，如《古文观止》之类流行于世，凡读过几年村塾的人，几乎全是从北宋末年邵伯温冒苏洵之名，专以诋毁王安石为目的而撰写的《辨奸论》中知道和认识王安石其人的，故王安石在这些人的脑海中，是一个极其丑恶的人物，自更不问可知。在清代前期，虽有两个江西人，李绂和蔡上翔，立志为其乡贤王安石辩诬，为此而写了专题论文和书册，但因他们所见有关北宋的史书太少（《续资治通鉴长编》和《宋会要》的辑本，他们都未及见），对于整个熙宁、元丰年间（1068—1085）以及其后的哲宗、徽宗两朝新旧两派的斗争实况，便不可能有充分的了解。更因蔡上翔乃是一个文人而非史家，他竟不承认司马光与王安石在政治上乃势不两立的敌人，自难做出实事求是的考证。梁启超于清朝晚年戊戌变法（1898）失败之后所写《中国六大政治家》中之《王荆公》，则是全从蔡上翔的《王荆公年谱考略》脱化而来，既未再做新的考索，自也不可能提出新的意见。在梁书刊印之后，虽还有继起评述王安石的著作，如柯昌颐的《王安石评传》等，更属“自郐以下”，不足置论了。在20世纪50年代后期，上海人民出版社印行了漆侠教授的《王安石变法》一书，对于熙宁新法进行了认真的探索，超越了前此所有的同类著述，似乎可以说已使王安石的变法得到了平反。但他对于实际作为变法精神支柱的“三不足”原则，处理得却仍显含混：他既以为“三不足”之说纯粹是反对派所造的谣言，已被王安石在神宗面前加以否认；却又以为，这个谣言颇符合于王安石的为人。在其叙述推行新法的全部过程当中，也并无一处把它与“三不足”原则搭上关系。用《春秋》责备贤者的书写笔法，我们似乎不妨说，对于驱动王安石变法改制的核心力量，亦即对于王安石厉行变法改制的思想、心态中最为本质的东西，漆侠教授把握得也还不够准确。

二

倾泻在王安石身上的污泥浊水、以莫须有的罪状来丑化王安石的种种谤言谤语、虚妄记载，以及对王安石的一些高超言论和卓越业绩的歪曲湮没，始自王安石生前，到南宋而愈演愈烈，其后经俗儒村夫子递相传承，迄今几近千年而未得昭雪。我现在虽是“四写王安石”，而在写作的进程当中，为求清除所有积淀深厚的污染，改变千百年来所铸成的对王安石的那些传统成见，恢复王安石的本来面目，我竟也经常产生“发潜德之幽光”的感觉。事情很明显，我希图在这本书中展现出来的恢复了本来面目的王安石，其形象与精神风貌大有区别于被严重丑化了近千年之久的那个王安石，对一般人来说，几乎都可以说是一个陌生的人物。因此，我必须牢牢依照“有一分证据说一分话”的原则，以求具有足够的说服力。特别是，为求说服那些人，他们在理财观点上，迄今还信奉着司马光的那套理论，以为“天地所生，财货万物，止有此数，不在民间. 则在公家”，因而仍然认为，王安石所说的能使“民不加赋而国用饶”的“善理财者”只是一种欺人之谈；而贯穿于王安石的新法中的所谓理财之法，除了加重对纳税户的剥削而外，也无他术。生于20世纪末叶的中国，面对着以解放生产力为社会经济改革主要目标的现实景象，竟还不能使自己的顽固思想得到开化、启发和解放，这充分说明，到目前为止，他们还只是以成见，而不是以实践作为检验真理的唯一标准。我认为，要说服他们的唯一办法，终究还须依凭王安石在政治、经济诸方面的实践效验来进行论证。因此，在本书的各个章节中，我只是不惮烦琐、不惮重复地，援引王安石自己发表的一些言论，亲身策划的一些作为，独立构成的各种局势，力求以此种种因素展现出那个颇具特色的熙宁变法改制时期。其目的，也只是想凸现出一个抖落所有污染、误解和扭曲的政治改革家，使其能够以本来的风度和丰采，再现在读者的面前。

三

在史料的运用方面，我力求去伪存真、去粗取精；在对史事的剖析和判断方面，我也是力求能够由表及里（亦即深度）、由此及彼（避免片面性）。在我四写王安石的实践过程当中，对于王安石的人格和业绩、气度和胆识的体认，全都有了某种程度的深化和提高。

王安石是生活在11世纪中叶的人物，但他的一些思想的卓越高明，远远超出了当时一般知识阶层的人群之上，却是极为明显的。即如他的那个“三不足”的思想境界，换用现代语言来说，实际就是要“破除迷信，解放思想”，这使他成为当时思想界的先进人物，但同时也使他成为一个脱离了广大的知识阶层的人物。他虽极想用自己所撰作的《〈洪范〉传》中对天人感应旧说的纠正，能对宋神宗有所启发，使其对天变不足畏的观点能有所认同，但后来变法改制的实践证明，这对宋神宗并未起到些许作用。所以，在熙宁六年冬至七年春的长期旱灾情况下，宋神宗便不能不屈服于保守派人物的鼓噪之下，而导致了王安石的第一次罢相。

王安石是一个战略家。不论在政治、经济和社会方面，或是对待一直威胁着北宋政权安全的北方契丹政权和西北方西夏政权，王安石都有经过他的独立思考和深思熟虑而构成的规划和筹策，所以是一个真正的能够高瞻远瞩的战略家。

到三写王安石时，我还只是在“爱国主义的主张和实践”这一标题之下，述写了他的有关要兼并契丹和西夏的一些言论。这次改写，我又把王安石有关这方面的一些议论更多地举述出来，并改换为“王安石统一中国（亦即恢复汉唐旧境）的战略设想”的标题。据我暗自估测，翻看这本传记的读者，必会有人感到惊异，认为，自宋太宗到宋仁宗，不论对契丹或对西夏的作战能力，都已出现了“积弱”的情况，在这种情况下还提出吞灭契丹、西夏的建议，那只能是一种梦幻语言。然而我却以为，在此必须特别加以重视的是，王安石对从宋太宗以来，在对外作战时的战略决策，例如将从中御，例如颁布锦囊妙计以限制前线将帅随机应变的主动措施，以及不肯拔擢智勇双全，而只肯用傅潜那样的庸人担任统帅的职务，等等，是全都加以否定，要彻底加以改革的。在王安石全力支持的王韶征讨河湟之战过程中，他把前线军事的指挥之权，全听王韶自作主张，不在开封做任何形式的遥控。这也果然成为王韶取得战争胜利的重要原因。不妨说，这也正是王安石在用兵方略上进行改革的初次实验。这次初步实验的成功，也预示着王安石的整个战略设想之具有可行性与可能性。在《晋书》上曾记有一事：继承了西晋残破局势而在建康重建的东晋政权，内部掌握军政实权的人物，先之以王敦的兴兵造反，继之以桓温以别有用心的北伐而招致了枋头（在今河南浚县境内）的惨败，东晋军事实力确已不振，而在十五年后，面临前秦苻坚率领投鞭可以断流的南侵兵马之际，东晋的主持军政之人，却正是一位具有胆识的谢安，在他的镇定筹策之下，出兵迎击。淝水之战获得全胜，把苻坚大军打得土崩瓦解，丧魂失魄，甚至惊吓得发生了风声鹤唳、草木皆兵的错觉。以此为证，可知绝不应根据王安石当政以前，北宋王朝在对付契丹、西夏作战历史的种种失误，而断言王安石的这一宏伟战略设想，只是一种梦幻式的狂想而不可能付诸实施。至于说，王安石的这种设想，虽再三再四地见诸他的言论，却始终没有引起任何人的，包括宋神宗那样极重要人物的同意，这却只能说，那是由于传统势力和失败主义思潮还都十分强大，而并非因为在理性的分析与客观的形势上全都不合时宜之故。我觉得，在这里还有必要提出的是，以北宋的王安石与东晋的谢安石相比，不论在对军国大事的企划和筹策方面，或是在实施时的务实和认真负责方面，谢安石是远远不能与王安石相比拟的。所以我在这本书中还是着重地把王安石的这一战略设想标举了出来。

四

大发思古之幽情，导引听课学生去神游古国，这是我曾经从铺天盖地的大字报上受到过的批判，我也曾在狂风暴雨的形势下就这些事做过自我检查。然而，平心静气地说来，如果根本不具备思古之幽情，根本就没有神游古国的兴趣，那又怎么能够踏入历史学科这一研究领域，怎么能够去撰作历史人物，特别是像北宋政治改革家王安石这样一些历史人物的传记呢？

在我头脑中所保存的所谓思古之幽情，所谓神游古国，当然不是一种复古主义，把中国历史上的某个时期，认作最符合我的理想的时期，而是要尽可能既深且透地认识历史上某个阶段的政治经济、社会风俗以及文化、学术、思想诸领域的发展情况。为了写好政治改革家王安石的传记，我更得致力于11世纪中后期的有关上述诸方面的体察和了解。对于和王安石同时或先后活动于政治舞台上的一些人物，我也分别进行了深入的认识和理解，并与王安石的为人和为政进行一些必要的比较。

不论就11世纪中后期北宋、契丹、西夏三政权鼎峙的军政格局来探索，还是就北宋政权本身的政治、经济、社会、文化诸方面的现实情况来探索，我所得出的结论都是，王安石关于变法改制的全部构想，可以说都是合乎时势之发展趋向，应乎民众解除患苦的迫切需求的。因此，这一构想之最后全被推翻，终究还得算作发生在不合道理，从而令人难于理解的一股历史逆流中的一桩历史事件。而造成这股历史逆流的最主要人物则是司马光。

曾经参与过范仲淹发动的庆历新政的富弼、韩琦，到宋神宗继位初年，全已是元老重臣，也全都已暮气沉沉，萎靡不振。富弼的政治见解，全都是属于鼠目寸光之类，而他的阶级斗争意识却特别强烈，凡遇政治上偶有违犯“率由旧章”这一原则的举措，他必立即发生农民将会群起反抗的警觉。因此，他做宰相时总是终日拘拘束束地拱手无为。应当说，他是一个极为无智勇、无才能的庸流。韩琦则是仁宗、英宗两代的顾命大臣，但在处理军国大计上，也是一个缺乏谋略的人，当契丹无故对北宋进行挑衅时，他竟建议说把防御契丹的一切边备和防御设施一律撤销、拆除，契丹自然会无事了。可见他虽然被欧阳修在《昼锦堂记》中称颂为“临大事，决大议，垂绅正笏，不动声色，而措天下于泰山之安，可谓社稷之臣”的人，其谋国才能却也实在不值得恭维。保守派中头脑最为固执的司马光，他的年岁比韩琦、富弼都小（他只比王安石大两岁），在宋神宗于元丰八年（1085）去世时，他便作为保守派的代表人物而被神宗的母亲高氏起用为当政的首辅了。

司马光主编的《资治通鉴》，是他用了十几年的时间编撰而成的，是一部比较好的编年体历史著作，通过编撰这一部史学巨著，他本应能够接受历史发展的许多有益启示，拓展自己的胸襟和眼界，事实却并不如此。他竟不承认时代的递嬗会造成事物的演变，在任何时候和任何情况下，他都是主张循守旧规，安于现状，反对进行任何改革的人。所以，从熙宁初年以来，对于王安石所制定推行的新法，他无时无地不力加反对。到他登上相位之日，依恃着太皇太后高氏的威势，竟卤莽灭裂地要把新法一律推翻。保守派中的同僚，有不少人分别向他进言，主张这种或那种新法应予保留，他却一概置之不理，一意孤行。单为争论役法一事，他竟被章惇质问得理屈词穷，章惇虽因态度和语言之粗率而遭受贬斥，但就事论事，无人不把章惇认作那场争辩的赢家。王安石为维护新法而与保守派人物论战时，每次都是以理据之充分战胜对方，司马光掌权后则全凭威势行事而蛮不讲理。因此，上台不久，即因其倔强不通事理而被人称为“司马牛”。

除了推翻新法之外，司马光还做了一件有辱国体的事，即把元丰中经沈括、种谔奋战，从西夏人手中收复的米脂、浮图、葭芦、安疆四所军寨，因恐夏人为保自身的安全而再谋出兵攻取，他“日夜寒心”，便又拱手奉还给西夏了。当他最初提出这一意见时，虽然立即得到文彦博等人的赞同，但也遭受到一些人的反对。一个持反对意见的游师雄就曾向司马光质问道，万一契丹人援此例而派人前来索回关南十县之地（即瀛莫二州全境），将如何应付？今按：各史虽未记载司马光对此质疑的回答，但游师雄的质疑，对司马光并不会构成一个难题，司马光会胸有成竹地回答他说，万一发生此事，为避免契丹用兵攻取，那也只能把关南十县奉送与他了。

写到这里，我想可以对司马光同王安石进行一番比较了：在王安石，是主张采用向大自然讨取财富的为天下理财之法；在司马光，则认为“天地所生，财货万物，止有此数”，天下万物的生产数量是不可能增加的。在王安石的战略设想中，本是要把西夏与契丹依次吞并，以逐步恢复汉唐旧境的；而在司马光，则唯恐西夏反攻四寨，而竟为之日夜寒心，只有把它们奉还西夏，他的心才得稍安。我们所应得出的结论则是：王安石既有军政韬略，又有施政才能，是一个卓越的政治家；司马光既无军政韬略，又无施政才能，是一个很不称职的宰相。

五

我在这本书中所着重述写的，只是作为政治改革家的王安石，只限于他的政治思想、主张和实践；关于他的哲学思想、文学作品和学术论著等则都未做专题论述。就连关于他的政治思想、主张和实践方面的事，我也并没有进行全面的论述。虽然为求不越出本书主题，我的论述只限于王安石的政治举措在历史上能起积极作用的一面，述写他为求实现其政治主张而奋勇战斗的一面，但是，我始终要以一个实事求是的原则自律，不要浮夸，也不要溢美。我以为我的这本书符合了这一要求。金无足赤，人无完人，王安石的政治主张和举措，当然有其可以议论商榷之处，但那不属于本书主题之内，故概不涉及了。而在此以外，对于变法派中另外几个重要人物，如吕惠卿、章惇、曾布等人，在《宋史》当中都列入《奸臣传》内，尽情加以诬蔑和诽谤，事实上他们在变法运动当中却有很多贡献，是不容加以歪曲的。我今且举一事，以证明《宋史》的颠倒是非黑白到了怎样的程度：

《宋史·章惇传》在叙述了他一生的活动及其死于睦州之后，又对他一生的性行做了一段总评说：

> 惇敏识加人数等，穷凶稔恶，不肯以官爵私所亲。四子连登科，独季子援尝为校书郎，余皆随牒东铨①，仕州县，讫无显者。

历史实践证明，在用人问题上，自来存在两条根本对立的路线：或任人唯贤，或任人唯亲。前者是正派的路线，后者是不正派的路线。章惇"不肯以官爵私所亲"，必然就是以"选贤与能"作为他选用人员的原则，这不正是很正派的路线吗？而《宋史》的作者竟把这种正派作风作为"穷凶稔恶"的一种表现。在《吕惠卿传》和《曾布传》中，也都有不少这样的议论。对于这样一些荒唐悠谬的记载，是极应予以澄清、加以纠正和批判的，然而我在这本书中也全未涉及。但

① 宋神宗元丰年间改官制后规定，除高级文武官员须皇帝或宰相直接选用外，其余均由吏部负责：文官的选用由吏部的左选（即东铨）负责，武官的选用由吏部的右选（即西铨）负责。"随牒东铨"即听任吏部左选委派官职，不觅取捷径、不谋求躐等而进之意。

愿今后能有机会，再就诸如此类的问题写一些补充的篇章出来。

1997 年 3 月 9 日

第一章　当国执政以前的王安石

第一节　从童幼到青少年

一　王安石诞生的时间、地点

王安石（1021—1086）是北宋江南西路抚州临川县人，这不但从北宋以来官修、私修的各种史书当中记载全同，而且也见于王安石所写的《大中祥符观新修九曜阁记》一文当中。此文中有如下一段话：

> 临川之城中，东有大丘，左溪水，水南出而北并于江。城之东以溪为隍。吾庐当丘上。北折而东百步为祥符观。观岸溪水，东南之山，不奄乎人家者可望也。安石少时固尝从长者游而乐之，以为溪山之佳，虽异州，乐也，况吾父母之州而又去吾庐为之近者邪！虽其身去为吏，独其心不须臾去也。①

① 《临川文集》卷八三。

在这里，王安石不但描述了他的庐舍在临川城内的地理位置，而且描述了庐舍周围景物之美好，使他在壮年宦游外地之时，心中也无一时不眷念着环绕这庐舍的大好河山。这段话，反映出王安石对临川县城具有多么浓厚的家乡情结。

尽管如此，王安石却不是诞生在临川城内的这所庐舍中，而是如《清江县古迹志》所载：

> 维崧堂在府治内。宋天禧中，王益为临江军判官，其子安石生于此，后人因名其堂曰维崧。①

至于其诞生的年月日时，则南宋初吴曾的《能改斋漫录》中《王公进退自安》条所载最为详确，那就是：在宋真宗天禧五年辛酉十一月十三日辰时，亦即 1021 年 12 月 18 日辰时。

二　王安石的父母

王安石的父亲名叫王益，是一个有志于在从政的实践中做出一番事业，对社会有所贡献的人。他只在地方上做了几任知县和知州，但凡所到之处，总尽力做一些除暴安良，兴利除弊的事，因而全都有治绩，去职后也都有遗爱。例如他做知县的第一任是知新淦县，在他去职三十年后，该县吏民还在追念他的德政。当时极负盛名的学者胡瑗在编写《政范》

---

① 此据蔡上翔《王荆公年谱考略》转引。

时，就曾把王益治县的某些政绩采掇到书中。

王益重在务实，所以他写作的诗文比较少。然而他并不是不善为文的人。当他还只十七岁时，就拿了自己的文章去求张咏审阅，得到张咏的赞赏。

王益做地方官吏，“一以恩信治之，尝历岁不笞一人”。他居家，也同样“未尝怒笞子弟。每置酒从容为陈孝悌仁义之本，古今存亡治乱之所以然，甚适”。这也可以使我们能够想象得出，王安石从幼小到少年，从他父亲那儿所受到的言传身教的情况。[①]

王安石的母亲姓吴，是一位有较高文化水平并且有高见卓识的妇女。曾巩称颂她“好学强记，老而不倦。其取舍是非，有人所不能及者”。她的母亲（王安石的外祖母）黄氏，也是一位有文化知识的妇女，而又兼喜阴阳数术之学，所以吴夫人“亦通于其说”。这当然也会在王安石的学习过程中起些作用。吴夫人是王益的继室，安石、安国、安世、安礼、安上为她的亲生子，前房所生则为安仁、安道二人，而吴夫人对于前房所生的两子的爱抚反超过她的亲生子，可见她是一个十分贤惠的人。而在王安石的诗中，有寄朱氏女弟的，有寄沈氏女弟的，也有寄虔州、江阴二妹的。这两位女弟知书能文，显然也是从其母亲学来的。[②]

---

① 此节皆据《临川文集》卷七《先大夫述》。
② 此节皆据曾巩《元丰类稿》卷四五《仁寿县太君吴氏墓志铭》。

三　王安石青少年时期的心路历程

王安石从童年到少年，大都是跟随父亲在其仕宦之地，只有十三岁至十五岁诸年，则因王益丁父忧而在临川家居，这时安石当也居于临川庐舍中。不论在临川这三年内，还是以后诸年的生活情况与心路历程，在他“示诸外弟”的一首《忆昨诗》[①] 中都可以探索出一个梗概。《忆昨诗》是他进士及第并已到扬州做了签书淮南节度判官厅公事，因思乡情切，特地请了探亲假，回到临川去探视他的祖母谢氏时写出的。其确切的年份与季节则应是庆历三年（1043）的暮春与初夏。诗的开头是从其对临川城内幽美环境所存留的印象说起的，接着就述说了他少年期内的志向与追求。兹分段抄录此诗的原文于下，并分别略做一些解释。

忆昨此地相逢时，春入穷谷多芳菲。
短垣囷囷冠翠岭，踯躅万树红相围。
幽花媚草错杂出，黄蜂白蝶参差飞。
此时少壮自负恃，意气与日争光辉。
乘闲弄笔戏春色，脱略不省旁人讥。
坐欲持此博轩冕，肯言孔孟犹寒饥。
丙子从亲走京国，浮尘坌并缁人衣。

---

① 《临川文集》卷一三。

这里所说的“昨”，当即指在临川城内居住的三年而言。这里所提及的丙子，是指宋仁宗景祐三年（1036）。这年，王安石虚岁十六，虽刚刚超过了孔子所说的“志学”之年，然而他已经恃才傲物，经常过着吟风弄月、流连光景的生活，把有关国计民生、政治经济的所有现实问题，一概不放在意念当中，而专要凭靠能诗善赋去博取功名禄位；对于世人所广泛称道孔孟等圣贤人物的安贫乐道，自己却绝不肯把他们放在话下，奉为立身行己的楷模。

> 明年亲作建昌（康）吏，四月挽船江上矶。
> 端居感慨忽自悟：青天闪烁无停晖。
> 男儿少壮不树立，挟此穷老将安归？
> 吟哦图书谢庆吊，坐室寂寞生伊威。
> 材疏命贱不自揣，欲与稷契遐相希。
> 旻天一朝畀以祸，先子泯没予谁依！
> 精神流离肝肺绝，眦血被面无时晞。
> 母兄呱呱泣相守，三年厌食钟山薇。

这一段所包括的时间，是从景祐四年（1037）夏季到庆历元年（1041）。王安石的父亲王益是在景祐四年去做建康府通判，而在宝元二年（1039）死于任上的。其后的三年，则是王安石留在建康，与家人共同守丧。据这段诗句所述，这段时期，乃是王安石的治学道路以至他的人生哲学发生重大转变的时期。从他到达建康以后，他猛然地醒悟到：时光在不停息地前进，少壮时如不选定一个正确的努力方向和前进道路，那必致终生无所成就。为这种觉醒意识所推导，他辞谢掉一切属于婚丧庆吊的世俗应酬，也不再风流自赏和流连光景，而专心致志地去钻研学术，并且以古代的曾为人类做出重大贡献的契、稷那类人物自许，希望能和他们先后交相辉映于史册之上。

可见，王安石在其青少年时期就已立定志愿，既不要做只会写些诗词歌赋的骚人墨客，也不要做只会背诵儒家经典的庸俗书生。他已抱定了学以致用的目的，要为他自身所处的社会和时代，肩负起他所应当承担的历史任务了。

居处于建康府长达五年，并一直在学术研究的道路上奋进不已的王安石，同时还受到当时的一些著名学者，例如范仲淹、欧阳修、胡瑗、李觏等等人物的启迪，逐渐形成了他自己在学术上的卓越的认识和见解。见于他的述作中的，就有以下诸事：一，他认为，从两汉以来的儒生们，为《诗》《书》《易》《礼》等书所做的传注，使得儒家的这几部经典更受“汩”“蔽”，因而其本义更加“冥冥”，读者更难得其确解，遂致千百年来的读书人全被这班俗儒们所误害。① 二，他还认为，“读经而已，则不足以知经”，因而，他的阅读范围，绝不以儒家的经典和前代儒生们的著述为限，而是“自诸子百家之书，及于《难经》《素问》《本草》诸小说，无所

① 《临川文集》卷七一《书〈洪范传〉后》。

不读”。① 即在阅读儒家经典时，他也绝不拘守前代儒家的传注，而是要通过自己的思考去理解它们。正像苏轼于王安石死后对他所做出的评价那样，他是“网罗六艺之遗文，断以己意；糠秕百家之陈迹，作新斯人”的。三，他还喜欢进行一些调查访问。特别是对于那些在各种生产事业方面最富有实践经验的“农夫女工”，他更是“无所不问”，借以验证从书本得来的知识是否真实可靠。② 这样的一些学习和验证的做法，就使得王安石不但对于古代典籍具有真切、独到的体认，而且对于现实社会中某些现象和问题具有深刻的体察，也就远远超出于与他同时代的一般读书人和士大夫们之上了。

第二节　进士及第和初入仕途

一　本是合格的状元

王安石于庆历二年从江宁府到首都开封去参加进士的考试。当考官们把已经排好名次的前十名考卷进呈给皇帝时，其序列本为王安石第一，王珪第二，韩绛第三，杨寘第四。却因王安石赋中有“孺子其朋”一语，惹得皇帝赵祯大不高兴，遂与第四名杨寘互换，王铚《默记》卷下详述其事云：

① 《临川文集》卷七三《答曾子固书》。
② 《临川文集》卷七三《答曾子固书》。

> 庆历三（二）年御试进士，时晏元献为枢密使。杨察，晏婿也，时自知制诰避亲勾当三班院，察之弟寘时就试毕，负魁天下望。未放榜间，将先宣示两府上十人卷子。寘因以小赋求察问晏公己之高下焉。晏公明日入对，见寘之赋已考定第四人。出以语察，察密以报寘。而寘试罢与酒徒饮酒肆，闻之，以手击案，叹曰："不知那个卫子夺吾状元矣。"不久，唱名再三，考定第一人卷子进御，赋中有"孺子其朋"之言，（上）不怿，曰："此语忌，不可魁天下。"即王荆公卷子。第二人卷子即王珪，以故事"有官人不为状元"，令取第三人，即殿中丞韩绛；遂取第四人卷子进呈，上欣然曰："若杨寘，可矣。"复以第一人为第四人。寘方以鄙语骂时，不知自为第一人也。然荆公平生未尝略语曾考中状元，其气量高大、视科第为何等事而增重耶！

王铚写在这条记事的最后的几句话，对王安石对待此一事件的风格做了很高的评价，我认为这一评价是极为公允和恰当的。

二　在签书淮南东路节度判官厅公事任上

王安石于庆历二年进士及第之后，就被委派为签书淮南东路节度判官厅公事，实即为知扬州的地方长官做一名幕僚。在他做扬州签判期内，知扬州的人屡有更易，但在宋代的文献中，却只记有于庆历五年三月知扬州的韩琦曾与王安石发生过一段因缘。邵伯温的《闻见录》卷九载：

韩魏公自枢密副使，以资政殿学士知扬州。王荆公初及第，为签判，每读书达旦，略假寐，日已高，急上府，多不及盥漱。魏公见荆公少年，疑夜饮放逸，一日，从容谓荆公曰："君少年，无废书，不可自弃。"荆公不答，退而言曰："韩公非知我者。"魏公后知荆公之贤，欲收之门下，荆公终不屈，如召试馆职不就之类是也。

邵伯温的这条记事，只说到王安石任扬州签判时"每读书达旦"，这虽已表明了王安石当时读书之勤苦，却还不够全面。因为任扬州签判的这个王姓青年人，除了奋勉读书之外，已经开始了他的著作生涯。在扬州签判任上，他已经写成了数万言的一部《淮南杂说》。这部书在南宋以后就已失传，《昭德先生郡斋读书后志》卷二《子类》曾加著录：

《王氏杂说》十卷，右皇朝王安石介甫撰。蔡京（按：根据《读书志》卷四《王介甫临川集》下之解题，知蔡京系蔡卞之误）为安石传，其略曰："自先王泽竭，国异家殊，由汉迄唐，源流浸深。宋兴，文物盛矣，然不知道德性命之理。安石奋乎百世之下，追尧舜三代，通乎昼夜阴阳所不能测而入于神。初著《杂说》数万言，世谓其言与孟轲相上下。于是天下之士，始原道德之意，窥性命之端云。"所谓《杂说》，即此书也。以京（京应作下）之夸至如此。且不知所谓“通乎昼夜阴阳所不能测而入于神”者为何等语，故著之。

我们似乎也可以把“通乎昼夜阴阳所不能测而入于神”等语认为“故弄玄虚”，置而不论；但当时的文人学士认为《杂说》中的议论与孟子的言论相上下，这却是不容否认的。而且因为《杂说》的流布，引发当时“天下之士，始原道德之意，规性命之端”，这也同样是不容否认的。到宋神宗熙宁元年（1068），亦即在《杂说》行世二十多年后，做翰林学士的司马光曾奏进了一篇《论风俗札子》[①]，其内容主要是指责进士科场的风习，说“性者子贡之所不及（闻），命者孔子之所罕言。今之举人，发口秉笔，先论性命，乃至流荡忘返，遂入老庄，纵虚无之谈，骋荒唐之辞，以此欺惑考官，猎取名第”。借此也可证明，在“其言与孟轲相上下”的《淮南杂说》流布于世之后，对于当时的文风，确实是起了“原道德之意，窥性命之端”的导向作用。

《淮南杂说》的问世，只是王安石在当时的思想界和学术界初露锋芒，却已经奠定了他在当时的思想界和学术界的比较突出的地位。特别是对于先秦的那个被后代称作“思孟学派”所常常称说的有关性命道德等类的问题，王安石已开始与司马光抱持着截然不同的观点了。司马光不但在熙宁初年有上面所引述的奏章，在其后还专写了《疑孟》一文，对孟

① 《司马温公集》卷四五。

子的言论提出了许多疑难，并且说："孟子云：'人无有不善'，此孟子之言失也。丹朱、商均，自幼及长，所日见者尧舜也，不能移其恶，岂人之性无不善乎?"王安石则写了一篇《性论》（现行王安石两种文集均未收此文，今据《圣宋文集》卷十引)，其开头的一段文字为：

> 古之善言性者莫如仲尼，仲尼圣之粹者也；仲尼而下莫如子思，子思学仲尼者也；其次莫如孟轲，孟轲学子思者也。仲尼之言载于《语》，子思孟轲之说著于《中庸》而明于《七篇》。然而世之学者，见一圣二贤性善之说，终不能一而信之何也？岂非惑于《语》上智下愚之说与？噫！以一圣二贤之心而求之，则性归于善而已矣；其所谓愚智不移者才也，非性也。性者五常之谓也；才者愚智昏明之品也。欲明其才品，则孔子所谓"上智与下愚不移"之说是也；欲明其性，则孔子所谓"性相近，习相远"，《中庸》所谓"率性之为道"，孟轲所谓"人无有不善"之说是也。

我们虽还未能考知《性论》是何年所作，但其中的论点却是与司马光的论点针锋相对的。而且，王安石的这些论点，是他在撰写《淮南杂说》时就已经明确树立起来的。而王安石一生学术思想的发展，也始终没有离开这一准绳。明乎此，然后才能深切了解他的"他年若得窥孟子，终生安敢望韩公"的诗句。

三 在知鄞县任上

庆历七年（1047），王安石改任明州鄞县的知县，在任近三年光景。

王安石到达鄞县之后，首先就对当地农业生产情况进行了解。他了解到：

> 鄞之地邑，跨负江海，水有所去，故人无水忧。而深山长谷之水四面而出，沟渠浍川十百相通。长老言：钱氏时，置营田吏卒，岁浚治之。人无旱忧，恃以丰足。营田之废，六七十年，吏者因循，而民力不能自并，向之渠川稍稍浅塞，山谷之水转以入海而无所潴。幸而雨降时至，田犹不足于水；方夏历旬不雨，则众川之涸可立而须。故今之邑民最独畏旱，而旱辄连年。是皆人力不至，而非岁之咎也。①

既然了解到农民最关心的问题所在，而王安石莅任的第一年，又恰好就是一个丰收年，于是他做出决定："乘人之有余，及其暇时，大浚治川渠，使水有所潴，可以无不足水之患。"在庆历七年的十一月内，他就用了十多天的时间，跑到了鄞县境内的"东西十有四乡"，劝督各乡的居民去疏浚川渠。而各乡居民，"亦皆惩旱之数而幸今之有余力，闻之翕然

---

① 《临川文集》卷七五《上杜学士言开河书》。

皆劝，趋之无敢爱力。”[①] 因而，他在鄞县近三年的任期之内，在属于“起堤堰，决陂塘，为水陆之利”一类的工作方面，是做出了一些成绩的。

为使家庭经济情况不好的中下等级的民户，也能及时地耕种收敛，而不去忍受豪强兼并人家的重利盘剥，王安石在到鄞县的第二年，就在青黄不接的春季，把县政府粮仓中的存粮借贷给他们，约定到秋收之后，交纳少量利息，赴县偿还。县政府粮仓的存粮，也因此而得以新陈相易。

正当王安石知鄞县事的第三年，浙东路转运司却下了一道公文给其所辖各县，要求这些县的吏民定期纳钱，以便悬赏使人揭发私自造盐食用或贩卖的人。王安石见到这道公文之后，很不以为然，便写了一封长信给转运使，陈述了许多反对意见。其最前面的两段所陈述的反对意见则是：

> 伏见阁下令吏民出钱购人捕盐，窃以为过矣。海旁之盐，虽日杀人而禁之，势不止也。今重诱之使相捕告，则州县之狱必蕃，而民之陷刑者将众，无赖奸人将乘此势，于海旁渔业之地搔动艚户，使不得成其业。艚户失业，则必有合而为盗贼杀以相仇者，此不可不以为虑也。
>
> 鄞于州为大邑，安石为县于此两年，见所谓大户者，其田多不过百亩，少者至不满百亩，百亩之直为钱百千，其尤良田乃直二百千而已。大抵数口之家，养生送死皆

① 《临川文集》卷七五《上杜学士言开河书》。

自田出，州县百须又出于其家。方今田桑之家尤不可时得者钱也，今责购（按：摊派）而不可得，则其间必有鬻田以应责者；夫使良民鬻田以赏无赖告讦之人，非所以为政也。又其间必有扞州县之令而不时出钱者，州县不得不鞭械以督之；鞭械吏民使之出钱以应捕盐之购，又非所以为政也。①

上面所引录的第一段文字，主要是指明，针对聚拢在两浙东路沿海诸县的滨海滩涂上，那众多的以小船为家（艚户）、以煎煮私盐为业的群体，制订由当地吏民集资，诱使人们进行揭发和缉拿的办法，实行后必致后患，因而是不可行的。

引文的第二段，是以鄞县的民户为例，大户人家有田不过百亩，一般每亩只值百千，最好的田也不过二百千，而全家的生活费用以及婚丧税赋全从此出。他们只能从田桑得到收获，并非随时都有现钱。若为集资以供悬赏而强令其交纳现钱，有的人家必不免卖田以应责。使良民卖田以赏无赖告讦之人，这当然不是为政之道。另外必有拒不肯按时出钱的人家，州县当局又势必用鞭械等刑具进行督迫，这也同样不是为政之道。

根据诸如此类的一些理由，王安石在信的最后做出建议说："文书虽已施行，追而改之，若犹愈于遂行而不返也。"

---

① 《临川文集》卷七六《上运使孙司谏书》。

至于王安石的建议是否为转运使所采纳，此事的结局究竟如何，可惜全都无法考知了。

第三节　王安石愿做地方官“以少施其所学”

一　做舒州通判

在鄞县任满之后，王安石被委派到舒州（今安徽潜山）去做通判，然而还须“守阙”一段时间。大约是在皇祐三年（1051），他就遵命去上任了。

从北宋初年以来已经形成的一种不成文的规定，凡在进士考试时取得了甲科高第的，在派往外地任职满一任之后，就可以进呈他的某种述作而申请考试“馆职”，即史馆、集贤院、秘书省等馆阁职事。凡担任这类职事者，身居中朝，为跻身高级官员之最方便的路径，所以凡具有此类条件者几乎无不循例而为。王安石在庆历二年是以第四名及第的，当然具有这一资格，然而不论在扬州签判任满时，或在鄞县任满而回到临川家中“守阙”期内，他都不肯做此申请。当他在舒州任通判时，他曾两次被召赴阙应试，他都以“先臣未葬，二妹当嫁，家贫口众，难住京师”为由，请求让他终满舒州通判之任，并且得到了朝廷的允诺。[①]

王安石任舒州通判三年的政绩，可以考知的，为数不多，

---

① 《临川文集》卷四〇《辞集贤校理状》。

只能从他的两首诗中看到他在这三年内的心理活动和具体作为的一斑一点。

王安石在舒州通判任上写有一首《感事》诗，全文为：

贱子昔在野，心哀此黔首。丰年不饱食，水旱尚何有？
虽无剽盗起，万一且不久。特愁吏之为，十室灾八九。
原田败粟麦，欲诉嗟无赇。间关幸见省，笞扑随其后。
况是交冬春，老弱就僵仆。州家闭仓庾，县吏鞭租负。
乡邻铢两征，坐逮空南亩。取赀官一毫，奸桀已云富。
彼昏方怡然，自谓民父母。朅来佐荒郡，懔懔常惭疚。
昔之心所哀，今也执其咎。乘田圣所勉，况乃余之陋。
内讼敢不勤，同忧在僚友。①

诗中所描绘的农民处境的艰苦以及生活之缺乏保障，是王安石经过的南北各地所普遍存在的情况，然而，以舒州与王安石所宦游过的扬州、鄞县相比，其差距却还是不小的，所以王安石称之为荒州荒郡，尽管还有些州郡的农民的处境比舒州还坏得多。而身为舒州通判的王安石，对于此时此地的此类民间疾苦，却肩负着尽可能予以解决的责任，所以，他把这种种思虑写出，既用以时时提醒自己，同时也希望在此任职的僚友们共同努力。

另一首诗的题目为《发廪》，其写作的时间应晚于《感

① 《临川文集》卷一二。

事》一诗，可能是在即将任满之时所写。其全诗为：

先王有经制，颁赉上所行。后世不复古，贫穷主兼并。非民独如此，为国赖以成。筑台尊寡妇，入粟至公卿。我尝不忍此，愿见井地平。大意苦未就，小官苟营营。三年佐荒州，市有弃饿婴。驾言发富藏，云以救鳏茕。崎岖山谷间，百室无一盈。乡豪已云然，罢弱安可生。兹地昔丰实，土沃人良耕。他州或呰窳，贫富不难评。豳诗出周公，根本讵宜轻。愿书“七月篇”，一寤上聪明。①

就此诗本身而论，未必能算作一首好诗，但是，用“诗言志”这一标准来衡量，它却反映出了做州佐的王安石，总是经常地把心怀牵系在与国计民生有关的问题上，结尾两句，也大似杜甫的“安得广厦千万间，大庇天下寒士俱欢颜”的气魄。“驾言发富藏，云以救鳏茕”二句，说明王安石做了这样的具体建议；“崎岖山谷间，百室无一盈”，则又说明王安石为落实他的建议，四处奔波，进行调查，所得结果却是连“乡豪”也无盈粮可供发放。这又可见，这个自称“苟营营”的“小官”，确实是一个随时随地都要有所作为、做出一些治绩的人。

皇祐五年（1053）六月，王安石的祖母谢氏以九十岁的

---

① 《临川文集》卷一二。

高龄病逝于临川。王安石于舒州通判任满之后，首先回家乡料理了祖母的丧葬，然后回到汴京听候差遣。到汴京不久，就接到中书送下的敕牒，要他去做集贤校理。亦即不经过例行的考试而去担任悠闲的馆阁之职，这与王安石想继续做地方官的希望是全然不合的。经他竭力辞免，政府虽不再勉强他去担任此职，却在至和元年（1054）九月，又委派他做群牧判官，仍是朝廷中有实职的官员，而且较前还稍有升迁。然也因此又引发了一小小事端，魏泰《东轩笔录》卷九载：

> 至和初，王荆公力辞召试，而有旨与在京差遣，遂除群牧判官。时沈康为馆职，诣（陈）恭公（执中）曰："康久在馆下，屡求为群牧判官而不得，王安石是不带职朝官，又历任比康为浅，必望改易。"恭公曰："王安石辞让召试，故朝廷优与差遣，岂复屑屑计资任也。朝廷设馆职以待天下之才，未尝以爵位相先，而乃争夺如此，学士之颜，视王君宜厚矣。"康惭沮而去。

群牧判官所掌管的应是属于豢养官马一类的事，然而，在王安石的诗文中，却不见有关这类工作的记载。据《续通鉴长编》卷一八四所载，王安石是在嘉祐元年十二月中旬才由群牧判官调任提点开封府界诸县镇公事的，则他担任群牧判官的职事，已及两年以上，时间不能算甚少，不知何以竟无任何事迹被记录下来。

提点开封诸县镇公事，仍然是一个身居京城的职事官，这与王安石要做地方官的愿望仍是不相符合的，因此，大概在他莅新职没有多久，就写出了一封《上执政书》，其主要内容仍为力争去外地担任地方官吏。今摘录于下：

安石无适时才用，其始仕也，苟以得禄养亲为事耳，日月推徙，遂非其据。今亲闱老矣，日夜惟诸子壮大，未能以有室家，而安石之兄嫂尚皆客殡而不葬也，其心有不乐于此。及今愈思自置江湖之上，以便昆弟亲戚往还之势，而成婚烟葬送之谋。故安石在廷二年，所求郡以十数，非独为食贫而口众也，亦其所怀如此。

非独以此也，安石又不幸今兹天被之疾，好学而苦眩，稍加以忧思，则往往昏瞶不知所为。以京师千里之县，吏兵之众，民物之稠，所当悉心力耳目以称上之恩施者，盖不可胜数，以安石之不肖，虽平居无他，尚惧不给，又况所以乱其心如此，而又为疾病所侵乎！归印有司，自请于天子，以待放绌而归田里，此人臣之明义，而安石之所当守也；顾亲老矣，而无所养，势不能为也。偷假岁月，饕禄赐以徼一日之幸，而不忖事之可否，又义之所不敢为。窃自恕而求其犹可以冒者，自非哀怜，东南宽闲之区，幽僻之滨，与之一官，使得因吏事之力，少施其所学，以庚禄赐之入，则进无所逃其罪，退无所托其身，不惟亲之欲有之而已。①

---

① 《临川文集》卷七四。

这里所摘录的第一段，仍是说他家中存在一些困难情况，需要他到外地（特别是东南地区的某个州郡）供职，才可能得到解决。第二段则是说，在他做群牧判官的两年内，他已有十来次申请外调；而在改任提点开封诸县镇公事之后，他更感到非他所能胜任，最好还是在“东南宽闲之区，幽僻之滨，与之一官，使得因吏事之力，少施其所学，以庚禄赐之入”，那就对他最为相宜了。我认为“使得因吏事之力，少施其所学”两语，是具有深沉切实的含义的：它说明了，不论群牧判官或提点开封府界诸县镇公事，都不能使他“少施其所学”。再联系到他以前知鄞县事时所作《发粟至石陂寺》诗：

> 蕃水穿山近更赊，三更燃火饭僧家。
> 乘田有秩难逃责，从事虽勤敢叹嗟。①

以及他在舒州通判任上所作《感事》诗中的如下诸句：

> 揭来佐荒郡，懔懔常惭疚。昔之心所哀，今也执其咎。
> 乘田圣所勉，况乃余之陋。内讼敢不勤，同忧在僚友。②

这就足以说明，王安石之所以既不肯应召试、任馆阁之选，

① 《临川文集》卷三三。
② 《临川文集》卷一二。

又不愿在京城任群牧判官和提点开封府界诸县镇公事，其所举述的理由虽都是在于为办理丧葬嫁娶等事，而实际上，一个更深层的关键问题，却是因为，担任那类的官职，都不能使他“得因吏事之力，少施其所学”之故。所以，可以断言，假使这一时期内，王安石的家庭没有遭遇那些事故，他也必定专以这个“得因吏事之力，少施其所学”为理由，申请到外地去做地方官，而不肯在京师任闲散官职的。

从王安石写给欧阳修的书信中，知道他在嘉祐二年出知常州，果然实现了他要到东南地区担任地方长官的夙愿。但是北宋政府究竟什么时候发布诏令委派王安石去守常州，我们却查不到明确的记载。《续通鉴长编》卷一八五，嘉祐二年四月丁巳，载有“徙知常州侍御史范师道为广南东路转运使”事，同月甲戌，又载有“太常博士集贤校理陆诜提点开封府界诸县镇公事”事，合此二事来看，则可知委派王安石知常州的诏令，必在这年四月的丁巳之后和甲戌之前，亦即四月上旬之内。

王安石于五月离开开封，但路过楚州（今江苏淮安）时七弟安上病倒，路过扬州时又有在汴所生一子夭折，行行止止，直到七月才抵达任所。接事之后，他写了几封信给有关的上级领导人员，陈述常州地区的一些情况，今摘录其《知常州上中书启》于下，以见一斑：

> 将母之求屡关于听览，长民之寄终累于陶镕，势则便安，心焉震悸。……如安石者……尚蒙优诏，猥备方

> 州，自惟缺然，何以称此。……永惟忧国之所存，独可勤民而上副。顾今州部，已远朝廷，田畴多荒，守将数易。教条之约束，人无适从；簿书之因缘，吏有以肆。惟是妄庸之旧，当兹凋瘵之余，自非上蒙宠灵，少假岁月，则牧羊弗息，彼将何望于少休；画土复堙，此亦无逃于大谴。更期元造，终赐曲成。①

王安石之为常州知州，乃是他第一次做州郡长官，而常州又竟是这样一个在政、法和农业生产诸方面，全都存在着荒乱无序的问题的地方，所以不能不使他临事而惧。尽管如此，他却决定要凭自己的“忧国之所存”，兢兢业业地勤劳民事，以求能副上级的期望。他还表示，最好能让他在此职位的时日较长一些，以使他能有做出成效的可能。

王安石在知常州任内所做的较为重要的一件事，是要在当地开凿一条运河。当他向所属各县调集民夫时，首先就遇到了一些反对意见。但王安石认为，这条运河开成之后，对于常州境内的农业生产是大有好处的，因而就坚持开掘下去。无奈浙西路的转运使也不肯大力支持王安石的意见，他只允许王安石在常州所属各县调集极少量的民夫。这使王安石的施工计划受到了很大的影响，工程的进度极为缓慢。又适逢淫雨不止，民夫多因而生病，更使阻力加大。天时人事两不许可，王安石最后只有忍痛使这开河之役半途而废。《宋史·

---

① 《临川文集》卷八〇。

司马旦传》也曾说及此事：

旦知宜兴县……时王安石守常州，开运河，调夫诸县。旦言："役大而亟，民有不胜，则其患非徒不可就而已。请令诸县岁递一役，虽缓必成。"安石不听。秋，大霖雨，民苦之，多自经死，役竟罢。

然而，王安石这时的心情，愤懑苦恼，是极其沉重的。这时，王安石接到友人刘敞的来信，信中略似嘲讽地说："要若如宗人夷甫，不与世事可也。"① 王安石在《与刘原父书》中，便诉说了他的衷情：

辱手教勤勤，尤感愧伏。……河役之罢，以转运赋功本狭，与雨淫不止，督役者以病告，故止耳。……今劳人费财于前，而利不遂于后，此安石所以愧恨无穷也。

若夫事求遂，功求成，而不量天时人力之可否，此安石所不能，则论安石者之纷纷，岂敢怨哉。阁下乃以"初不能无意"为有憾，此非安石之所敢闻也。方今万事所以难合而易坏，常以诸贤"无意"耳。如鄙宗夷甫辈稍稍骛于世矣。仁圣在上，故公家元海未敢跋扈耳。阁下论为世师，此虽戏言，愿勿广也。

① 魏泰：《东轩笔录》卷一〇之末。

前月被使江东，朝夕当走左右，自余须面请。①

自从王安石仕宦为吏以来，特别是当他做地方官时，凡其所到之处，总要对他所认为的应革之弊和应兴之利，进行一番兴革，具有积极的务实精神；而当时的官绅士大夫阶层中人，却都已养成了一种袭故蹈常的风习，因循苟且，不求有功，但求无过。刘原父（敞）写给王安石的原信，虽在现存辑本《公是集》中已找不到，但据王安石所引用的“初不能无意”一句来看，他也是奉劝王安石不必随时随地都要贯彻其有所作为的精神的。

王安石到常州就职伊始，在其《上中书启》和《上监事启》中，他都表示愿意在知常州的职位上，能任职较长久一些，以便能在这里做出一些成绩，完成一些实政。他的这个意见却没有受到任何人的重视，所以，当他在常州因停罢了开河之役而致函刘原父发抒一些愤懑情绪时，在函的末尾，已经有了“前月被使江东”的话，知其又必须离开常州了。

今查《续通鉴长编》卷一八七，于嘉祐三年（1058）二月丙辰载：“诏新提点江南东路刑狱沈康知常州，知常州王安石提点江南东路刑狱。”王安石在接受了这一新的任命之后，尽管还在常州迟留了三五十日（可能是为了办理交代），然从嘉祐二年七月到达常州视事之日算起，即使一直算到三年的四月，王安石在常州任上总共也还不足十个月。

---

① 《临川文集》卷七四。

二　在江东提刑任内的一些事

一路的提点刑狱，他的职掌是，不但要随时巡回于该路辖境之内，考察各州县对刑狱事件处理得是否公允，而且还要考察各州县官吏是否都能廉明称职等事。这就是说，江南东路提点刑狱的治所虽设在饶州（今江西波阳），而身任提点刑狱的王安石却不能只安坐在饶州的办公厅内，而必须穷年累月地奔波于所辖境区之内。可是王安石的母亲这时已经年老而且有病，又正需要王安石能经常在其身边奉养。因此，王安石对于江东提刑这一差遣，是很不愿去就职的。王安石之所以迟迟没有离开常州，也可能与此有关。我们现在从王安石的文集中找不到他有辞免这一任命的奏状，但他写的一封《上曾参政书》（曾参政即曾公亮），却是专为此事而发的。今摘抄一段于下：

安石闻古之君子，立而相天下，必因其材力之所宜，形势之所安，而役使之，故人得尽其材而乐出乎其时。今也，安石材不足以任剧而又多病，不敢自蔽，而数以闻执事矣。而阁下必欲使之察一道之吏而寄之以刑狱之事，非所谓因其材力之所宜也；安石亲老矣，有上气之疾日久，比年加之风眩，势不可以去左右，阁下必欲使之奔走跋涉，不常乎亲之侧，非所谓因其形势之所安也。伏惟阁下由君子之道以相天下，故安石得布其私焉。……

论者又以为：人臣之事其君，与人子之事其亲，其势不可得而兼也，其材不足以任事，而势不可以去亲之左右，则致为臣而养可也。安石又窃以为不然。古之民也有常产矣，然而事亲者犹将轻其志，重其禄，所以为养；今也，仕则有常禄，而居则无常产，而特将轻去其所以为养，非所谓为人子事亲之义也。且安石之材固不足以任使事矣，然尚有可任者，在吾君与吾相处之而已尔；固不可以去亲之左右矣，然任岂有不便于养者乎？在吾君与吾相处之而已尔。

然以安石之贱，未尝得比于门墙之侧，而慨然以鄙朴之辞自通于阁下之前，欲得其所求，自常人观之，宜其终龃龉而无所合也；自君子观之，由君子之道以相天下，则宜不为远近易虑，而不以亲疏改施……伏惟阁下垂听而念焉，使天下士无复思古之君子，而乐出乎阁下之时，而又使常人之观阁下者不能量也，岂非君子所愿而乐者乎。冒渎威尊，不胜惶恐之至。①

这封信写得恳切周到，从其中我们可以体会出如下的一些信息：一、王安石与参知政事曾公亮在此时似还未相识，然而委派王安石去做江东提刑的任命，却似乎是出自曾公亮的推荐。二、王安石在信中所以要把各方面的道理讲得那么透彻（我未全部抄引），大概是希图能以之说服曾公亮，为他改换

① 《临川文集》卷七四。

一个能够兼顾尽忠尽孝的差遣。然而，不论迁延了多少天，王安石却终于还是到饶州去就了江东提刑之职，可见曾公亮并未能使王安石得遂所愿。

《临川文集》卷七五，载有王安石《与王逢原书》七封，其第六封中有如下一段话语：

> 安石处此（按：指江东提刑），遂未有去理。如孙少述、丁元珍、曾子固尚以书见止："不宜自求便安，数溷朝廷"，它人复可望其见察者乎？罪衅日积，而不知所以自脱，足下安以为我谋哉？

在《王令集》卷十九的《答王介甫书》中，也有专回答这一问题的一段文字：

> 此职（按：亦指江东提刑）安可以久居？所请虽频，要有得而后止耳。辞既逊顺，虽烦，亦何所害？承见示诸君之论，以谓"不宜自求便安，数溷朝廷"，此似不量为使与请郡轻重者也。使，要不可为，则请郡虽烦，有不避也。……若以义论之，则使之不可为决矣……何为而遽止以惮烦耶？……要得郡后止耳，不审何如？

从两人的这番讨论当中，可以知道：王安石在到饶州就职视事之后，还在继续以不便于奉事老母为由而上书朝廷，一方面申请辞掉江东提刑（即所谓"使"），同时也仍申请改派他去做一个州郡的长官，那样就可以基本上在该州郡的治所处理政务，亦即可以经常在老母身旁尽其子职了。是经过许多朋友如曾子固等人的批评之后，他才把这种申请停止下来的。然而在王令闻悉这一情况之后，却还是力主他要继续上书申请，“要得郡而后止耳”。

王安石任江东提刑，前后不过半年时间，他在任内的一些具体作为，我们从各种史籍中几乎全都无法考知，所以，在此只能做一些概略式的评述。

其一是，从王安石的《答王深甫书》之二中如下的大段论述中我们可以体察到的：

> 安石尝以谓，古者至治之世，然后备礼而致刑。不备礼之世，非无礼也，有所不备耳；不致刑之世，非无刑也，有所不致耳。故安石于江东，得吏之大罪有所不治，而治其小罪，不知者以谓好伺人之小过以为明，知者又以为不果于除恶，而使恶者反资此以为言。安石乃异于此，以为方今之理势未可以致刑，致刑则刑重矣，而所治者少；不致刑则刑轻矣，而所治者多。理势固然也。一路数千里之间，吏方苟简自然，狃于养交取容之俗，而吾之治者五人，小者罚金，大者才绌一官，而岂足以为多乎，工尹商阳非嗜杀人者，犹杀三人而止，以为不如是不足以反命。安石之事不幸而类此，若夫为此纷纷而无与于道之废兴，则既亦知之矣。抑所谓“君子之仕行其义”者，窃有意焉。足下以为如何？

自江东日得毁于流俗之士，顾吾心未尝为之变，则吾之所存，固无以媚斯世而不能合乎流俗也，及吾朋友亦以为言，然后怵然自疑，且有自悔之心。徐自反念：古者一道德以同天下之俗，士之有为于世也，人无异论；今家异道，人殊德，又以爱憎喜怒变事实而传之，则吾友庸讵非得于人之异论，变事实之传，而后疑我之言乎？况足下知我深，爱我厚，吾之所以日夜向往而不忘者，安得不尝试言吾之所自为以冀足下之察我乎。使吾自为如此而可以无罪，固夫善；即足下尚有以告我，使释然知其所以为罪，虽吾往者已不及，尚可以为来者之戒。幸留意以报我，无忽。①

从以上摘引的第一段文字，我们可以体察到，王安石在担任江东提刑之日，他的治世之术还是倾向于儒家的道德感化办法，而不肯采取法家的严刑峻法办法。所以他引用《论语》“君子之仕行其义”的话来为自己的行为做解释。从第二段可以体察到的则是，至晚从此时开始，王安石已经对社会人群中的那些庸俗的乡愿式的议论加以鄙视，称之为流俗之见。尽管他还是一再强调要听取王深甫的意见，而其自信力之强，却表露得十分突出。

其二是，在宋代人的随笔中，记有有关王安石选用州学学官的事，亦可发现王安石不拘一格擢用才士的作风，并可作为他在江东提点刑狱任内政绩的一斑。

---

① 《临川文集》卷七二。

南宋初年的叶梦得在其《石林诗话》[1] 卷下载一事云：

刘季孙初以右班殿直监饶州酒，王荆公为江东提点刑狱，巡历至饶[2]，按酒务，始至厅事，见屏间有题小诗曰："呢喃燕子语梁间，底事来惊梦里闲？说与旁人浑不解，杖藜携酒看支山。"大称赏之。问专知官："谁所作？"以季孙言，即召与之语，嘉叹，升车而去，不复问务事。既至传舍，适郡学生持状立廷下，请差官摄州学事，公判："监酒殿直"，一郡大惊，遂知名云。

稍晚于叶梦得的周辉，在其所著《清波杂志》卷八的《芝山诗》条也记载了此事：

刘季孙初以左班殿直监饶州酒，题小诗于治所壁间："呢喃燕子语梁间，底事惊回梦里闲？说与旁人应不解，杖藜携酒看芝山。"时王荆公任本路宪，按行见之，大加称赏，遂檄权本州教授。后叶石林特著于《诗话》中。芝山，乃饶州近城僧寺。后池阳刻本乃改芝山为前山。一字不审，乃失全篇之意。抑见自昔右列亦可承师儒之乏。

---

① 中华书局影印元刻本《叶先生诗话》。

② 北宋时，江东提点刑狱的治所在饶州，正安石任此职时，当经常在饶州，此处谓"巡历至饶"，非是。叶氏于南宋初年写成此书，不知何以竟出此误。

《石林诗话》与《清波杂志》之所记王安石擢用刘季孙为饶州州学教官事，大同而有小异，例如：一称刘季孙所带之职衔为右班殿直，另一则称为左班殿直，这都无甚关系，因为，左班虽略高于右班，而二者均接近于武职中之最低级别。末句之“看支山”，周辉则作“看芝山”，此亦无关宏旨，今查刘季孙字景文，为在西夏战役中殉节将官刘平的幼子，在刘平殉节时，刘季孙尚在童年，是在成年之后，因恤典而得以进身武职之内的。元祐五年（1090）刘季孙正在杭州做路分都监，杭州知州苏轼便向朝廷奏过《乞擢用刘季孙状》，《状》中说，刘季孙“笃志力学，博通史传，工诗能文，轻利重义，虽文臣中亦未易得。……而年已五十有八。”[①] 据此看来，王安石从“右列”（亦即武职）中拔擢刘季孙改任饶州学官，虽与任何用人规章全不符合，实际上却是用了一位最为胜任的人员。

其三是，他本还准备采纳王令的建议，向朝廷申奏，把从各地发配到江南东路的众多罪犯的劳役安排做些改变的，但还没有来得及上奏，就又调离江东提刑的职位了。这桩事情的原委与经过是：

江南东路地处长江下游，又有运河通向汴京，所以江、浙、湖、广诸路应上供朝廷的粮食、货物、钱币等等全部都要先集聚于此，然后再由运河送到汴京，船舶分期进发，每十只称为一纲，故凡运送上供粮物的船只称作上纲。江南东

---

① 《苏轼文集》卷三一。

路上纲的任务特别繁重，故北宋政府规定，把各地一部分罪犯发配到江南东路，供划拨和牵挽上纲船只之用。然而从齐、鲁、燕、赵、秦、晋等地发配来的犯人，全都不习水性，不适合于为上纲船只提供这类劳役。王令生长在这一地区，熟习此事，在王安石做了江东提刑以后，他虽认为王安石应力辞这一差遣，同时他却向王安石提出，在担任此职期内，最好能申奏朝廷，把集中在江南东路的罪犯们的劳役，能因地制宜地加以安排，使那些不习水性的罪犯，不再到上纲运船上去服劳役。王安石接到王令的来信后，在有些犹豫的情况下又写了回信给他，说道：

> 配兵不习水事，甚善。但计今之势，如此等事皆不可与论说，不知足下意以为当如何施行，幸试疏示。①

王令对此又写回信说道：

> 配兵不习水事，窃以为上论无害。今居其职，安得无所言耶？若乞河北、山东、关西、河东等路应犯配人，量道里远近，各配重役，或无江河处，但非边江，虽在江南似亦可；若江、池、太平等州（或上江更有边江州郡似此类者），必阙兵士应役，或于旁郡不发纲运州郡，如舒、蕲、信、歙等州，抽填应用，如江东转运司于江

---

① 《临川文集》卷七五《与王逢原书》之六。

> 宁别作小营，聚十州兵士衹备上纲之类。如已配在江、池等州北人不会水者，并乞改配不边江腹内州军，不审亦可否。或闻亦有条不许差北人上纲，信否？仍问知。①

在北宋时期的交通条件下，这些信件如不由专人递送，便须请托正要前赴受信人居地的人带转，总之是要费许多时日的。因此，当王安石接到王令的这封回信时，他虽然对王令所提出的处理不习水性配兵的办法完全同意，也准备上章陈奏这项改革意见，然而却接到调他做三司度支判官的诏令了。王安石便写信给王令说：

> 近已附书，亦得所赐教，殊感慰。唯逢原见教，正得鄙心之所欲，方欲请，而已被旨还都，遂得脱此，亦可喜也。但今兹所除，复非不肖所宜居，不免又“干溷朝廷”，此更增不知者之毁，然吾自计当如此，岂能顾流俗之纷纷乎！②

信中的“遂得脱此，亦可喜也”两语，必然有较为复杂的内涵，为我们所不能尽悉，但至少有一事是可以推想得出的，那就是，此后又可以不再终年累月地奔波各地，能够日常侍居老母身旁了。

---

① 《王令集》卷一九《答王介甫书》。

② 《临川文集》卷七五《与王逢原书》之三。

第四节　王安石再到北宋朝廷供职

一　勉强就任三司度支判官
奏进长达万言的《言事书》

据《续资治通鉴长编》卷一八八所载，委派王安石为三司度支判官的诏命，是嘉祐三年十月甲子发布的。王安石接到这一诏命后的最初反应，如他写给王令的信中所说，一方面以不再做江东提刑为可喜，另一方面却又认为所除新职也并非他所宜居，不免又要“干溷朝廷”。可能在接奉这一诏命之后不久，王安石就写了一封《上富相公（弼）书》：

> 安石不肖，当朝廷选用才能、修立法度之时，不以罪废而蒙器使，此其幸固已多矣。安石窃自度：守一州尚不足以胜任，任有大于一州者，固知其不胜也。自被使江东，夙夜震恐，思得脱去，非独为私计，凡以此也。三司判官，尤朝廷所选择，出则被使漕运，而金谷之事，安石生平所不习，此所以蒙恩反侧而不敢冒也。惟不肖常得出入门下，蒙眷遇为不浅矣，平居不敢具书以勤左右之观省，幸缘恩惠所及，敢布其私心，诚望阁下哀其忠诚，裁赐一小州，处幽闲之区，寂寞之滨，其于治民，非敢谓能也，庶几地闲事少，夙夜悉心力，易以塞责而免于官谤也。若夫私养之势不便于京师，固尝屡以闻朝

廷而熟于左右者之听矣。今兹蒙恩厚、赐禄多，岂宜复言私计不便乎？虽然，所辞者才力所不能，而所愿犹未安理分也，亦冀阁下哀之。①

这封信的确是王安石的真情流露。他不愿跻身于朝列，而宁愿再去做一个州郡的长官，所以然者，除了为求“便于私养”之外，还更为了能亲身去做一些“治民”的实事，亦即与他在三四年前《上执政书》中所说的“使得因吏事之力，少施其所学”正是同样的意思。

然而北宋王朝对于各级官员的任用，大都是依循规章惯例，而绝少考虑被任用者的个人志愿或其特殊才能的。王安石仕宦中外虽已二十来年，似乎对此还缺乏了解，因此，他还书生气十足地上书富弼，恳求再次委派他为州郡长吏。这与他在几年前的《上曾参政（公亮）书》一样，当然是不会得偿所愿，甚至不会得到富弼的答书的。估计王安石是在等候他的申请的结果，历经多日而终于毫无结果之后，才到汴京去就度支判官之任的。其时间应是嘉祐四年（1059）的春夏之交了。

从王安石申请要做州郡长吏时所提出的“使得因吏事之力，少施其所学”那句话，和他早年自述思想转变时所写的“材疏命贱不自揣，欲与稷契遐相希”的诗句，可知王安石在

① 《临川文集》卷七四所载此书颇有讹脱，今据《王文公文集》卷二所载参校引录。

读书治学之时，一直是抱着一个经世致用的目的的。而在近二十年的仕宦为吏的政治实践历程中，他更体察到从北宋建国以来在政治、经济、社会、教育、军事等等方面所积累和形成的一些现实问题。把二者结合起来，在王安石的脑子里已逐渐形成了一整套的政治改革方案。王安石在就任三司度支判官之后，首先就把他这一系列的改革意见写成一篇长达万言的《言事书》[①]，进献给在位已三十多年的仁宗皇帝。《言事书》首先扼要地概括出存在于北宋中叶的严峻局势，并探索造成这种严峻局势的根源之所在：

顾内则不能无以社稷为忧，外则不能无惧于夷狄，天下之财力日以困穷，而风俗日以衰坏。四方有志之士諰諰然常恐天下之久不安。此其故何也？患在不知法度故也。

今朝廷法严令具，无所不有，而臣以谓无法度者何哉？方今之法度多不合乎先王之政故也。……

夫以今之世去先王之世远，所遭之变，所遇之势不一，而欲一二修先王之政，虽甚愚者犹知其难也；然臣以谓今之失患在不法先王之政者，以谓当法其意而已。……法其意，则吾所改易更革不至乎倾骇天下之耳目，嚣天下之口，而固已合乎先王之政矣。

---

① 《临川文集》卷三九。

这里引用的最前一段，是指陈当时阶级矛盾和民族矛盾的严重性。第二段，说明当时的法度非大加改革不可。第三段，则明确说出，他是要在“法先王之意”这一旗号之下，来实现他所认为能够适应现实情况的一些变法革新的意图。

与王安石当政之后所提出的一些主张、所制定的一些新法相比较，《言事书》所涉及的问题，所涵盖的一些层面，还是很显狭窄的，他还只是谈到关于政治以及吏治的一些问题，而没有谈到更较重要的有关社会经济方面的一些问题。因而，似乎还不能说，《言事书》就已经为他后来的变法革新制定了一个草案或一幅蓝图。但是，王安石从先秦法家商鞅等人继承来的一些政治思想与见解，在《言事书》中已大露端倪，而被保守派人物所概括出来的，王安石是“以申、商刑名之术，文之以六经”的那种思想倾向，也已表露得十分明显了。例如其中还说道：

> 虽然，以方今之势揆之，陛下虽欲改易更革天下之事，合于先王之意，其势必不能也。……何也？以方今天下之人才不足故也。臣尝试窃观天下在位之人，未有乏于此时者也。……岂非陶冶而成之者非其道而然乎。……今以一路数千里之间，能推行朝廷之法令，知其所缓急，而一切能使民以修其职事者甚少，而不才、苟简、贪鄙之人至不可胜数，其能讲先王之意以合当时之变者，盖阖郡之间往往而绝也。……然则方今之急，在于人才而已。诚能使天下之才众多，然后在位之才可以择其人

> 而取足焉。在位者得其才矣，然后稍视时势之可否，而因人情之患苦，变更天下之弊法，以趋先王之意，甚易也。今之天下亦先王之天下，先王之时人才尝众矣，何至于今而独不足乎？故曰“陶冶而成之者非其道故也”。……所谓陶冶而成之者何也？亦教之、养之、取之、任之有其道而已。

这一大段文字是说，虽然北宋王朝所施行的法度必须加以改易更革，而当时从朝廷到地方的绝大多数官员，却因未能受到适当的陶冶、培养，大都不能“讲先王之意以合当时之变”，因此，改易更革法度又非咄嗟可办的事，必须先从采用适当的方法陶冶培育大量的人才着手才行。于是，《言事书》以下所论述的，便完全集中到这四个方面的问题上来。

在“教之之道”方面，他提出，必须把“朝廷礼乐刑政之事”和作为“威天下，守国家之具”的“骑射行阵之事”都作为在学士子学习的主要学科，而不要再使学者“以为文武异事”，“以执兵为耻”；更不要再去“耗精疲神，穷日力以从事于课试之文章”，亦即诗赋之类的“雕虫篆刻”的“无补之学”，因为那样的教学内容，“非特不能成人之才”，且还“困苦毁坏之，使不得成才”。

在“养之之道”方面，他提出，既要“饶之以财”，即使得“自庶人之在官者，其禄足以代其耕”，“等而上之，每有加焉，使其足以养廉耻而离于贪鄙之行”；还要“约之以礼”，即按照封建等级而定出“婚、丧、祭、养”和“服、食、器、用”的各种制度，以免某些人“放僻邪侈，无所不至”。

对于凡属不循守教条和规定的，则一律“裁之以法”。王安石对此特加阐释说：

> 何谓裁之以法？先王于天下之士，教之以道艺矣，不帅教，则待之以屏弃远方、终身不齿之法。约之以礼矣，不循礼，则待之以流、杀之法。《王制》曰：“变衣服者其君流。”《酒诰》曰：“厥或诰曰：‘群饮’，汝勿佚，尽执拘以归于周，予其杀。”夫群饮，变衣服，小罪也，流、杀，大刑也。加小罪以大刑，先王所以忍而不疑者，以为不如是不足以一天下之俗而成吾治。……凡在左右通贵之人，皆顺上之欲而服行之，有一不帅者，法之加必自此始。夫上以至诚行之，而贵者知避上之所恶矣，则天下之不罚而止者众矣。故曰：此养之之道也。

王安石在上段文字中所表述的思想，诸如“加小罪以大刑”，“以一天下之俗”，行法必自贵近始，以刑止刑，等等，尽管全都是以儒家经典的语言为依据的，但是，经过他的引申阐发之后，却与先秦的法家们所主张、所实行过的一些论点和措施完全相同。这不正显露出“以申、商刑名之术，文之以六经”的点点迹象吗？

在“取之之道”方面，王安石对北宋所实行的科举制度，包括“贤良方正”“茂才异等”“进士”“明经”“学究”“明法”，等等，一概加以否定，认为通过这类途径选拔出来的人，平素只把功力集中施用在课试之文上，他们的智能，“大则不足以用天下国家，小则不足以为天下国家之用”，“及使其从政，则茫然不知其方”。又因他们只“治文事”而不习军旅征战，没有充任将帅的才能，于是“边疆宿卫之任”就只能“推而属之于卒伍”，亦即经招募而来的“奸悍无赖、才行不足自托于乡里”的那类人，所造成的后果，自然是更为严重的。对于当时以父祖恩荫入仕的办法，王安石极力反对，因为这些承受恩泽的子弟的具体情况大都是：

> 庠序不教之以道义，官司不考问其才能，父兄不保任其行义，而朝廷辄以官予之，而任之以事。武王数纣之罪，则曰：“官人以世。”夫官人以世而不计其才行，此乃纣之所以乱亡之道，而治世之所无也。

根据以上所举的各处弊端，王安石提出，应当由乡党和学校的群众，推选其所谓贤者和能者以告于上，然后由北宋王朝最高层次的当政者们，“欲审知其德，问以行；欲审知其才，问以言”，“然后随其德之大小，才之高下而官使之。”

包括制举（贤良方正等科）、常举（进士、明经等科）在内的科举制度，是从隋朝到唐朝初年的最高统治者们，为了改革被士族门阀所垄断把持的九品中正制度而建立的一种选举制度。这种制度允许一般读书人都可以报名应试。通过这种办法，可以把地主阶级各阶层的知识分子吸收到封建政权中来，使封建政权的统治力量得到扩大和加强。因而，它是符合于地主阶级中下层的利益和要求的。

我在此还想附带申论一事：随着北宋政权的建立，随着沿长江、粤江、闽江和黄河流域的一些小政权的分裂割据局面的结束，继之就出现了社会生产日益繁荣，商品经济日益兴盛的时代。造纸事业与刻版印书事业之日益普及与推广，也是这同一时期内事。对应于社会上大多数童幼和青少年读书识字的需求，适合于村塾之用的启蒙通俗读物也得到了大量的供应。而科举制度之成为定制，也使得出身于社会各阶层的士子都得到报名应考的机会，亦即使得原居社会中下层的士子们也都有争取进身于统治阶层的机会，这就使得每一个丰衣足食的人家，都要令其子弟读书应考，去求取功名。每次在科场中取得功名的虽仅极少数人，而在这种诱导、推动的力量之下，全社会却必然会有日益增多的人群的文化水平得到大大的提高。这对于人类社会文明的进步，是一种无可置疑的积极因素。王安石所见未必及此，虽然他在《言事书》中对科举制度全部加以否定，而到他把持了政柄，次第制定和推行新法的时候，却只是把科名、科目做了一些调整。例如取消了“制科”“明经”“学究”之类科名，也对进士科的考试科目做了一些改变，例如罢诗赋而考试经义之类。而科举制度却未被废除。这说明，王安石不可能在科举制度之外构想出一种更能适应时代要求的办法。

北宋王朝在建国以后，为了维护新兴贵族阶层的利益，在科举制度之外，还施行一种恩荫制度，为既得权势的官僚贵族们开辟了垄断仕宦之途的门径。为时未久，就发生了像范仲淹于庆历三年（1043）所奏进的《条陈十事疏》中所说的现象：“假有任学士以上官经二十年者，则一家兄弟子孙出京官二十人，仍节次升朝。此滥进之极也！”凭借恩荫而滥进的人愈来愈多，自然就使得“恩泽子弟，充塞铨曹，与孤寒争路”。所以王安石在《言事书》中对恩荫制度大力抨击，的确是击中了当时政治要害。

王安石在“取之之道”这一方面所表述的一些主张，也表明了他具有用人唯贤，用人唯才，以及综核名实的思想。

在“任之之道”方面，王安石提出：第一，用人不应当凭靠其资历，而应当视其才德之所宜，并且要任之专；第二，要任之久，而且要“待之以考绩之法”。这也都是针对当时已经发生和存在的一些严重弊端而发的。如《言事书》所指出，北宋王朝在用人方面：

> 至于任之，又不问其德之所宜，而问其出身之后先；不论其才之称否，而论其历任之多少。以文学进者，且使之治财；已使之治财矣，又转而使之典狱；已使之典狱矣，又转而使之治礼。是则一人之身而责之以百官之所能备，宜其人才之难为也。……
>
> 夫如此，故朝廷明知其贤能足以任事，苟非其资序，则不以任事而辄进之。……明知其无能而不肖，苟非有罪为在事者所劾，不敢以其不胜任而辄退之。……臣前以谓不能任人以职事，而无不任事之刑以待之者，盖谓此也。

针对这些弊端，王安石所提出的进行纠正和改革的办法是：按照人之才德高下厚薄之不同，“其所任有宜有不宜”，而用“知农者以为后稷，知工者以为共工。其德厚而才高者以为之长，德薄而才下者以为之佐属”。使每个人都发挥其所长而尽其才，且使其终身从事于一种职守，而不要忽此忽彼地转徙。

北宋王朝对所任用的官员，忽此忽彼地转徙频率之高，实在到了令人吃惊的程度，如《言事书》中所说：

> 且在位者数徙，则不得久于其官，故上不能狃习而知其事，下不肯服驯而安其教。贤者则其功不可以及于成，不肖者则其罪不可以至于著。若夫迎新将故之劳，缘绝簿书之弊，固其害之小者，不足悉数也。……而至于所部者远，所任者重，则尤宜久于其官，而后可以责其有为，而方今尤不得久于其官，往往数日辄迁之矣。

针对这种弊端，王安石提出的改革办法是，“久其任而待之以考绩之法”，以为：

> 夫如此，故智能才力之士则得尽其智以赴功，而不患其事之不终，其功之不就也。偷惰苟且之人，虽欲取容于一时，而顾僇辱在其后，安敢不勉乎！若夫无能之人，固知辞避而去矣。……居职任事之日久，不胜任之罪不可以幸而免故也。彼且不敢冒而知辞避矣，尚何有比周、谗谄、争进之人乎？

王安石在“任之之道”方面所提出的改革意见，和他在“取之之道”方面所提出的，是相互联系并相互贯通的，所以看来也大致相同。而在这里所说的“考绩之法”和“不胜任之罪”，则是“循名责实”这一原则的具体运用。

王安石在《言事书》中提出，要从上述四个方面培养造就能够胜任的政治、军事、财政、经济等方面的人才，用以改造整个官僚体制，使其能适应变法革新的北宋王朝现实局势的要求。

在《言事书》的最后部分，王安石根据当时阶级矛盾和民族矛盾的严峻情况，指出必须大量培养人才、进行变法革新的迫切性，说道：若不亟亟去做，则“社稷之托，封疆之守，陛下其能久以天幸为常而无一旦之忧乎”？他更用汉唐两代的覆亡事例作为前车之鉴，说道：“汉之张角，三十六方同日而起，所在郡国莫能发其谋；唐之黄巢，横行天下，而所至将吏无敢与之抗者。汉唐之所以亡，祸自此始。”这就是说，北宋王朝如果不赶紧培养大量的合格行政人才以实行变法，也难免要在阶级矛盾或民族矛盾激剧发展的情况下遭受覆亡的命运。

还应在这里作为特别重要的事项加以提出的，是王安石在《言事书》中所表述的有关“理财”的原则性主张。从表面的形式上看，这个原则性主张在《言事书》中并没有占据重要地位，它只是在论述政治人才的“养之之道”中主张“饶之以财”的项目下才被提出的。然而，就这一原则性主张的实质及其在后来王安石制定和推行新法时所起的作用来看，其意义及其重要性却是绝对不能低估的。王安石在《言事书》中表述其有关“理财”的原则性主张，只是如下的几句话：

> 臣于财利固未尝学，然窃观前世治财之大略矣。盖因天下之力以生天下之财，取天下之财以供天下之费。自古治世未尝以不足为天下之公患也，患在治财无其道耳。
>
> 今天下不见兵革之具，而元元安土乐业，人致己力以生天下之财。然而公私常以困穷为患者，殆以理财未得其道，而有司不能度世之宜而通其变耳。诚能理财以其道而通其变，臣虽愚，固知增吏禄不足以伤经费也。

“因天下之力以生天下之财”，就是发动所有的劳动力去生产天下的财富。这是一个向大自然要财富的想法，是一个通过发展生产以求增加财富的办法，也就是王安石在另外的场合所说的，“欲富天下则资之天地”的办法。在王安石于熙宁初年入参大政之后，经他制定推行的有关社会经济的一些新法，就全是他的这一理财原则和主张的具体体现。这是最适合于社会发展的唯物主义的思想，然而也是与保守派们完全背道而驰的一种思想。所以，在他进行变法的历程中，最先受到保守派的代表人物竭力反对的，正是这一个要向大自然争取财富的主张。对于这一问题，在以下的章节中，还会有所论述。

王安石的这篇《言事书》流布于世之后，虽则享有了极高的声誉，然却没有受到在位的皇帝赵祯和当政宰辅大臣们的注意。我觉得这并不是不可理解的。因为，《言事书》只是把如何培养造就大量合格的行政官员作为其论述的重点，而其在“教之、养之、取之、任之”诸方面所提出的改革措施及其所要达到的目的，却是属于空想的部分居多，其能付诸实施的可行性则较少。试把《言事书》与范仲淹的《条陈十事疏》略做比较，这一情况便可明显看出。再将王安石在宋神宗熙宁年间厉行变法时所采取的一系列实际措施与《言事书》中所表述的种种设想做一比较，两者之间的差距之大，也同样可以看出。所以，《言事书》奏进后不曾得到重视，一个最大原因，应是在于它所悬拟的设计方案与现实的社会政治距离太远，而不应专门责怪当时在位的皇帝和宰辅大臣等人。

但最后还必须指出，《言事书》的基调是要对北宋政治进行改革，这已经把王安石的“祖宗不足法”的理念和他作为政治改革家的风格充分表露出来了。而他提出的那个“因天下之力以生天下之财，取天下之财以供天下之费”的“理财之道”，也是他在熙宁年间厉行变法时一直奉守的一个原则，其见地之卓越，更是他同时的以及后代的多少政治家所无法望其项背的。

二 参加了是否续行“榷茶法”的讨论

《临川文集》卷八四，载有《伴送北朝人使诗序》一文，全文为：

> 安石被敕送北客至塞上。语言之不通，而与之并辔十有八日，亦默默无所用吾意。时窃咏歌，以娱愁思，当笑语鞍马之劳。其言有不足取者。然比诸戏谑之善，尚宜为君子所取。故悉录以归示诸亲友。

伴送辽使的事，当即在嘉祐四年冬季。既然是在十八日内各有所作，在诗集内自应编为组诗，然在传世的《王文公集》与《临川文集》中，却全没有把这十八日内所作的诗辑录在一起。因而，究竟哪些诗是在此十八日内所写，也还须稍加考索。但《白沟行》一诗之必然为此组诗之一是可以断言的。诗云：

> 白沟河边蕃塞地，送迎蕃使年年事。
> 蕃使常来射狐兔，汉兵不道传烽燧。
> 万里钼耰接塞垣，幽燕桑叶暗川原。
> 棘门灞上徒儿戏，李牧廉颇莫更论。[①]

伴送契丹使人这一临时性职务，尽管使得王安石经受十八天寂寞无聊的马上生活，然而这却使得王安石有机会亲临宋与契丹交界之地，得以借此机会亲自察看到宋朝的边防情况，从而抒发出《白沟行》诗中的那些喟叹与感慨，实际上也必

① 《临川文集》卷五。

然成为他后来对兵制进行改革的感性因素之一，虽然这都不是他所预期的。

在度支判官任上，王安石经历的另一重要事件是参与了对“榷茶法”改革意见的讨论。

“榷茶法”是从北宋政权建立以来对淮南、江南、两浙、荆湖、福建各地所产茶叶，由政府统购统销的制度。从唐代以来，各地民间饮茶的风尚，日盛一日。茶叶几乎和食盐一样，成为人们日常生活中不可或缺的东西。唐德宗在位时，千方百计要扩大其对于财赋的搜刮，茶叶遂与食盐同样成为一个重要目标。北宋建国后沿袭其制，这就是对上述地区施行“榷茶法”的缘由。“榷茶法”规定只能由政府专买专卖，禁止民间私蓄、私贩，凡违法犯禁者有罪，凡告捕私茶者有赏。然而“约束愈密而冒禁愈蕃，岁报刑辟，不可胜数。园户困于征取，官司旁缘侵扰，因而陷于罪戾，以至破产逃匿者，岁比有之。又茶法屡变，岁课日削”。而且“官茶所在陈积，县官获利无几”。于是，“议者皆谓宜弛禁便”，而茶叶“通商之议起矣”，当时的“宰相富弼、韩琦、曾公亮等决意向之”，并且向仁宗皇帝大力奏陈。皇帝听取这一建议之后，除立即指派韩绛、陈旭和吕景初在“三司置局议弛茶禁”①外，还派遣了王靖等人分行六路，进行询察。及至王靖与韩绛等人全部赞同弛罢“榷茶法”时，宋廷便降诏令，略谓：

① 以上皆据《续资治通鉴长编》卷一八八，嘉祐三年九月辛朱记事。

自唐建中时，始有茶禁，上下规利，垂二百年。如闻比来为患益甚，民被诛求之困，日惟咨嗟；官受滥恶之入，岁以陈积。私藏盗贩，犯者实繁；严刑重诛，情所不忍。是于江湖之间幅员数千里，为陷阱以害吾民也。朕心恻然，念此久矣。间遣使者往就问之，而皆欢然愿弛其禁，岁入之课，以时上官。一二近臣件析其状，朕犹若慊然，又于岁输裁减其课，使得饶阜，以相为生，划去禁条，俾通商利。历世之弊，一旦以除，著为经常，弗复更制，损上益下，以休吾民。尚虑喜于立异之人，缘而为奸之党，妄陈奏议，以惑官司，必寘明刑，无或有贷。①

被派往江南东路询察茶法利害的王靖，是王安石的朋友，在他询察的过程中，曾有诗致王安石，王安石在酬答王靖《奉使江东访茶利害见寄》诗中极明确地表示自己的意见：

永惟东南害，茶法盖其首。
私藏与窃贩，犴狱常纷纠。
输将一不足，往往死鞭杻。
贩陈彼杂恶，强卖曾非诱。
已云困关市，且复搔林薮。
将更百年弊，谓民知可否。

① 《续资治通鉴长编》卷一八九，嘉祐四年二月己巳记事。

出节付群材，询谋欲经久。
朝廷每若此，自可跻仁寿。
因知从今始，渐欲人财阜。①

如上文所引述的，宋廷于嘉祐四年二月己巳颁布了那道诏令之后，王安石所大力主张的弛罢茶禁一事，自是已经全遂所愿。然而当时内外大小官员之间却还远远没有达成共识，还在议论纷纷，以为“朝廷志欲便人，欲省刑罚，其意良善，然茶户困于输钱，而商贾利薄，贩鬻者少；州县征税日蹙，经费不充”。使新近施行的茶叶通商之法大有摇摇欲动之势，这时王安石已任三司度支判官，便又写出《议茶法》一文，说道：

国家罢榷茶之法，而使民得自贩，于方今实为便，于古义实为宜；而有非之者，盖聚敛之臣将尽财利于毫末之间，而不知“与之为取”之过也。夫茶之为民用，等于米盐，不可一日以无；而今官场所出，皆粗恶不可食，故民之所食，大率皆私贩者。夫夺民之所甘而使不得食，则严刑峻法有不能止者，故鞭扑流徒之罪未尝少弛，而私贩私市者亦未尝绝于道路也。既罢榷之之法，则凡此之为患皆可以无矣。然则虽尽充岁入之利，亦为国者之所当务也，况关市之入自足侔昔日之利乎。……

① 《临川文集》卷五。

> 以今之势，虽未能尽罢榷货，而能缓其一，亦所以示上之人恤民之深而兴治之渐也，彼区区聚敛之臣，务以求利为功，而不知与之为取，上之人亦当断以义，岂可以人人合其私说然后行哉。扬雄曰："为人父而榷其子，纵利，如子何！"以雄之聪明，其讲天下之利害宜可信。然则今虽国用甚不足，亦不可以复易已行之法矣。是以国家之势，苟修其法度以使本盛而末衰，则天下之财不胜用，庸讵而必区区于此哉。①

由宋廷颁布的弛罢"榷茶法"的诏令所引起纷纭之论，当然不可能因王安石的这篇文章而立即停息，但对我们来说，重要的是先要从这篇文章中窥探王安石理财思想的一些脉络：第一，他说："以今之势，虽未能尽罢榷货，而能缓其一，亦所以示上之人恤民之深而兴治之渐也。"这表明在王安石的思想中，是认为所有由政府统购统销的货物，全应由"通商"的办法（即由商人自由贩卖）来取而代之的。第二，扬雄所说的"为人父而榷其子，纵利，如子何"，是王安石在前乎此和后乎此屡次援引的话语，其意则是要向客观世界亦即大自然索取财富。第三，他认为，理财之道，乃是属于具有根本性的"法度"之列，如能变革得当，"则天下之财不胜用"，茶税收入的多少，是根本无须计较的。这与他在《言事书》中所谈理财之道一脉相承。

---

① 《临川文集》卷七〇。

在对弛罢“榷茶法”的赞成与反对的两派意见纷争已达周年之后，知制诰刘敞和翰林学士欧阳修又先后代表了反对派而分别上疏，申请再议茶法。今但据欧阳修的奏疏来说，他首先是针对着嘉祐四年二月宋廷废罢“榷茶法”的诏令的末段诸语进行指摘，谓其“直诋好言之士，指为立异之人，峻设刑名，禁其论议”，“今行之逾年，公私不便”，“而士大夫能知其事者，但腾口于道路，而未敢显言于朝廷；幽远之民日被其患者，徒怨嗟于闾里，而无由得闻于天听。”其下即说：“茶之新法既行，而民无私贩之罪，岁省刑人甚多，此一利也，然而为害者五焉。江南荆湖两浙数路之民，旧纳茶税，今变租钱，使民破产亡家，怨嗟愁苦，不可堪忍，或举族而逃，或自经而死，此其为害一也。”这里所举述的第一害，就未免过于张皇其辞，刘敞的奏疏中即绝未谈及此等事例，可知其未免虚妄。其所举第二害为“小商所贩至少，大商绝不通行”；第三害则为“旧茶税尽，新税不登，顿亏国用”；第五害为：“河北军粮用见钱之法，民入米于州县，以钞算茶于京师，三司为于诸场务中择近上场分，特留八处，专应副河北入米之人翻钞算请。今场务尽废……则河北和籴实要见钱……自京师岁岁辇钱于河北和籴，理必不能。”这些条目所指，基本上都是属于“亏损国用”的事。只是最难理解的则为所举第四害：“往时官茶，容民入杂，故茶多而贱，遍行天下；今民自买卖，须要真茶，真茶不多，其价遂贵。小商不能多贩，又不暇远行，故近茶之处顿食贵茶，远茶之方向去更无茶食。”[①] 根据这番话，可知当行“榷茶法”之时，所卖官茶大都是掺有杂物的（估计是各种树叶之类），实即属于伪劣之品，何得只为了多得货款，而竟把“民自买卖，须要真茶”作为患害之一端呢？而这番话又竟出自于一个身为翰林学士，且已跻身于一代文宗的欧阳修之口，就更令人感到难于理解了。

在刘敞、欧阳修进陈了他们的奏章之后，宋仁宗和宰相富弼就又谈及新定茶法之利弊问题，富弼依旧是坚决维护茶叶通商新法的，便当面向仁宗说道：

> 近罢榷茶，改一百余年之弊法，不能无些少未便处，须略整齐可矣。譬犹人大病方愈，须用粥食汤药补理，即渐平复矣。

这番话得到了仁宗首肯，新定的茶法遂得继续推行下去，而没有为之动摇。[②] 一如王安石之所愿。

“榷茶法”的改变，王安石虽自始至终并未亲身参与其事，然而他既身为三司度支判官，一直是全神关注着此事并随时表达其见解，可以算主动参与，因特把此事的始末缕述如上。

---

① 《欧阳文忠公集》卷一一二《论茶法奏状》。

② 龚鼎臣《东原录》，据《续资治通鉴长编》卷一九一，嘉祐五年三月丁巳所载刘敞、欧阳修奏章节文后之附注转引。

三　参与相度牧马监变革问题的商讨

《续资治通鉴长编》卷一九二，于嘉祐五年七月壬子载："命翰林学士吴奎、户部副使吴中复、度支判官王安石、正言王陶同相度牧马利害以闻。时国马之政因循不举，言者以为当有更革也。"

欧阳修在此一年以前即以翰林学士而兼了群牧使的职务，在政府下了这一诏令之后，就上奏了一道奏章，其中有云：

> 臣以谓监牧之设，法制具存，条目既繁，弊病亦众。若只坐案文籍，就加增损，恐不足以深革弊源；如欲大为更张，创立制度，则凡于利害，难以遥度。必须目见心晓，熟于其事，然后可以审详裁制，果决不疑。盖谋于始也不精，则行于后也难久。况此是臣本职，岂敢辞劳。欲乞权暂差臣，仍于吴中复等三人内更差一人，与臣同诣左右厢监牧地头，躬亲按视。至于土地广狭，水草善恶，岁时孳牧，吏卒勤惰；以至牝牡种类，各随所宜；棚井温凉，亦有便否；向何以致马之耗减，今何以得马之蕃滋。即详究其根源，兼旁采于众议，如此，不三数月间，可以周遍。然后更将前后臣僚起请，与众官参详审处，与其坐而遥度，仓卒改更，其为得失，不可同日而论也。①

---

① 《欧阳文忠公集》卷一一二《论监牧札子》。

欧阳修在这道奏章中建议，对于牧马监制度的改革，必须先亲临现有的置监之处进行察访，而不应只坐在机关内做一些文字上的修订。察访人员所应勘察的一些具体项目，他也一一指明。还表示，他本人也愿与已经派定的“相度牧马所”的人员之一会同前往勘察。其内容是切实可行的。故当此奏交下相度牧马所时，吴奎等人即“请如修奏”。①

吴奎等人虽然同意了欧阳修的奏请，然而在此以后，却不见宋政府把欧阳修奏请的任何事项付诸实施。我们只能在《临川文集》卷四二看到王安石代表相度牧马所写成的一篇《举薛向札子》，其略为：

> 臣等窃观自古国马盛衰，皆以所任得人失人而已。……今臣等相度陕西一路买马监牧利害，大纲已具奏闻。伏见权陕西转运副使薛向，精力强果，达于政事，河北便籴，陕西榷盐，皆有已试之效。今来相度陕西马事，尤为详悉。臣等前奏已乞就委薛向提举陕西买马及监牧公事，今欲乞降指挥，许令久任。缘今来马价多出于解池盐利；三司所支银绸绢等，又许令于陕西转运司兑换见钱；今薛向既掌解盐，又领陕西财赋，则通融便转于事为便。兼臣等访问得薛向陕西系官空地可以兴置监牧处甚多，若将来稍成次第，即可以渐兴置。盖得西戎之

① 《续资治通鉴长编》卷一九二，嘉祐五年七月甲申记事。

马，牧之于西方，不失其土性，一利也；因未尝耕垦之地，无伤于民，二利也；因向之材而就令经始，三利也。

又河北有河防塘泊之患，而土多舄卤不毛，戎马所屯，地利不足，诸监牧多在此路，所占草地，多是肥饶，而马又不堪，未尝大段孳息。若陕西兴置监牧渐成次第，即河北诸监有可存者，悉以陕西良马易其恶种；有可废者，悉以肥饶之地赋民；于地不足而马所不宜之处，以肥饶之地赋民而收其课租以助戎马之费；于地有而余而马所宜之处，以未尝耕垦之地牧马，而无伤于民。此又利之大者。

这里所谈事项，与欧阳修奏章中建议的口径全不相合，而只是要把改革牧马监的事完全交付于陕西转运副使薛向去负责办理，甚至连河北地区已经设置的几所牧马监，似乎也要听候薛向的处理。其在开封左右厢和河南地区的牧马监，应做如何处理，则从所有记载中都无法查得。此后有关牧马监的一些记载，便全都是先后由相度牧马所转陈薛向的一些建议了。这可算作有头无尾的一桩公案。

《举薛向札子》虽是由王安石代表“相度牧马所”的四位成员所写，但其中对薛向才能的评价，必然也含有王安石自己独有的一些赏识成分在内。《宋史·薛向传》说：“向干局绝人，尤善商财计，算无遗策。”到熙宁变法期内，因为“时方尚功利，王安石从中主之”，“向以是益得展奋其材业。至于论兵帝所，通畅明决，遂文俗吏得大用”。这也可见王薛二人之相识与相知，至晚也应在王安石相度牧马所的职务之时。

四　为王安石的《明妃曲》辩诬

《上仁宗皇帝言事书》大概是王安石一生所写的最长的一篇文章，可以想见他在撰写时所占用的时间和精力。

三司的各级官员，政务都不十分忙碌。任度支判官的王安石，估计也会常有一些闲暇的日子。王安石的为人，严肃认真，深沉坚定，在他身上风流潇洒的气质似乎稍少。然而，闲情逸致，他总还是经常有的，思古之幽情，他也会不时要发发的。就在他奏进了《言事书》一段时间之后，他忽然想到汉元帝时被当作与匈奴和亲牺牲品的那位明妃身上，因而写成了《明妃曲》二首，借以抒怀。写成之后，在汴京的诗友欧阳修、刘敞、司马光、梅尧臣都相继写了和章。今抄录王安石《明妃曲》① 二诗全文于下：

（其一）
明妃初出汉宫时，泪湿春风鬓脚垂。
低回顾影无颜色，尚得君王不自持。
归来却怪丹青手，入眼平生未曾有。
意态由来画不成，当时枉杀毛延寿。
一去心知更不归，可怜着尽汉宫衣。

---

① 《临川文集》卷四。

寄声欲问塞南事，只有年年鸿雁飞。
家人万里传消息，好在毡城莫相忆。
君不见咫尺长门闭阿娇，人生失意无南北。
（其二）
明妃初嫁与胡儿，毡车百辆皆胡姬。
含情欲说独无处，传与琵琶心自知。
黄金捍拨春风手，弹看飞鸿劝胡酒。
汉宫侍女暗垂泪，沙上行人却回首。
汉恩自浅胡自深，人生乐在相知心。
可怜青冢已芜没，尚有哀弦留至今。

欧阳修等人之所以对此诗分别写了和章（欧阳修还先后写了两首），说明王安石这两首诗，不论在思想境界或描述的艺术手法上，都使他们佩服，都能引发他们同样的灵感。因而，在他们的和章中所表达的，也都是与王安石原作同样的思想感情，并无一人对原作反映出稍有违异的意见。但李壁的《王荆公诗笺注》卷六，于《明妃曲》第一首的结尾“人生失意无南北”句下注云：

山谷跋公此诗云：荆公作此篇，可与李翰林、王右丞并驱争先矣。往岁道出颍阴，得见王深父先生，最承教爱，因语及荆公此诗，庭坚以为“词意深尽，无遗恨矣”。深父独曰：“不然。孔子曰：‘夷狄之有君，不如诸夏之亡也。’‘人生失意无南北’，非是。”庭坚曰：

“先生发此德言，可谓极忠孝矣，然孔子欲居九夷，曰：‘君子居之，何陋之有。’恐王先生未为失也。”明日，深父见舅氏李公择曰：“黄生宜择明师畏友与居，年甚少而持论知古血脉，未可量也。”

今按：李公择名常，江西建昌人，熙宁变法前，原亦为王安石好友。王深父名回，颍州颍阴人，也是王安石的好友之一，在王安石的文集中收录了他写给王深父的三封信，但其中全未谈及《明妃曲》的事。据黄罃所编写的《黄山谷年谱》，山谷于嘉祐四、五、六诸年，即自十七岁至十九岁时，随从其舅父李公择就学淮南，虽未确指淮南某地，但既与王深父不时相见，想即在颍州也。王回与山谷谈及《明妃曲》时，尚称山谷“年少”，则可能即在嘉祐四、五两年内，距王安石之写成此二诗为时尚未久也。此当为《明妃曲》首章所受到的最早一次评论，但此后似乎并无人再对首章进行讥评，而把讥刺锋芒集中到次章的“汉恩自浅胡自深，人生乐在相知心”两句上去了。

《明妃曲》的第二首，实际上是更深一层，与前一首的“家人万里传消息”云云诸语是互相照应的。全篇只是描绘明妃身陷匈奴后的孤单情况和上下四方的凄惨环境。例如，周围胡姬虽多，衷情却无处可诉，只有把心曲借琵琶弹出，再由自己听取，自己吟味。这正表明了她的绝望情怀，且用以回答家人的“长门闭阿娇”的劝慰。因为，尽管汉武帝的陈皇后因娇妒失宠而退居长门宫，但陈皇后假如不犯“娇妒”

的毛病，那就不会发生此事。而身嫁胡儿的明妃本人，却是被推入逆境的深渊，而非一时失意的问题，是不论如何也永无改善境遇之日的，远非退居长门的陈皇后所能比拟。其中的“汉恩自浅”云云两句，虽长期受到后世读者的非议，实则完全是出于误解。而这种误解，则是从宋政权南渡之后才开始的。李壁在这两句之下所作《笺注》云：

范冲对高宗尝云：“臣尝于言语文字之间得安石之心，然不敢与人言。且如诗人多作《明妃曲》，以失身胡虏为无穷之恨，读之者至于悲怆感伤；安石为《明妃曲》则曰：‘汉恩自浅胡自深，人生乐在相知心。’然则刘豫不是罪过，汉恩浅而虏恩深也。今之背君父之恩，投拜而为盗贼者，皆合于安石之意，此所谓坏天下人心术！孟子曰：‘无父无君是禽兽也。’以胡虏有恩而遂忘君父，非禽兽而何！”（荆）公语意固非，然诗人一时务为新奇，求出前人所未道，而不知其言之失也。然范公傅致亦深矣！

这段记载中所涉及的，与宋高宗对话的范冲，是始终参与司马光《资治通鉴》编纂工作的范祖禹的儿子，是司马光嫡系人物的后辈。他对王安石《明妃曲》次章中的这两句话做出那样深文周纳的推阐，可以说完全是由其政治立场所决定，而不是出自审美艺术欣赏观点乃至理性的语词分析与理解的。王安石的两首《明妃曲》乃是宋仁宗嘉祐四年所作，下距宋神宗熙宁年间王安石之推行新法，尚有十来年，其时王与司马尚是好友。所以在王安石写出了《明妃曲》后，司马光与欧阳修、刘敞、梅尧臣等人都先后受到感染而写出了和章。范冲说“诗人多作《明妃曲》，以失身胡虏为无穷之根，读之者至于悲怆感伤”。他所说的诗人当然即指欧阳修、刘敞、梅尧臣、司马光等人，但何以不追根溯源，指明欧阳、刘、梅、司马诸人的《明妃曲》都是由王安石的《明妃曲》所引发出来的和章，他们的诗在读者群中所引起的反应，也正是王安石原作在他们身心中所引起的反应，否则，他们何以会有和章之作呢？在欧阳修、司马光因变法问题与王安石的关系破裂之后，他们也全都没有悔其和章或反讥王的原作。这显然可以证明，不论在思想、感情和意境、旨趣、寄托诸方面，原作与和章全都是一致的，而不是彼此背离的。而且，直到王安石逝世之后，司马光在写给吕公著的信中，对王安石所做的盖棺论定的评价，仍然是：“介甫文章节义过人处甚多，但性不晓事而喜遂非，致忠直疏远，谗佞辐辏，败坏百度，以至于此。”这里的“文章”二字，当然是包括王安石的诗文著作而言；“节义”二字则又必包括所谓“三纲五常”以及出处进退等涉及封建伦常道德诸事而言。而在这几方面，他是完全加以肯定而不曾稍致微词的。自“性不晓事”以下，则是对王安石在变法过程中的行事用人等等举措而言，又是完全加以否定的。这分明是不因他不赞成王安石的变法，而连带诋毁他的文章节义。王安石的好友王回，虽对首章中“人生失意无南北”句提出“非是”的评语，对于次章中的这两句却未加指责，可见他对这两句是具有正确理解而无所误会的。黄山谷对这两首诗总评为：“词意深尽，无遗恨矣。”全面加以肯定，当然也反映出对“汉恩自浅”云云二句也是加以肯定的。可知在北宋一代，并无一人对此二句有所质疑，有所訾议。

范冲对宋高宗说的那些话，据李心传的《建炎以来系年要录》卷七九所载，是绍兴四年（1134）八月戊寅朔的事，上距王安石写《明妃曲》与司马光之写和章已七十年。却出于对变法派首脑人物王安石的积愤，无理无据地对王安石原作中的这二句肆意曲解，并诋毁为无父无君的禽兽，假使司马光地下有知，也一定会替王安石驳斥这一曲解和诬蔑的。

断章取义，自来是解释诗文者之大忌，范冲在解释王安石的《明妃曲》时，却悍然犯此大忌而不稍顾惜，当然是不可能言之成理，具有说服力的。范冲竟似不见，在此二句之下，紧接着就是收尾的“可怜青冢已芜没，尚有哀弦留至今”两句，这里的“哀弦”正是上文的“传与琵琶心自知”的琵琶，若照范冲的解释，明妃既然“以胡虏有恩而遂忘君父”，而“乐”其“知心”，还会有什么幽哀留在弦上呢？难道范冲又可以诬枉说，这是因乐极而生的悲哀吗？

编著《王荆公诗笺注》的李壁，在引录了范冲的那段诬蔑之词以后，虽也认为他傅致太深，然而他也同样以为王安石的“语意”是错误的，不过这种错误之发生，乃是由于“诗人一时务为新奇，求出前人所未道，而不知其言之失也”。这与范冲的那些话语相较，也不过是五十步与百步之分，因为他对王安石的这两句诗，也同样是曲解、误解，而未能得其确解的。

然则对这两句诗究应作何理解，才能符合于诗人写作时的原意，亦即最确切的理解，而不是误解或曲解呢？答曰：这里最需要明确的关键问题有两个，其一，“胡恩深”与“相知心”乃是截然不同的两码事，不宜混同，范冲却把二者等同起来，显然是别有用心的。其二，王安石本是把“汉恩自浅胡自深”句中的两个“自”字都作为“尽管”二字使用的。如把这两句都译为现代语散文并加以疏解，那就是：尽管汉朝所给予的恩惠浅而胡人所给予的恩惠深，那却不是问题的本质所在；不但饮食衣服不与中原相同，而言语不达，衷情难通，恩深也难以心心相印，而最本质的问题却是“人生乐在相知心”啊。这与开篇所说“毡车百辆皆胡姬”，“含情欲说独无处，传与琵琶心自知”诸语相呼应，也是与结尾的“可怜青冢已芜没，尚有哀弦留至今”相呼应的。

欧阳修、司马光、刘敞和梅尧臣诸人，对王安石这两首《明妃曲》，特别是对其第二首中的“汉恩自浅”云云二句，没有丝毫的误解，所以都对王安石的诗在思想感情上起了共鸣，写了和章。黄山谷且称赞此二诗可与李白、王维并驱争先，其间何尝稍有微词？范冲说：“且如诗人多作《明妃曲》，以失身胡虏为无穷之恨，读之者至于悲怆感伤。”而把这些诗人所作的《明妃曲》全是王安石原作的和章一事加以掩抹，这不正好说明他是存心颠倒事实真相，有意地加以污蔑吗！

若问：在王安石的诗中，还能举出以“自”字作“尽管”解的例证吗？答曰：能。王安石有《贾生》七言绝句一首：“一时谋议略施行，谁道君王薄贾生。爵位自高言尽废，古来何啻万公卿。”① 这里也是只有把“爵位自高”解作“爵位尽管高”，才可能使全诗怡然理顺的。

五　王安石畅论理财为治国先务

嘉祐五年（1060），王安石任三司度支判官已经一年有余，对于国家的财政方针也做了较多的思考。恰在此年，做户部员外郎的吕冲之编成了北宋开国以来历任三司度支副使的名录，刻石而镌之于度支副使厅的墙壁之上，要求王安石写一篇《题名记》记叙其事。王安石遂写出了一篇畅谈理财在国家行政中重要地位的文章。今将其主要部分抄录于下：

> 夫合天下之众者财，理天下之财者法，守天下之法者吏也。吏不良，则有法而莫守；法不善，则有财而莫理。有财而莫理，则阡陌闾巷之贱人，皆能私取予之势，擅万物之利，以与人主争黔首，而放其无穷之欲，非必贵强桀大而后能。如是而天子犹为不失其民者，盖特号而已耳。虽欲食蔬衣敝，憔悴其身，愁思其心，以幸天下之给足，而安吾政，吾知其犹不得也。然则善吾法而择吏以守之，以理天下之财，虽上古尧舜犹不能毋以此

① 《临川文集》卷三二。

为先急，而况于后世之纷纷乎。①

这一大段文字所表述的，不只反映出王安石对于理财工作的强调，而且还反映出王安石是把理财当作治国的首要政务。他认为，必须把财政的开阖敛散之权集中在宋王朝政府的手里，若不如此，则闾巷中的平民百姓都有可能“私取予之势，擅万物之利，以与人主争黔首，而放其无穷之欲”。如此，则皇帝也只是一个徒有虚名的人物了。

《临川文集》卷四，有一首题为《兼并》的诗，苏辙以为这是王安石尚未得志时所作，可能与这篇《度支副使厅壁题名记》的写作时间相距不远，全诗的旨意也与此记相互阐发。今抄录如下：

三代子百姓，公私无异财。人主擅操柄，如天持斗魁。
赋予皆自我，兼并乃奸回。奸回法有诛，势亦无自来。
后世始倒持，黔首遂难裁。秦王不知此，更筑怀清台。
礼义日已偷，圣经久堙埃。法尚有存者，欲言时所咍。
俗吏不知方，掊克乃为材。俗儒不知变，兼并可无摧。
利孔至百出，小人私阖开。有司与之争，民愈可怜哉。

把上边所引录的一诗一文合并来看，当可对王安石关于理财的思想理解得更深刻透彻更全面一些。他是从封建王朝中央

---

① 《临川文集》卷八二《度支副使厅壁题名记》。

集权的观点出发，认为全国财富的开阖敛散之权，必须操纵在中央政府的手中。然后政府对财富才能运用自如，如唐朝刘晏所说“如见钱流地上”；在社会上也不至产生地头蛇般的豪强兼并之家，成为分割王朝政府权力的一种势力。

王安石对于“榷茶法”“榷盐法”都是极力反对的，以为那是如汉代的扬雄所说，欲富其家而榷其子。他在《与马运判书》① 中曾有一大段文字谈及理财与富国富天下的事，说道：

> 尝以谓方今之所以穷空，不独费出之无节，又失所以生财之道故也。富其家者资之国，富其国者资之天下，欲富天下则资之天地。……今阖门而与其子市，而门之外莫入焉，虽尽得子之财，犹不富也。盖近世之言利虽善矣，皆有国者资天下之术耳，直相市于门之内而已。此其所以困欤！

将此书信中这段话与上引诗文合看，又可知道，王安石所主张的，要把天下财富的开阖敛散之权操持在中央政府手中，他所指的全是从开发天地（即大自然）而取得的财富。他以为，政府的理财官员如不把注意力放在自然界的财源上，不动员天下人去开发它，则这一财源便将为豪强兼并人家所窃取，像秦代巴寡妇清的先世之占有丹砂穴而世专其利那样。

① 《临川文集》卷七五。

这也仍然是贯彻他的“因天下之力以生天下之财，取天下之财以供天下之费”的主张，只是与巴寡妇清一类的奸回人家争利，而不是与百姓争利，更不是与直接生产者争利的。只有作这样的理解，才能把王安石既反对各种榷法又主张实行中央集权的理财政策之间的矛盾统一起来。

王安石毕竟是一个以政治改革家自任的人，他随时随地都要贯彻他的这一理念。因此，他在《度支副使厅壁题名记》的后半部分便又写道：

> 三司副使，方今之大吏，朝廷所以尊宠之甚备，盖今理财之法有不善者，其势皆得以议于上而改为之，非特当守成法，吝出入，以从有司之事而已。其职事如此，则其人之贤不肖，利害施于天下如何也？观其人，以其在事之岁时，以求其政事之见于今者，而考其所以佐上理财之方，则其人之贤不肖，与世之治否，吾可以坐而得矣。此盖吕君之志也。

这段文字，既然以“此盖吕君之志也”作为结束语，可见其中所陈说的种种，并不符合当时历史的现实，而只是借用“吕君之志”来表述王安石本人对于今后身任三司副使者所抱持的期望，可惜的是，直到熙宁二年（1069）王安石入参大政之日为止，将近十年之间，三司副使的新旧更替总共不下三五人，其中却无一人不是在“守成法，吝出入，以从有司之事”，无一人肯把当前“理财之法有不善者”“议于上而改为之”。

六　径迁知制诰

嘉祐五年十一月下旬，宋廷下了一道诏令，委派直秘阁判度支勾院司马光、度支判官直集贤院王安石同修《起居注》。司马光五辞而后受命，王安石则五辞之后仍不肯受命。宋仁宗遂令阁门吏把诏令直接送往三司授予，安石却依然不肯接受，而且逃避到厕所中去，阁门吏遂把诏令放在安石的办公桌上而去，安石却又遣人追还之，朝廷卒不能夺。[①] 但是，在没过多久之后，朝廷又重申前命，王安石虽仍然连续上章请辞，但上了七次奏章而仍不得遂之后，终于无可奈何地接受了这一诏命。不料在此以后，又于嘉祐六年六月戊寅"径迁"安石为知制诰，即代替皇帝起草诏诰等类的文字工作。王安石鉴于刚刚有八上辞章而终于还得接受同修《起居注》的那段经历，这次遂干脆接受了这一官职而不再"干溷朝廷"上章请辞了。[②]

自从嘉祐三年六月，文彦博出判河南府兼西京留守之后，北宋政府由富弼与韩琦两人同居宰相之位。但到嘉祐六年二月，富弼以母丧罢相，到是年闰八月曾公亮拜相，此间韩琦独居相位。恰在此时，提点广南西路的李师中劾奏知邕州萧注"治邕八年，有峒兵十余万，不能抚而用之，乃入溪峒贸易掊敛，以失众心，卒致将卒覆败"。萧注因此责授荆南钤

---

① 《续资治通鉴长编》卷一九二，嘉祐五年十一月辛亥记事。

② 《续资治通鉴长编》卷一九三，嘉祐六年六月戊寅记事。

辖、提点刑狱。[①] 而李师中仍以为罪重责轻，便又举述了萧注的一些罪状，如“擅发溪峒丁壮采黄金，无账簿可勾考，为国生事，按法当斩”等等，“注竟坐此责为泰州团练副使，安置”。[②] 安置泰州的制词即为王安石所撰写。很可能，在这道制词中所指述的一些事由与朝廷原来颁降的“词头”有不尽符合之处。在草拟这道制词之前，舍人院也曾奏陈其事而未得批示，而在制词颁布之后，朝廷却又颁发了一道诏令：“今后舍人院不得申请除改文字。”王安石便又代表了舍人院的同列写了一道奏章说道：

> 准△月△日中书札子，奉圣旨指挥：“今后舍人院不得申请除改文字”者。
>
> 窃以为舍人者，陛下近臣，以典掌诰命为职司，百司之事，所当参审。若词头所批事情不尽而不得申请，则是舍人不复行其职事，而事无可否，听执政所为，自非执政大臣欲倾侧而为私，则立法不当如此。前日具论，冀蒙陛下省察，而至今未奉指挥。臣等不知陛下以为是而不改乎？将不必以为是，而特以出于执政大臣所建而不改乎？将陛下视臣等所奏未尝可否，而执政大臣自持其议而不肯改乎？以为是而不改，则臣等考寻载籍以来，未有欲治之世而设法蔽塞近臣论议之端如此者也；不必

① 《宋史》卷三三四《萧注传》。

② 《续资治通鉴长编》卷一九三，嘉裕六年四月庚申记事。

以为是，而特以出于执政大臣所建而不改，是则陛下不复考问义理之是非，一切苟顺执政大臣所为而已也；若陛下视臣等所奏，未尝有所可否，而执政大臣自持其议而不肯改，则是政已不自人主出，而天下之公议废矣。此所以臣等惓惓之义不能自已者。

臣等窃观陛下自近岁以来，举天下之事属之七八大臣，天下初亦翕然幸其有为，能救一切之弊。然而方今大臣之弱者，则不敢为陛下守法以忤谏官御史，而专为持禄保位之谋；大臣之强者，则挟圣旨造法令，恣行所欲，不择义之是非，而谏官御史亦无敢忤其意者。陛下方且深拱渊默，两听其所为而无所问，安有朝廷如此而能旷日持久而无乱者乎！……

陛下以臣等所言为是，则宜以至诚恻怛、欲治念乱之心考核大臣，改修政事，则舍人院不得申请除改文字指挥为不当，当先改矣。若以臣等所言为非，则臣等狂瞽不知治体，而诬谤朝廷政事，当明加贬斥，以惩妄言之罪，则别选才能通达之士，以补从官。臣等受陛下宠禄，典领朝廷职事，不得其守，则义不得不言。而朝廷以为非也，则义不敢辞贬斥。伏乞详酌，早赐指挥。①

既然这时候韩琦独居相位，则奏章所指责的执政大臣，而且

① 此文《临川文集》失收，今据《王文公集》卷三一及《续资治通鉴长编》卷一九三，嘉祐六年六月戊寅记事引录。

是那个“挟圣旨造法令，恣行所欲，不择义之是非”的“大臣之强者”，当然就是直指韩琦的。所以李焘在引录了这道奏章之后，接着就说了一句“安石由是与执政忤”。

到嘉祐七年的秋季，身任知制诰的王安石，却又被临时差派去纠察在京刑狱。在担任了这一临时差派的职务之后，立即对开封府尹已经判决的一桩案件进行反驳。对方不肯接受他的意见，遂又提交上级机关裁决，上级机关肯定了开封府的原判，而王安石却依然坚持认为自己的意见正确而不肯承认错误。这一场政治纠纷，最后是以调任王安石为同勾当三班院作为结局。《续资治通鉴长编》卷一九七载其事云：

> （十月）甲午，知制诰王安石同勾当三班院。
>
> 先是，安石纠察在京刑狱。有少年得斗鹑，其同侪借观之，因就乞之，鹑主不许。借者恃与之狎昵，遂携去，鹑主追及之，踢其胁下，立死。开封府按其人罪当偿死。安石驳之曰：“按律，公取窃取皆为盗。此不与而彼乃强携以去，乃盗也；此追而殴之，乃捕盗也。虽死，当勿论。府司失入平人为死罪。”府官不伏，事下审刑、大理详定，以府断为是。有诏“安石放罪”。旧制：放罪者皆诣殿门谢。安石自言：“我无罪，不谢。”御史台及阁门累移牒趣之，终不肯谢。台司因劾奏之。执政以其名重，释不问。但徙安石他官。

可见王安石这次的改官，既不是升迁，也不属于责降。而且，官位尽管有了移徙，王安石却依然承担着知制诰的实际职务。

从王安石于嘉祐四年到汴京任三司度支判官之日起，至嘉祐八年八月王安石因丁母忧而离汴京返金陵之日止，在这四年多的时间之内，王安石曾先后三次被派充任考试举人或进士的官员。第一次是嘉祐五年八月，他被派与赵抃、郑獬、滕甫共同去考试开封府的举人。[①] 第二次是嘉祐六年八月，他被派与吴奎、杨畋、王畴共同去考试应贤良方正能直言极谏科的苏轼、苏辙等人。[②] 第三次是嘉祐八年正月，他被派与范镇、司马光去考试全国到礼部应举的进士。[③]

在此，似乎还应当补充一段小小的插曲。魏泰《东轩笔录》卷十载一事云：

> 进退宰相，其帖例草议皆出翰林学士。旧制，学士有阙，则第一厅舍人（按：资序最高之舍人）为之。嘉祐末，王荆公为阁老，会学士有阙，韩魏公素忌介甫，不欲使之入禁林，遂以端明殿学士张方平为承旨。盖用旧学士也。

王安石于韩琦是后进晚辈，他的年岁小于韩琦十二三岁。两人在思想、作风和治学、治世、治政等方面的见解的差异，却要比他们年龄之间的差距更大得多。晁说之的《晁氏客语》

---

① 《宋会要辑稿·选举》一九之二。
② 《宋会要辑稿·选举》一一之八。
③ 《宋会要辑稿·选举》一之一一。

中载一事云：王安石一次与韩琦议事不合，便说道：“如此，则是俗吏所为。”韩琦回答说：“公不相知，我韩琦真正是一俗吏。”此事虽不知发生在何时，但不论发生在什么年月也都是毫不足怪的。因此，对于魏泰的那一条记事，我是信以为真的。

七　辞官归江宁守母丧　收徒讲学

嘉祐八年（1063）宋仁宗逝世，其时王安石仍在舍人院任知制诰。到这年八月，王安石的母亲吴氏也在开封逝世。王安石遂去官，奉母柩归葬金陵。

王安石对于他的母亲是极尽孝道的。当其母在世时，他每逢移徙官位，总是先考虑是否便于养母，并大都以此作为他是否奉命就职的先决条件。到母亲去世之后，他奉柩回江宁以与其父合葬。居丧期内，王安石只是处于哀戚的情态下，过着极为简单俭约的生活。人们可以理解为，这是儒家的“礼与其奢也宁俭，丧与其易也宁戚”这一古训使得王安石这样做。但是，如果对王安石的素行有更确切更深刻的理解，那就应当说，即使没有那样的儒家古训，出自王安石的本心、本性的主观要求，他也必然是这样做的。

王铚的《默记》卷下，记有王安石守丧时一事：

> 王荆公知制诰，丁母忧，（年）已五十矣。哀毁过甚，不宿于家。以藁秸为荐，就厅上寝于地。是时，潘夙，公所善，方知荆南，遣人下书金陵。急足至，升厅，

> 见一人席地坐，露头瘦损，愕以为老兵也，呼“院子”，令送书入宅。公遽起，取书就铺上拆以读。急足怒曰：“舍人书而院子自拆，可乎！”喧呼怒叫。左右曰：“此即舍人也。”急足惶恐趋出，且曰：“好舍人！好舍人！”

今按：王铚生于北宋晚年，其《默记》之撰作则在宋高宗绍兴年间，上距嘉祐之末，至少当已七八十年，一切得诸传闻，其间必有不尽事实之处。安石有四弟，即安礼、安世、安国、安上，即使“以藁秸为荐，就厅上寝于地”者唯安石一人，其诸弟亦断不容全都经常不居丧次，何得使潘夙所遣急足误认王安石为院子哉。然就此条记事，终可反映出王安石居丧期内之哀毁情况，故特引录于此。

《续资治通鉴长编》卷二〇六，于治平二年（1065）十月甲午载：“复以王安石为工部郎中知制诰，母丧除故也。”但王安石没有应命再去汴京复职，而是仍然留在江宁，一方面收徒讲学，一方面从事于著作。

在此期内，先后到江宁来从学于王安石的，计有陆佃、龚原、李定、蔡卞、侯书献、郑侨（郑亶子）等人。

江宁讲学的具体内容，我们已无法从史籍中考求出来。但在《临川文集》卷七二中，载有王安石《答韩求仁书》，是一封很长的书信，内容是专为答复韩求仁来信所问有关《诗》《书》《易》《周礼》《春秋》诸书的事，并借以明确表述他对几部典籍的意见。答书的开头便有“哀荒久不为报”之句，知其写于在江宁授徒讲学之时。《答书》对《诗》

《书》中某些篇章及词语都提出了一些与前人不同的理解；对《论语》《孟子》中所涉及的仁义礼智以及仁义与道德的异同等问题也多所阐释，估计也是韩求仁在来信中所问及的。韩求仁还提出了关于《易》的问题，王安石则答复说："能尽于《诗》《书》《论语》之言，则此皆不问而可知。"对于韩所提出的关于《春秋》的问题，王安石则答复说："三传既不足信，故于诸经尤为难知。"就王安石这封复书的内容，必定可以推知王安石当时在江宁收徒讲学的具体梗概。

据王安石在《忆昨》诗（前引）中所自述，当其弱冠之年，随其父读书江宁之时，即已立定了"欲与稷契遐相希"的志愿，要做一个能对社会人群有较大贡献的人；在他二十几年的仕宦过程当中，他也屡屡争取要做一个亲民之官，"俾得因吏事之力，少施其所学"；而到宋神宗于熙宁二年（1069）召他入朝为翰林学士时，他又曾在与宋神宗对话时说道："经术者，所以经世务也，若不足以经世务，则经术何所赖焉？"[①] 这都可证明，学以致用和经世致用的思想，是王安石从其青少年时期以来，所一直执着坚持的一种思想见解。这当然也就决定了他在江宁收徒讲学的实践中，对学生们所传的"道"、所授的"业"和所解的"惑"，必不是要他们在那里读死书，习作科场的应试文字，而是要他们学习一些与修身、齐家、治国、平天下相关的实际问题。在《临川文集》卷七〇中，迄今尚保存了他为学生出的《策问》十一道，可

① 《续通鉴长编纪事本末》卷五九《王安石事迹（上）》。

以明确、具体地反映出他的教学的重点所在。今举其中的两题于下：

其第十一题为：

> 问：挂兵于夷狄以弊百姓，畋游倡乐，赏赐无节，而台榭陂池宫室之观侈，此国之所以贫；今皆无此，而有司之所讲常出于权利，然亦不足于财。
>
> 信任亲戚后宫之家，尊显公卿大臣之世，布衣岩穴之秀蔽障而不得仕，此官之所以旷；今皆无此，而所使在位皆公天下之选也，然亦不足于士。
>
> 异时尝多兵矣，而不以兵多故费财；今民之壮者多去而为兵，而租赋尽干粮饷，然亦不足于兵。
>
> 异时尝多马矣，而不以马多故费土；今内则空可耕之地以为牧，盖钜万顷，外则弃钱币以取之四夷，然亦不足于马。
>
> 此其故何也？

这道《策问》中所提出的问题，包括了北宋王朝当时的财政问题、吏治问题、军政问题和马政问题，正充分体现了王安石在治学和教学方面一贯坚持的经世致用的宗旨。

其第八题为：

> 问：夏之法至商而更之，商之法至周而更之，皆因世就民而为之节。然其所以法意不相师乎？

这里又充分体现了王安石的因应世变而变法革新的观点。

在留居江宁期内，与收徒讲学同时，王安石必还写作了很多文章，只因我们能够看到的《王文公文集》和《临川先生文集》，虽都是宋代人所编辑，却全都编辑得不够好：一则所收诗文不甚完备，二则误收他人的诗文，三则在诗文的编次排比方面都杂乱无章。致使我们在引用时，先须做许多甄别和考订等类的工作，而这类工作有时是很不容易进行的。现就我所考定为此次除服后留居江宁期内所撰作的许多篇文章中的三篇内容较重要的文章，略举述其梗概于下：

其一，为收入《临川文集》卷八二的《虔州学记》，是写于宋英宗即位初年的。此文在进入本题之后就写了一段文章说：

> 余闻之也，先王所谓道德者，性命之理而已，其度数在乎俎豆钟鼓管弦之间，而常患乎难知，故为之官师，为之学，以聚天下之士，期命辩说，诵歌弦舞，使之深知其意。……然士学而不知，知而不行，行而不至，则奈何？先王于是乎有政矣。夫政，非为劝沮而已也，然亦所以为劝沮，故举其学之成者以为卿大夫，其次虽未成而不害其能至者以为士，此舜所谓庸之者也。……

在此需要加以阐明的，是王安石把“道德”解释为“性命之理”，乃是针对着包括司马光在内的当时一些学人而发的。同时传递给我们这样一道信息：王安石此时收徒讲学，所着重讲说的内容之一，必也在于性命义理方面。这从陆佃写于宋哲宗期内的《依韵和李元中兼寄伯时二首》[1] 中的“平生共学王丞相，更觉荀扬未尽醇”[2] 两语，便可得到确凿的印证。

自“夫政，非为劝沮而已也，然亦所以为劝沮”以下，则表明了王安石认为擢用由中央至地方的各级官员时，应一切以其对经术造诣的深浅为标准。而到全文的结尾处，则更说道：

> 今之守吏，实古之诸侯。其异于古者，不在乎施设之不专，而在乎所受于朝廷未有先王之法度；不在乎无所于教，而在乎所以教未有以成士大夫仁义之材。虔虽地旷以远，得所以教，则虽悍昏嚚凶、抵禁触法而不悔者，亦将有以聪明其耳目而善其心，又况乎学问之民。故余为书二侯之绩，因道古今之变，及所望乎上者，使归而刻石焉。

综观王安石这全篇记文，前半篇所论述的，是和他在《言事书》中所指陈的，对吏治人才的“教之、养之、取之、任之”诸事，大致相同或彼此可以互补；而最后的一段，则又与《言事书》中所指陈的“今之法度多不合乎先王之政”的

① 《陶山集》卷一。
② 荀子主性恶说，扬雄主性善恶混说。

那一论点完全应合的。

根据“因道古今之变，及所望乎上者，使归而刻石”诸语，我们似乎不妨说，这篇《虔州学记》，实际乃是并无官守的王安石又变相地奏进的一篇小型的《言事书》。

其二，是收入《临川文集》卷六九的《风俗》，文中有“国家奄有诸夏，四圣继统”句，知其作于宋英宗即位之后，亦即王安石讲学江宁期内。

王安石在其写给宋仁宗的《言事书》中所提出的关于理财的主张，是“因天下之力以生天下之财，取天下之财以供天下之费”，其重点在于开发财源的方面。在此后他经常加以强调的也多在这一方面。但若因此而认为王安石从不考虑节俭、节用、节流方面的问题，那就十分错误了。这篇题作《风俗》的文章，其全篇都是在论述这方面问题的重要性。今摘引其比较重要的一些段落于下：

> 君子制俗以俭，其弊为奢，奢而不制，弊将若之何？夫如是，则有殚极财力，僭渎拟伦，以追时好者矣。且天地之生财也有时，人之为力也有限，而日夜之费无穷，以有时之财，有限之力，以给无穷之费，若不为制，所谓积之涓涓而泄之浩浩，如之何使斯民不贫且滥也。……
>
> 且圣人之化，自近及远，由内及外，是以京师者风俗之枢机也，四方之所面内而依仿也，加之士民富庶，财物毕会，难以俭率，易以奢变，至于发一端，作一事，

衣冠车马之奇，器物服玩之具，旦更奇制，夕染诸夏，工者矜能于无用，商者通货于难得，岁加一岁，巧眩之性不可穷，好尚之势多所易，故物有未弊而见毁于人，人有循旧而见嗤于俗，富者竞以自胜，贫者耻其不若……由是转相慕效，务尽鲜明，使愚下之人，有逞一时之嗜欲，破终身之赀产而不自知也。

且山林不能给野火，江海不能实漏卮，淳朴之风散则贪饕之行成，贪饕之行成则上下之力匮，如此则人无完行，士无廉声，尚陵逼者为时宜，守俭押者为鄙野，节义之民少，兼并之家多，富者财产满布州域，贫者困穷不免于沟壑。……若是之俗，何法令之能避哉，故刑罚所以不措者此也。

且坏崖破岩之水原自涓涓，干云蔽日之木起于青葱，禁微则易，救末者难。所宜略依古之王制，命市纳贾，以观好恶。有作奇技淫巧以疑众者纠罚之；下至物器馔具，为之品制以节之；工商逐末者，重租税以困辱之。民见末业之无用，而又为纠罚困辱，不得不趋田亩，田亩辟则民无饥矣。以此显示众庶，未有辇毂之内治而天下不治矣。

正因为王安石在表述其理财观点时，涉及“开源”的论点多，而涉及“节流”的论点少，遂使这篇专谈“君子制俗以俭”的文字弥足珍贵。从王安石一生的持身涉世和仕宦历程中的理财实践来看，他也始终不曾背离过自己的这一主张。因此，我认为，应当把这篇文章的作用，加以展拓，一则可以以此文中的明确主张与王安石的毕生行事，驳斥南宋初年邵伯温在其《闻见录》中所凭空捏造的各种无耻谤言，例如说王安石曾劝说宋神宗应以天下自奉之类；二则还可以以此文中的明确主张和王安石的毕生行事，揭穿宋徽宗、蔡京等人冒用推行新法的虚名，而大搞其荒淫无耻罪行的实质，把熙宁新法与崇宁新法截然区分为互相反背的两桩事，把赵佶、蔡京两人转嫁给王安石的恶名彻底清除！

其三，是收入《临川文集》卷六五的《〈洪范〉传》，据陆佃《陶山集》卷十五所载《傅府君墓志》，知《〈洪范〉传》乃作于陆佃从学于王安石之前，当为宋英宗治平初年也。

《尚书》中的《洪范》，乃是周武王灭殷之后，原为殷元老的箕子向周武王陈说治国治民大道的文本。汉代的儒生董仲舒、刘向等人，都对《洪范》作有阐释和注解。王安石认为他们的解释都不够正确，所以，特地写了这篇长文，用自己的独到之见，对《洪范》别作新解。文中最为重要的一段则是关于“休征”“咎征”诸事的解释。《洪范》所举“休征”诸事为：“肃时雨若”“乂时旸若”“哲时燠若”“谋时寒若”“圣时风若”。“咎征”五事为：“狂恒雨若”“僭恒旸若”“豫恒燠若”“急恒寒若”“蒙恒风若”。汉代的儒生们全都把这些句中的“若”字曲解为“顺”字，亦即遂顺、顺应、反应之意，借以符合他们所制造出来的“天人感应”之说。例如，他们解释“狂恒雨若”句，即牵强附会为：“人君如有狂荡行为，天就做出霖雨不止的反应。”其余诸句均依此类推。王安石为了破除这种庸陋迷信旧说，就把“若”字只依其本义解释为“犹如”，他写道：

> 言人君之有五事，犹天之有五物也。天之有五物，一极备凶，一极无亦凶；其施之小大缓急无常，其所以成物者，要之适而已。人之有五事，一极备凶，一极无亦凶；施之小大缓急亦无常，其所以成民者，亦要之适而已。故雨旸燠寒风者，五事之证也。降而万物悦者，肃也，故若时雨然；升而万物理者，乂也，故若时旸然；哲者阳也，故若时燠然；谋者阴也，故若时寒然；睿其思，心无所不通，以济四事之善者，圣也，故若时风然。狂则荡，故常雨若；僭则亢，故常旸若；豫则解缓，故常燠若；急则缩栗，故常寒若；冥其思，心无所不入，以济四事之恶者蒙，故常风若也。……君子之于人也，固常思齐其贤而以其不肖为戒，况天者固人君之所当法象也，则质诸彼以验此，固其宜也。
>
> 然则世之言灾异者非乎？曰：人君固辅相天地以理万物者也，天地万物不得其常，则恐惧修省固亦其宜也。今或以为，天有是变，必由我有是罪以致之；或以为灾异自天事耳，何豫于我？我知修人事而已。盖由前之说，则蔽而葸；由后之说，则固而怠；不蔽不葸、不固不怠者，亦以天变为已惧，不曰天之有某变，必以我为某事而至也，亦以天下之正理考吾之失而已矣。此亦“念用庶证”之意也。

通过上引《〈洪范〉传》的这几段文章，王安石第一次表述了他反对那种早已盛行于世的儒家们所编造的“天人感应”学说。而儒家的这一学说，已经支配了中国历代统治阶级和知识分子达千余年之久，在宋政权建立之后，其支配力量更是与日俱增。因此，王安石对这一统治思想的挑战，实际上等于震响了一声春雷，理应对当时的知识界和统治者们，起到振聋发聩、解放思想的作用，可是，儒家的这一学说，在他们的头脑中，已经根深蒂固，牢不可破，以致只把王安石的这一卓越见解视为异端邪说，群起而攻之，使之没有起到应起的作用。此容于下章再作更详尽的论述。

第二章　宋神宗起用王安石
王安石变法革新

第一节　任翰林学士期内的王安石

一　王安石劝说宋神宗做大有为之君

宋英宗在位不满四年，于治平四年（1067）正月逝世。其子赵顼以十九岁的弱冠之年即皇帝位，是为宋神宗。

当宋神宗居东宫期内，长期做他记室参军的韩维，经常向他称道王安石的学问和为人，这使得他对王安石具有了深刻的印象。到他继位后之闰三月，就起用王安石知江宁府，同年九月，又改命他为翰林学士，把他调回开封。

熙宁元年（1068）四月，王安石越次入对，第一次得与宋神宗对面长谈，宋神宗首先问他说："方今治国之道，当以何为先？"对曰："以择术为先。"又问："唐太宗为何如主？"对曰："陛下每事当以尧舜为法。唐太宗所知不远，所为不尽合法度；但乘隋极乱之后，子孙又皆昏恶，所以独见称于后世。道有升降，处今之世，恐须每事以尧舜为法。……"然后他又问王安石说："祖宗守天下，能百年无大变，粗致太平，以何道也?"王安石很担心，如当场再谈此事，更要占用过多的时间，遂告辞而退，并说明于退朝之后用奏章答复这个问题。接着，就奏进了《本朝百年无事札子》。[①] 《札子》的首段，历述了从太祖到英宗这五朝的施政概况，而于仁宗一朝所述较详。对那一时期内的对辽政策、兵政和刑法、对大臣贵戚和左右近习的政策、对中外官吏的升黜，以及对谏官御史言论的公听等事，都分别举述其利病。此下，就对宋朝建国百年来在创立法度时所遵依的原则、所贯串的精神提出了总括的批评性意见，说道：

> 然本朝累世因循末俗之弊，而无亲友群臣之议；人君朝夕与处，不过宦官女子；出而视事，又不过有司之细故；未尝如古大有为之君，与学士大夫讨论先王之法以措之天下也。
>
> 一切因任自然之理势，而精神之运有所不加，名实之间有所不察；君子非不见贵，然小人亦得厕其间；正论非不见容，然邪说亦有时而用。
>
> 以诗赋记诵求天下之士，而无学校养成之法；以科名资历叙朝廷之位，而无官司课试之方。监司无检察之人，守将非选择之吏。转徙之亟既难于考绩，而游谈之众因得以乱真。交私养望者多得显官，独立营职者或见排沮。故

① 《临川文集》卷四一。

上下偷惰取容而已。虽有能者在职，亦无以异于庸人。

农民坏于徭役，而未尝特见救恤，又不为之设官以修其水土之利。兵士杂于疲老，而未尝申教训练，又不为之择将而久其疆埸之权。

宿卫则聚卒伍无赖之人，而未有以变五代姑息羁縻之俗；宗室则无教训选举之实，而未有以合先王亲疏隆杀之宜。

其于理财，大抵无法，故虽俭约而民不富，虽忧勤而国不强。

赖非夷狄昌炽之时，又无尧汤水旱之变，故天下无事过于百年。虽曰人事，亦天助也。盖累圣相继，仰畏天，俯畏人，宽仁恭俭，忠恕诚悫，此其所以获天助也。

伏惟陛下，躬上圣之质，承无穷之绪，知天助之不可常恃，知人事之不可怠终，则大有为之时正在今日。

《札子》中对宋朝建国百年来的政治、军事、税赋与理财、农业生产等情况，全都做了陈述，而贯串于其中的一个批评意见，则是无处不在的那种因循、疲沓、苟且度日的萎靡气局。只是“赖非夷狄昌炽之时，又无尧汤水旱之变，故天下无事过于百年”。不然的话，必定早就发生问题了。王安石认为，当神宗继位伊始，正是亟须把这一弥漫全国的颓势加以振作的大有为之时，当然也就是鼓励宋神宗挺身做一个大有为之君。

我想在此附说一句：王安石劝告宋神宗做大有为之君，实际上，是他要借宋神宗这面大旗来实现自己的政治抱负和战略设想。

二　王安石愿助宋神宗大有为

当宋神宗收到王安石奏进的《本朝百年无事札子》后，一遍又一遍地阅读，觉得其中所陈述的，既很精彩，又很全面。到他第二次见到王安石时，便向他说道："治国之道，大概都包括在这道奏章之内了。你所指陈的那些弊政，大概你也都已想出改革的办法了吧，希望你也把具体的施设之方一一告我。"王安石回答说："当下是不可能一一说到的，愿陛下以讲学为事，讲学既明，则施设之方不言而自谕。"然而宋神宗还是要王安石稍加陈述。在王安石略陈施设之方以后，宋神宗非常高兴，向他说道："此皆朕所未尝闻。他人所学固不及此。能与朕一一为书条奏否?"及王安石又重复了他的"以讲学为事，则诸如此举皆不言而自谕"诸语时，宋神宗又说："卿今日所言已多，朕恐有遗忘，试录今日所对以进。"王安石虽在退朝时满口应承下来，却一直没有把这次的对话写出来进呈。在熙宁元年的下半年，王安石还曾屡次在共同朝见之后被独留赐坐，与宋神宗进行过长谈。

熙宁二年的春初，王安石又一次向宋神宗畅论天下大事，神宗说：

> 此非卿不能为朕推行，朕须以政事烦卿。料卿学问如此，亦欲施设，必不固辞也。

王安石对曰：

臣所以来事陛下，固愿助陛下有所为。然天下风俗法度一切颓坏，在廷少善人君子，庸人则安常习故而无所知，奸人则恶直丑正而有所忌。有所忌者唱之于前，而无所知者和之于后，虽有昭然独见，恐未及效功而为异论所胜。陛下诚欲用臣，恐不宜遽，谓宜先讲学，使于臣所学本末不疑，然后用之，庶几能粗有所成。

神宗说：

朕知卿久，非适今日也。人皆不能知卿，以为卿但知经术，不可以经世务。

王安石对曰：

经术者所以经世务也。果不足以经世务，则经术何所赖焉。

神宗说：

朕念慕卿道德甚至，有以助朕，勿惜言。不知卿所施设，以保为先？

王安石对曰：

> 变风俗，立法度，方今所急也。凡欲美风俗，在长君子，消小人。以礼义廉耻由君子出故也。《易》以泰者通而治也，否则闭而乱也。闭而乱者以小人道长；通而治者以小人道消。小人道消，则礼义廉耻之俗成，而中人以下变为君子者多矣；礼义廉耻之俗坏，则中人以下变为小人者亦多矣。①

以上所引录的王安石在任翰林学士时，向宋神宗所说的治国安邦之道，全都为宋神宗所赞赏，特别是，当宋神宗提出“朕须以政事烦卿”时，王安石立即表示：“臣所以来事陛下，固愿助陛下有所为。”两人的心志遂完全得到契合。于是，在熙宁二年二月庚子，宋神宗遂擢用王安石为右谏议大夫、参知政事。

第二节　王安石在法家思想指导下变法革新

一　变法的终极目标是富民、富国和强兵

已经成为宋廷元老重臣而退出了决策机构的反变法人物韩琦，在熙宁八年（1075）进呈了一封《答诏问北边事宜

---

① 以上皆据《续通鉴长编纪事本末》卷五九《王安石事迹（上）》。

疏》，其中有一段说：

> 臣尝窃计，始为陛下谋者，必曰："自祖宗以来，纪纲法度率多因循苟简，非变之不可也。治国之本，当先有富强之术：聚财积谷，寓兵于民，则可以鞭笞四夷，尽复唐之故疆；然后制作礼乐，以文太平。"①

韩琦的这段话，虽自称是"窃计"云云，实际上乃是把王安石当国主政以来的主要言论主张组合而成的，也都是他与保守派人物所共同极力反对的。而按王安石近几年内的言行，特别是力主实行先秦法家人物所主张的富国强兵之术，也都与韩琦所说完全切合。在王安石的《熙宁奏对日录》中曾自记其与神宗的一次谈话说：

> 陛下看商鞅所以精耕战之法，只司马迁所记数行具足。若法令简而要，则在下易遵行；烦而不要，则在下既难遵行，在上亦难考察。②

对于吴起在楚国进行变法时，"务在富国强兵，破驰说之言纵横者"的做法，王安石也向神宗大加称赞。③ 这两个事例，说明王安石的富国强兵的主张，乃是直接从先秦法家的治国

---

① 《韩魏王家传》卷一〇。

② 自陈瓘《四明尊尧集》卷三《论道门》转引。

③ 《续资治通鉴长编》卷二五〇，熙宁七年二月庚辰记事。

安邦之术中学来的。

《论语》的《颜渊篇》载，子贡问政，子曰：“足食，足兵，民信之矣。”这可见，儒家本也是把富国强兵的事作为治国为政的首要事项。可是，子贡接着却又问道：“必不得已而去，于斯三者何先？”曰：“去兵。”子贡又问：“必不得已而去，于斯二者何先？”孔子又答复说：“去食。自古皆有死，民无信不立。”我以为，这是在子贡的迫切追问之下，孔子被逼无奈，仓促间做出这几句不合逻辑的答语的。试问，当人民全已饿死沟壑之日，还向谁去布政施政呢？《论语》中也还记载了孔子的“不患贫而患不均，不患寡而患不安”的谈话。而“去兵”和“不患贫”的议论，却被后代的儒生们所传承，并不适当地加以强调了。特别是北宋中期以来的一些儒生和官僚士大夫们，国家的积贫积弱局势，不但没有激励他们奋发有为，图谋富强，反而像讳疾忌医那样，力求避免谈及富国和强兵的问题。例如，在宋神宗于熙宁二年二月，再召入富弼为相时，富弼首次与神宗相见，即向他说道：

> 陛下临御未久，当布德行惠，愿且二十年口不言兵，亦不宜重赏边功。①

苏轼在其《上神宗皇帝书》中说了一些更为离奇的话：

---

① 徐自明《宋宰辅编年录》卷七，熙宁二年二月《富弼再入相》条下引《丁未录》。

> 夫国家之所以存亡者，在道德之浅深，而不在乎强与弱；历数之所以长短者，在风俗之厚薄，而不在乎富与贫。道德诚深，风俗诚厚，虽贫且弱，不害于长而存；道德诚浅，风俗诚薄，虽强且富，不救于短而亡。……
>
> 臣愿陛下务崇道德而厚风俗，不愿陛下急于有功而贪富强。使陛下富如隋，强如秦，西取灵武，北取燕蓟，谓之有功可也，而国之长短则不在此。……①

苏轼这两段文章中的逻辑，实在令人难以理解：怎么一个富而强的国家反而不会享国久长，一个贫而弱的国家反而可以享国久长呢？然而当时的官僚士大夫们，却极少有人对这种逻辑感到奇怪。而韩琦、文彦博、司马光、范纯仁、苏辙等先后出而持反对富国强兵意见者，却真正是实繁有徒。

就在这样的社会舆论氛围之下，王安石却始终坚定不移地贯彻其富国强兵的主张。他在嘉祐四年所写的《上仁宗皇帝言事书》中提及的“顾内则不能无以社稷为忧，外则不能无惧于夷狄，天下之财力日以困穷，而风俗日以衰坏”，实际上就在指明，因为“国不富”和“兵不强”而导致了许多严重后果。在他于熙宁元年所上《本朝百年无事札子》的结尾处则说：“故虽俭约而民不富，虽忧勤而国不强。”这自然是在明显地呼唤着富民和强兵的问题了。在《熙宁奏对日录》

---

① 《苏轼文集》卷二五。

中，他既曾记有对宋神宗所说的“陛下看商鞅所以精耕战之法，只司马迁所记数行具足”；而在另一次与宋神宗谈话时，他更对吴起在楚国主持变法时“务在富国强兵，破驰说之言纵横者”的做法大加赞扬。可见，商鞅、吴起那些法家人物，乃是王安石在变法革新时所要取作的榜样。

对于王安石的富民思想，似有必要再在此稍做一些说明。因此，前面已经引用过的某些资料，也有必要在此重复引用一次。当嘉祐四年（1059），王安石参与应否复行“榷茶法”的讨论时，他曾引用扬雄《法言》中所说“为人父而榷其子，纵利，如子何”诸语，并进而提出己见：“以雄之聪明，其讲天下之利害宜可信。然则今虽国用甚不足，亦不可以复易已行之（通商）法矣。”扬雄的这一意见，王安石不只用来反对榷茶，在嘉祐四年以前，在他的《与马运判书》中，已曾运用并发挥过这一意见：

尝以谓方今之所以穷空，不独费出之无节，又失所以生财之道故也。富其家者资之国，富其国者资之天下，欲富天下则资之天地。……今阖门而与其子市，而门之外莫入焉，虽尽得子之财，犹不富也。盖近世之言利虽善矣，皆有国者资天下之术耳，直相市于门之内而已，此其所以困欤！①

① 《临川文集》卷七五。

这里所说的“天下”，实际上乃是指天下百姓，这从他《答司马谏议书》中的“为天下理财，不为征利”句可以得到证明。这一段文字的意思和他在《上仁宗皇帝言事书》中所提出的，“因天下之力以生天下之财，取天下之财以供天下之费”的理财大原则是全相吻合的，即治国者必须先以天下的人力向自然界开发资源，以使百姓富足（即所谓藏富于民），然后再“取之于民，用之于民”（此陈瓘《国用须知》中赞宋神宗语）。如果不采取向大自然要财富（改用现代语，即开发经济资源）的这条最根本的途径，而专向纳税户加重赋敛来支持国家的财用，那便是“阖门而榷其子”的办法，是“虽尽得子之财犹不富”的。只有依循这样的思路来理解王安石说的“民不加赋而国用饶”和他所期望实现的“富民”与“富国”，才能得出最正确的结论。

二　摧制豪强兼并

宋王朝把官僚豪绅大地主阶层作为它进行封建统治的最可靠基础，在其建立之初所制定的政策法令中，就赋予这个阶层中人以种种特权，使其对土地可以肆行兼并，赋税、徭役和这样那样的摊派、科敛，又在各种名义之下大部以至全部可以免除。其所以这样做的理由，则如王铚《枢廷备检》所说：

不务科敛，不抑兼并，曰：“富室连我阡陌，为国守财尔。缓急盗贼窃发，边境扰动，兼并之财乐于输纳，皆我之物。”所以税赋不增，元元无愁叹之声。①

然而这样做的结果是，大量的土地都被这样的一些人家所占有，社会上丧失土地、破产失业的人日见其多，而宋政府在赋税的征收和徭役的征发诸方面，也都受到极为严重的影响，成为政府“积贫”病象所由产生的重要原因之一。

对于这种奉行已久的传统政策和这一传统政策所寓有的用意，究竟是要继续贯彻奉行下去呢，还是要加以调整和变革呢？这是牵涉到地主阶级内部各阶层之间财产和权力再分配的问题，也是以王安石为首的变法派和以司马光、韩琦、富弼等人为首的保守派进行斗争的一个重要焦点。保守派利用所有的习惯势力，顽固地、不顾一切地要把官绅豪强大地主阶层的既得权势维护下去，而王安石却着眼于整个地主阶级的利益和前途，要“摧豪强”“抑兼并”，制止土地兼并恶性发展，借以保证地主经济能获得一个比较稳定发展的局势。

摧制豪强兼并的口号，王安石经常提及。他不但在诗文中，还特别在与宋神宗面谈时，三番五次地提及它。例如，在他与宋神宗商讨制定“市易法”的过程中，有一次他就说道：

天付陛下九洲四海，固将使陛下抑豪强，伸贫弱，使贫富均受其利，非当有所畏忌不敢也。“较固法”是有

① 王明清《挥麈余话》卷一。

律以来行用，今但申明，所以为均。“均无贫”盖孔子之言，于圣政有何害？

陛下不欲行此，此兼并有以窥见陛下于摧制豪强有所不敢，故内连近习，外惑言事官，使之腾口也。①

当他与宋神宗商讨“免役法”的利害时，他说道：

兼并积蓄富厚，皆蚕食细民所得。②

当宋神宗指出市易务卖果实有伤国体时，王安石又向他说道：

至于为国之体，摧兼并，收其赢余，以兴功利，以救艰厄，乃先王政事，不名为好利也。③

当他与宋神宗商谈如何处理某一官吏的职位、俸禄的问题时，他又说道：

今一州一县便须有兼并之家，一岁坐收息至数万贯者。此辈除侵牟编户齐民为奢侈外，于国有何功？而享此厚奉！……

---

① 《续资治通鉴长编》卷二三二，熙宁五年四月丙子记事。“较固法”是指法律中所规定的惩治囤积居奇、垄断、专利等行为的条文。

② 《续资治通鉴长编》卷二三七，熙宁五年八月辛丑记事。

③ 《续资治通鉴长编》卷二四〇，熙宁五年十一月丁巳记事。

今富者兼并百姓，乃至过于王公，贫者或不免转死沟壑，陛下无乃于人主职事有所阙，何以报天下士民为陛下致死?①

熙宁八年间，在议论市易司事时，王安石又对神宗说:

秦能兼六国，然不能制兼并，反为寡妇清筑台。盖自秦以来，未尝有摧制兼并之术，以至今日。臣以为，苟能摧制兼并，理财，则合与须与，不患无财。②

另外，王安石刚做了参知政事，在开始议行新法时，就曾谈到，周代设泉府之官，是为了要“摧制兼并，均济贫弱，变通天下之财”，在宋朝，为了理财，也应当“修泉府之法，以收利权”。在《兼并》诗中，他又说，古代国家的财政经济措施，都是“人主擅操柄，如天持斗魁。赋予皆自我，兼并乃奸回”。而当他建议在河北路行“俵籴”法时，他又说道:

俵籴非特省六七十万缗岁漕之费，且河北入中之价，权之在“我”，遇斗斛贵住籴，即百姓米无所粜，自然价损。非惟实边，亦免伤农。③

① 《续资治通鉴长编》卷二四〇，熙宁五年十一月戊午记事。
② 《续资治通鉴长编》卷二六二，熙宁八年四月甲申记事。
③ 《文献通考·市籴考（二)》。

综合王安石的这种种言论来看，可知他所以要“摧制兼并”，有两方面的用意：一是要对官绅豪强大地主和豪商富贾们所享已久的特权给予一些限制和裁减，使得地主阶级中下层的人和自耕农们免于经常受到兼并之害，随时因被蚕食鲸吞而破产流亡；二是把那班人所具有的操纵物价、垄断居奇等等的权利一并收夺，归北宋政府所掌握。

断绝大地主和富贾豪商的兼并之路，把天下利权尽笼入政府的掌握之中，这本是西汉政治家桑弘羊曾经实行过，而且是收到很好效果的一些政策。这说明王安石的“摧制豪强兼并”的主张及其采取的措施，也都是把历史上杰出政治家的施政经验取作借鉴的。但是，尽管主张是十分明确的，议论也是十分动听的，实际上却是雷声大，雨点小。王安石在其制定和推行新法的过程中，在所谓制裁“豪强兼并”的事情上，只是在极为有限的范围之内进行的。首先，对于已被豪绅地主们兼并了的广大土地，就决不去触动其所有权。对于有人提出要恢复古代的井田或均田制度的主张，王安石也持反对意见。他的理由是：

> 今朝廷治农事未有法，又非如古备建农官，大防圩埠之类；播种收获，补助不足，待兼并有力之人而后全具者甚众，如何可遽夺其田以赋贫民？此其势固不可行；

纵可行，亦未为利。①

农民的全部剩余劳动，乃至一部分必要劳动，都被地主们特别是豪强兼并之家剥削净尽，而豪强兼并之家又利用农民的贫困，用钱或粮发放高利贷，进行更残酷的剥削。这种罪恶行径，却被王安石说成是农民因“播种收获，补助不足，待兼并有力之人而后全具”。这说明，为其所处的时代和阶级所局限，即便像王安石这样杰出的政治家，对于封建的生产关系的性质，也不可能具有正确的理解和认识。基于这样的认识而决定不去触动豪强兼并人家的土地所有权，王安石在变法时所实际采用的“摧制兼并之术”，就只能像他自己所说的那样：

然世主诚能知天下利害，以其所谓害者制法而加于兼并之人，则人自不敢保过限之田；以其所谓利者制法而加于力耕之人，则人自劝于耕而授田不敢过限。然此须渐乃能成法。

夫人主诚能知利害之权，因以好恶加之，则所好何患人之不从？所恶何患人之不避？然利害之情难识，非学问不足以尽之。流俗之人罕能学问，故多不识利害之情，而于君子立法之意有所不思，而好为异论。若人主无道以揆之，则必为异议众多所夺，虽有善法，何由而

---

① 《续资治通鉴长编》卷二一三，熙宁三年七月癸丑记事。

立哉？[1]

王安石把他的这一理论，具体地运用到他所制定推行的一些新法中去，那就是：

因“青苗法”的施行，不但限制和夺取了豪强之家出放高利贷的部分权利，使得“昔之贫者举息之于豪民，今之贫者举息之于官”[2]，并且还要豪富之家也都借贷青苗钱十五贯，每半年向政府交纳三贯文的利息；

因“农田水利法”的施行，在各地兴修水渠堤防等排灌工程时，豪强之家也得按照他们的户等出备工料和费用，并且不得再把沿渠水利加以垄断；

因“免役法”的施行，取消了过去官绅豪强户所享有的免役特权，而迫使他们也要按户等或土地数量交纳“助役钱”；

因“市易法”的施行，使豪商富贾们再不能任意操纵物价，囤积居奇；

因“方田均税法”的施行，查清了豪绅大地主隐产漏税的情况，迫使他们按照所占有的土地的实际数字向政府交纳课税。

难道把如此等等的一些法令“加于兼并之人”，就可以使他们“不敢保过限之田”吗？这无疑是做不到的。

---

① 《续资治通鉴长编》卷二二三，熙宁四年五月癸巳记事。

② 《临川文集》卷四一《上五事札子》。

当宋神宗有一次向王安石说青苗法也可以起到制裁兼并作用时，王安石回答他说："此于治道极为毫末，岂能遽均天下之财，使百姓无贫！"① 依我看，把王安石自己对于青苗法所做的评价，移用到他所制定推行的有关社会经济的各项"新法"上去，也都是十分恰当的。也就是说，凭靠王安石所采用的这种"摧制豪强兼并之术"，想把当时因土地集中而产生的社会阶级间的矛盾加以缓和，是不可能的。

虽然如此，在北宋中叶，甚至在整个北宋一代的统治集团上层人物当中，能够认识到豪强兼并之家"侵牟编户齐民"已成为其时的一个严重社会问题，并且要把摧制豪强的用意尽可能纳入于其法令、政策之中的，毕竟还只有王安石和变法派当中的少数人物。而王安石及其新法之所以受到保守派人物的呶呶不休的围攻，主要也正是因为，在各种新法陆续制定推行之后，终究还是对官绅豪强大地主阶层的特权和利益有所触犯之故。

保守派的人们，认为一个人之所以富和贫，乃是由于其人聪明和愚蠢而产生的必然结果，贫者是赖富者以为生的。他们根本不承认存在着豪强兼并之家"蚕食细民""侵牟编户"一类的事体。而且认为，正是豪富人家才是北宋政权财政方面的后台，是只应更加紧紧依靠他们，而不应当制裁和打击他们的；打击了他们，也就等于削弱了北宋政权的主要社会支柱，那当然是不可以的。在此，且举述司马光和苏辙

---

① 《续资治通鉴长编》卷二二三，熙宁四年五月丙午记事。

的议论作为代表言论。

司马光在其《乞罢条例司常平使者疏》中说：

> 夫民之所以有贫富者，由其材性愚智不同。富者智识差长，忧深思远，宁劳筋苦骨，恶衣菲食，终不肯取债于人。故其家常有赢余而不至狼狈也。贫者呰窳偷生，不为远虑，一醉之外，无复赢余，急则取债于人，积不能偿，至于鬻妻卖子，冻馁填沟壑而不知自悔也。是以富者常借贷贫民以自饶，而贫者常假贷富民以自存。虽苦乐不均，然犹彼此相资以保其生。今县官乃自出息钱，以春秋贷民……必令贫富相兼，共为保甲，仍以富者为之魁首。贫者得钱，随手皆尽……固不能偿，吏督之急，则散而之四方。富者不去，则独偿数家所负。……贫者既尽，富者亦贫。臣恐十年之外，富者无几何矣。富者既尽，若不幸国家有边隅之警，兴师动众，凡粟帛军须之费，将从谁取之?①

苏辙则在其晚年所作的《诗病五事》中说：

> 惟州县之间，随其大小，皆有富民，此理势之所必至，所谓“物之不齐，物之情也”。然州县赖之以为强，国家恃之以为固，非所当忧，亦非所当去也。能使富民

① 《宋诸臣奏议》卷一一一。

安其富而不横，贫民安其贫而不匮，贫富相恃以为长久，而天下定矣。

王介甫小丈夫也，不忍贫民而深嫉富民，志欲破富民以惠贫民，不知其不可也。方其未得志也，为《兼并》之诗……及其得志，专以此为事，设青苗法以夺富民之利，民无贫富，两税之外皆重出息十二，吏缘为奸，至于倍息，公私皆病矣！①

王安石是想通过新法的推行，把收夺豪强兼并之家的部分既得权益，作为缓和阶级矛盾、稳定北宋政权的统治，并使地主经济得到正常发展的方术之一，是为整个地主阶级的全局利益和长远利益着想的，而保守派人物则是那样顽固地维护豪强兼并之家的特权和利益，甚至是不许去牵动他们的一根毫毛。对于这样一些目光短浅的议论，王安石目之为流俗，认为不足顾惜，当然是非常恰当的。

在这里，我们还可顺便解决另一个问题。如在前章已引用过的王安石的《兼并》诗所说：

三代子百姓，公私无异财。
人主擅操柄，如天持斗魁。
赋予皆自我，兼并乃奸回。
奸回法有诛，势亦无自来。

---

① 《栾城第三集》卷八。

后世始倒持，黔首遂难裁。
秦王不知此，更筑怀清台。
礼义日已偷，圣经久堙埃。
法尚有存者，欲言时所咍。
俗吏不知方，掊克乃为材。
俗儒不知变，兼并可无摧。
利孔至百出，小人私阖开。
有司与之争，民愈可怜哉。

这首诗的主要用意是，豪强兼并之家从集权的皇帝手中夺取了财政经济方面的部分开阖敛散之权，从此遂有了难以制裁的黔首（这里的“黔首”是指豪强兼并之家）。对他们是必须加以制裁的，只有一班俗儒们才认为“兼并可无摧”。这里所表达的王安石“摧制兼并”的主张是明确无疑的。但是，王安石还有一首题作《寓言》的诗，全文是：

婚丧孰不供，贷钱免尔萦。耕收孰不给，倾粟助之生。

物赢我收之，物窘出使营。后世不务此，区区挫兼并。①

从最后一句看来，他倒又似乎不以制裁兼并为然了，好像与

① 《临川文集》卷一〇。

前一首所表述的主张自相矛盾了。因此，在北宋时就有人据此而对王安石进行攻击，到了南宋，作《王荆公诗笺注》的李壁也对此“不能无疑”。李壁在《寓言》诗的笺注中说：

> 余尝见杨龟山志谭勍墓云：“公雅不喜王氏，或问其故，曰‘说多而屡变，无不易之论也。世之为奸者，借其一说可以自解，伏节死谊之士始鲜矣’。”始余以勍言为过，今观此诗，不能无疑。……
>
> 公诗尝云：“俗儒不知变，兼并可无摧。”而此诗乃复以挫兼并为非。

李壁对这首《寓言》诗的每一句都做了注释，竟又断章取义，把末句做孤立的理解，以为是“以挫兼并为非”，这如果不是有意地“欲加之罪”，那就是过于不求甚解了。

我在上边引用过的，王安石所说“今朝廷制农事未有法，又非如古备建农官，大防圩埠之类；播种收获，补助不足，待兼并有力之人而后全具者甚众，如何可遽夺其田以赋贫民?”最能与这首《寓言》诗互相印证。这段话，是说当时的豪强兼并之家，当农民播种收获感到力不从心时，也常能加以“补助”，而这种“补助”，却本是北宋政府应做的事；北宋政府既然未能这样做，那就不应先夺兼并之家的土地以与贫民。这首《寓言》诗的寓意也与此相同。大意是说：凡在婚丧或耕敛等事上感到财力不足的，政府均应贷之以钱粮（这就是他在变法时出放青苗贷款或谷物的理论根据）；市场上滞销的货物政府应当收购，民间需求的货物，政府应当赊贷出去（这就是他在变法时推行均输法、市易法的理论根据）。政府能这样做，就自然会使兼并之家受到制裁；不在这些方面去做一些事，而去侈谈制裁兼并，那就只是徒托空谈而不会发生“挫兼并”的实效。

照王安石所提出的这些做法去做，能否就收取到制裁兼并之家的实效呢？熙宁年间的种种事实已经证明的是：可以收到一些，但总的说来却是“其于治道极为毫末。”然而这却终于是另外的一个问题。我们现在所要论证的是王安石的《兼并》和《寓言》两诗的寓意并不是自相矛盾的，认为《寓言》诗“乃复以挫兼并为非”，乃是一种误解。

三　对人的主观能动作用的重视和积极性的调动

王安石在《字说》里解释“除”字说：

> 除：有阴有阳，新故相除者，天也；有处有辨，新故相除者，人也。[1]

“新故相除”意即新陈代谢。这表明，王安石认为，新陈代谢乃是自然（天）和社会（人）的共同的变化规律。

王安石有拟寒山、拾得的诗二十首，其第一首全文是：

---

① 《字说》早已失传，此从《杨龟山文集》卷七《〈字说〉辨》转引。“有处有辨”意即“有因有革”。

牛若不穿鼻，岂能推人磨？马若不络头，随宜而起卧。

干地终不涴，平地终不堕。扰扰受轮回，只缘疑这个。①

王安石还在他所作的《老子》一文中，把“道”区分为本和末两个领域，说：“本者万物之所以生也，末者万物之所以成也。……末者涉乎形器，故待人力而万物以成也。……故圣人惟务修其成万物者，不言其生万物者。”文中还根据这一意见，对于老子要“抵去礼乐刑政而惟道之称”的无为学说，做了有力的批判。②

把《老子》文中所说的“圣人惟务修其成万物者”和上面所引的这首诗合看，可知王安石的观点是：对于自然界的事物，要尽力设法去制驭和征服，以促进其变革；对于社会政治问题，也要竭智尽虑去治理和推动，以促进其变革。诗的结尾两句是说，正是因为对这一观点表示怀疑，不肯竭尽人的力量和智能去改造社会和自然，所以大自然和人类社会千百年来全都没有大的改变。

再把《字说》中对“除”字的解释与这首诗、这段引文合看，更可知道，王安石虽认为自然与社会有着共同的变化

---

① 《临川文集》卷三。

② 《临川文集》卷六八。

规律，却还必须把人的作用施加进去，才更能促进其发展和变化。无所作为地静待其自然发展变化是不可以的。

《宋史·兵志·保甲篇》载有王安石的一段话说：

> 自古作事，未有不以势率众而能令上下如一者。……若任其自去来，即孰肯听命？若以“法”驱之，又非人所愿。且为天下者，如止欲任民情所愿而已，则何必立君而为之张官置吏也？

《续资治通鉴长编》卷二四五，于熙宁六年五月甲子也载有一事：

> 上又称（周）世宗善驾驭。安石曰：“乘天下利势，岂有不可驾驭之人臣、不可制服之强敌！世宗斩樊爱能等，则兵不得不强；选于众，举李谷、王朴，则国不得不治。……但此二事，足以成大业矣。”
>
> 冯京言世宗酷暴。上曰：“闻世宗上仙，人皆恸哭。”安石曰：“‘告汝德之说于罚之行’。人悦德乃在于罚行，罚行则诞漫偷惰暴横之人畏戢，公忠趋事之人乃有所赴愬，有所托命，此世宗上仙，人所以哭也。”

王安石的这些话，几乎可以说，其口吻语气全像是出自先秦韩非等人之口的。南宋的张九成，在其为刘安世的《尽言集》所作的序文中说，王安石所学的是申商刑名之术，而文之以六经。单就上引王安石的部分言论来说，张九成这些话是并未说错的。

在宋仁宗赵祯的嘉祐晚年，王安石就在《上时政疏》中批评当时的政治是“因循苟且，逸豫而无为”；到熙宁元年（1068）他做翰林学士时，在所上《本朝百年无事札子》当中，又把“本朝累世因循末俗之弊”“一切因任自然之理势，而精神之运有所不加”“上下偷惰取容”，作为北宋王朝长期以来最大病痛之所在；在他执政以后与宋神宗的历次谈话当中也多次指出，当时的“风俗法度，一切颓坏”，“万事颓惰如西晋之风，兹益乱也”，说“中国大如物，要以大力操而运之”；而在其《答司马谏议书》中，他更向司马光明确表态说，“如君实责我以在位久，未能助上大有为，以膏泽斯民，则安石知罪矣；如曰今日当一切不事事，守前所为而已，则非安石之所敢知”。[①] 这里所说的“精神之运”，“要以大力操而运之”，“大有为”和“事事”，即全是指要发挥人的作用，使人的精神力量能成为变革社会和自然界的一种物质力量。而王安石之所以“用能于期岁之间，靡然变天下之俗”[②]，就是因为，在整个变法革新的进程之中，他不但把自己和变法派的一些人的主观能动性尽量发挥出来，同时还能把农、工、商贩等行业的大量成员的积极性调动起来之故。

在司马光、刘挚等人攻击王安石变法的一些言论当中，

---

① 《临川文集》卷七三。

② 《苏轼文集》卷三八《王安石赠太傅制》。

恰恰也反映出来，王安石在变法革新的进程中，对士、吏、农、商诸行业成员动员之广大，在当时的时代、环境诸条件的限制下，应该说已经达到最大的限度了。司马光在其《与王介甫书》[①] 中说：

> 更立制置三司条例司，聚文章之士及晓财利之人，使之讲利。……又于其中不次用人，往往暴得美官。于是言利之人皆攘臂圜视，炫鬻争进，各斗智巧，以变更祖宗旧法……徒欲别出新意以自为功名耳。……
>
> 又置……使者四十余人，使行新法于四方。……所遣者虽皆选择才俊，然其中亦有轻佻狂躁之人。……

这里反映出，王安石乐于选拔少年新进担任制定和推行新法的职责，而他们也都能竭智尽虑，为创建一系列的新法而出谋划策。

《与王介甫书》中又说：

> 今介甫为政，尽变更祖宗旧法，先者后之，上者下之，右者左之，成者毁之，矻矻焉穷日力继之以夜，而不得息。使上自朝廷，下及田野，内起京师，外周四海，士、吏、兵、农、工、商、僧、道无一人得袭故而守常者，纷纷扰扰，莫安其居。此岂老氏之志乎?

---

① 《司马温公集》卷六〇。

在这段文字中，显然有很大的渲染和夸张的成分。王安石的变法，无论如何也不会做到使“士、吏、兵、农、工、商、僧、道无一人得袭故而守常者，纷纷扰扰，莫安其居”的地步。但是，即使打一个很大的折扣来看，其所反映的王安石在“变风俗、立法度”方面所取得的成效，也实在大有可观了。

刘挚则在其《论助役法分析第二疏》中说道：

> 陛下即位以来，注意责成，倚以望太平，而自以太平为己任，得君专政者，安石是也。
>
> 二三年间，开阖动摇，举天地之内，无一民一物得安其所者。……
>
> 其间又求水利也，则民劳而无功；又淤田也，则费大而不效；又省并州县也，则诸路莫不强民以应命；……
>
> 其议财也，则商贾市井屠贩之人皆召而登政事堂；……
>
> 今数十百事，交举并作，欲以岁月变化天下。使者旁午，牵合于州县；小人挟附，佐佑于中外。①

刘挚的这些话，和司马光在信中所说的那些话是大致相同的，

① 《忠肃集》卷三。

其中必有夸大失实之处（如谓无一民一物得安其所者）。但他在最后这一段中所说，“欲以岁月变化天下”，却也十分真切地反映出，王安石要雷厉风行地改天换地的壮志宏图。为实现这一壮志宏图而在那样广大的幅度上动员社会人群，这也表明，王安石对于社会人群在改造自然和社会的工作当中所能提供的力量，所能发挥的作用，都有充分的估计，因而才非常加以重视的。

四　崇尚法治

熙宁元年（1068）王安石被召入朝，任翰林学士之后不久，为了议定“登州妇女阿云恶其夫韦貌丑”，“谋杀，已伤，按问欲举，自首”这一案件的刑名，曾与司马光进行过一次争论。王安石在这时写给宋神宗的奏疏当中就强调说：

> 臣以为有司议罪，惟当守法，情理轻重，则敕许奏裁。若有司辄得合法以论罪，则法乱于下，人无所措手足矣。①

到王安石做了参知政事即副宰相之后，不但立即创设了一个“制置三司条例司”，由他本人兼任该司的领导人，把原属“三司”的部分职权收归中书省的掌握之中；而且还在处理一

① 此奏疏只见于《文献通考·刑考（九）》，现传两种王安石文集俱失收。

件刑事案件时，因司法部门的官员不能取得一致意见，他就又以副相身份提出处理意见，亦即要把司法部门的部分职权收归中书的掌握之中。在此以前，所有有关“议定刑名”的事，仅仅是由司法部门的审刑院和大理寺做出最后的判决，宰相和副宰相是从不过问的。因此，当王安石出面过问此事之后，宰相曾公亮就不以为然，认为“以中书论正刑名”是不对的。王安石对此提出反驳意见说：

> 有司用刑不当，则审刑、大理当论正；审刑、大理用刑不当，即差官定议；议既不当，即中书自宜论奏，取决人主。此所谓国体，岂有中书不可论正刑名之理。①

王安石的意见得到皇帝的支持，在这次事件之后，中书不但“议刑名”，而且紧接着就对当时的刑律提出了五点疑问，以为应当加以改正，也得到宋神宗批复“编敕所详议立法”。

王安石上台之初，就以这两件事而表露出他对于刑和法的问题是如何地加以重视的。

自董仲舒以来的儒家们，都把《春秋》的地位高抬在其他诸“经”之上。他们要以《春秋》治狱，要依《春秋》经义“断天下之事，决天下之疑”。王安石在熙宁三年（1070）改革科举考试办法时，罢诗赋而改试“经义”，把《诗》《尚书》《周易》《周礼》《礼记》都列作一般举子们研读和应试

---

① 《宋史·刑法志（三）》。

的经典，却独独不把《春秋》列举于内。当时盛传，王安石只把《春秋》当作“断烂朝报”，所以不把它“列于学官”。这传说并不确实。他不列《春秋》于学官的真正借口，是“《春秋》自鲁史亡，其义不可考”。[①] 但这也仍可证明，在王安石的心目中，是不把《春秋》作为“大经大法”看待的。

王安石父子和吕惠卿在稍后编写的《三经新义》，自来也是被正统的儒家人物认为，专以“济其刑名法术之说”的。例如在《尚书新义》中，就有“敢于殄戮，乃以义民。忍威不可讫，凶德不可忌”一类话语，被汪应辰、朱熹等人认为“皆害礼教，不可以训。”[②]

与此同时，还在王安石的建议之下而设立了一个叫作“明法”的新科，考试科目是律令，《刑统》大义和断案。凡不能或不愿参加进士考试的，都可参加“明法”新科的考试。凡应“明法”考试而被录取的，即由吏部列入备用的司法人员的名单当中，其名次且列在及第进士之上。到十六年后，保守派的首脑人物司马光做了宰相，在科举方面首先就废罢了明法新科。他所持的理由是：“至于律令敕式，皆当官者所须，何必置‘明法科’，使为士者预习之？夫礼之所去，刑之所取；使为士者果能知道义，自与法律冥合；若其不知，但日诵徒、流、绞、斩之书，习锻炼文致之事，为士已成刻薄，

① 《续资治通鉴长编》卷二四七，熙宁六年九月辛未记事。

② 此段中的引文，皆见汪应辰《驳张纲谥文定奏状》。清人辑本《汪文定公文集》中失收此文，兹从《朱子语类》卷七八《尚书（一）》转引。

从政岂有循良？非所以长育人材、敦厚风俗也。”① 这就非常明白地反映出来：明法新科的设置和废罢，是关于法治和礼治的一场斗争。后来，程颐的弟子杨时又攻击王安石说，“王氏只是以政刑治天下，‘道之以德，齐之以礼’之事全无”。② 这不更加充分证明，王安石与司马光在这一问题上的斗争，恰恰是属于法家思想和儒家思想之间的一场斗争吗？

到了熙宁四年（1071）十月，不但继续举行“明法”新科的考试，并且又进一步做出规定说，所有“奏补初仕”和一任得替应“守选”者，全须经流内铨试断案和律令大义，然后才能按等第高下分别“注官”。③ 到熙宁六年三月，更把这一规定的适用范围放宽，凡进士同出身、诸科同出身以及“授试监簿人”要注官，全须经由流内铨这类考试才行。④ 这就是后来被苏轼用“读书万卷不读律，致君尧舜知无术”的诗句所讽刺的那件事。然而正是在这类事情上，王安石的注重法治的精神表现得最为突出。

第三节　王安石变法革新的精神支柱
——“三不足”精神

熙宁三年（1070）春天，在北宋中央政府的官员中间盛

① 《司马文正公传家集》卷五四《起请科场札子》。
② 《龟山文集》卷一三《语录》。
③ 《续资治通鉴长编》卷二二七。
④ 《续资治通鉴长编》卷二四三。

行着一种传说，说是王安石曾在宋神宗面前提出了这样三句口号：

> 天变不足畏。
>
> 祖宗不足法。
>
> 人言不足恤。

翰林学士院这时正要对于谋求“馆职”的李清臣等人进行考试，做翰林学士的司马光就在他所拟定的一道“策问”中，把这三句话作为奇谈怪论而向与试者质询道：

> 今之论者或曰：“天地与人，了不相关，薄食、震摇，皆有常数，不足畏忌。
>
> 祖宗之法，未必尽善，可革则革，不足循守。
>
> 庸人之情，喜因循而惮改为，可与乐成，难与虑始。纷纭之议，不足听采。”
>
> 意者古今异宜，《诗》《书》陈迹不可尽信耶？将圣人之言深微高远，非常人所能知，先儒之解或未得其旨耶？愿闻所以辨之。

既然以“愿闻所以辨之”作为这道“策问”的结语，这就很明确地示意给对策的人，要他们对“策问”中所引述的“三不足”之说用力驳辩一番。但是，当司马光把这道“策问”送请宋神宗审阅时，神宗却叫人用纸把它贴盖起来，并批令

“别出策目，试清臣等”。

在发生这事的次日，王安石去见宋神宗，神宗问他说：“闻有‘三不足’之说否?”王安石回答说：“不闻。”神宗说：“陈荐言，外人云‘今朝廷以为天变不足畏，人言不足恤，祖宗之法不足守。’昨学士院进试馆职策，专指此三事，此是何理？朝廷亦何尝有此？已令别作策问矣。”

王安石说：“陛下躬亲庶政，无流连之乐、荒亡之行，每事唯恐伤民，此即是畏天变。陛下询纳人言，无小大唯言之从，岂是不恤人言？然人言固有不足恤者。苟当于义理，则人言何足恤？故《传》称‘礼义不愆，何恤于人言!’郑庄公以‘人之多言，亦足畏矣’，故小不忍致大乱，乃诗人所刺；则以人言为不足恤，未过也。至于祖宗之法不足守，则固当如此。且仁宗在位四十年，凡数次修敕；若法一定，子孙当世世守之，则祖宗何故屡自改变?”①

从宋神宗和王安石这次对话看来，可知：（一）在此以前，王安石决不曾在宋神宗面前提到过“三不足”的口号；（二）对于“天变不足畏”一语，王安石没有直截了当地做出肯定或否定的回答。对于天变是否可畏的问题，王安石在此前的一些著述和言论当中，都表明他是认为不足畏的。据《宋史·富弼传》载，在熙宁二年（1069）的二月，王安石就曾发表过“灾异皆天数，非关人事得失所致”的言论，以致富弼惊慌失措地说什么“人君所畏惟天，若不畏天，何事

① 杨仲良：《续通鉴长编纪事本末》卷五九《王安石事迹（上）》。

不可为者!”在这里，王安石所提出和富弼希图加以驳难的，正是“天变不足畏”的观点。至于王安石在答复宋神宗关于“三不足”的问话时，之所以不肯直抒己见，必是因为宋神宗在对话之初，就先已气愤地说出了“朝廷亦何尝有此”的话，王安石只好把语气放委婉一些，不做正面的答复了。

因此，尽管王安石从来不曾向宋神宗提出过这样的“三不足”语句，但这三句话为王安石亲口所说，却是决无可疑的。他自己倘若不曾说过，司马光是撰造不出如此富有开创和革新意义的话语的。

王安石在熙宁二年二月由翰林学士而做了参知政事，关于“三不足”之说也正从这时开始流传，这也反映出来，必是王安石本人在这时对“三不足”精神特别强调，这表明他在从事“造端宏大”的变法革新之前，就开始进行意识形态方面的工作了。

要变法革新，就是要改变自宋王朝建立以来所奉行的一些政策法令，这必然要损害到官绅豪强特权阶层的一些既得权益，因而必然要遭到他们的拼死反对。王安石清醒地估计到这场政治斗争的严重性。也是在熙宁二年的春天，王安石曾对宋神宗说，“陛下方以道胜流俗，与战无异。今稍自却，即坐为流俗所胜矣”。[①] 这几句话，虽是劝说宋神宗的，却也表明了王安石自己的勇往直前的态度和信念。而“天变不足畏”“祖宗不足法”“人言不足恤”，就是王安石为迎接这场

① 《续通鉴长编纪事本末》卷六八《青苗法（上）》。

严峻的政治斗争而提出的口号。在此后的整个变法革新的过程当中，这个口号对扫除重重思想障碍，打退保守派们一次次猛烈进攻，都起到了很大的作用。

一　“天变不足畏”

孔子在编写《春秋》的时候，对于日食、彗星的出现，山崩、地震等自然界的反常现象和凡属比较严重的灾害，都要加以记录。他认为自然界的这类变异和人类社会政治事变具有必然的联系。相传孔子的孙子孔伋（子思）在《中庸》当中又说“国家将兴，必有祯祥；国家将亡，必有妖孽”。西汉儒生董仲舒则把这种谬论用“天人感应”四个字加以概括。

战国时期的进步思想家荀况，在其所著《天论》一文中，对于天变的问题提出了截然不同的看法：

> 星坠、木鸣，国人皆恐，曰：“是何也?”曰：“无何也。是天地之变，阴阳之化，物之罕至者也。怪之，可也；而畏之，非也。夫日月之有蚀，风雨之不时，怪星之常见，是无世而不常有之。上明而政平，则是虽并世起，无伤也；上暗而政险，则是虽无一至者，无益也。”

对自然界的这种朴素的唯物主义的认识，是和孔子孟子诸人的唯心主义观点完全针锋相对的。王安石“天变不足畏”的思想，是和荀况《天论》中的这一思想一脉相承的。他虽是在变法之初才加以强调，却并非出于一时之激，而是如前章所写，王安石于嘉祐八年因母丧返回江宁，服除之后，他就撰写了一篇《〈洪范〉传》，驳斥了汉儒对“狂恒雨若”“僭恒旸若”等语句的错误解释。所以，晁公武在《郡斋读书志》中为《〈洪范〉传》所作解题，即谓此文强调“天人不相干，虽有灾异不足畏”的观点。与撰写《〈洪范〉传》同时，王安石在为其弟子出“策问”题目时，也曾针对汉儒对“狂恒雨若”两句的曲解力加辩驳，今摘抄其题于下：

> 《洪范》之陈五事……如其休咎之效，则予疑焉。……必如《传》云：“人君行然，天则‘顺’之以然”，其固然耶？“僭常旸若，狂常雨若”，使“狂”且“僭”，则天如何其“顺”之也？尧汤水旱，奚尤以取之耶？①

这道《策问》大意是：汉儒对《洪范》的那种善行招福、恶行招灾的解释，是颇有问题的。如果承认他们的天人感应之说，和他们解释《洪范》时所说的，人君的行为过于僭越了就常招致旱灾，过于狂妄了就常招致水灾，那么，假如人君兼有僭越和狂妄这两种失德，天将如何做出反应呢？而且，尧和汤都是儒家称颂的古代圣王，然而尧时有连续九年的水灾，汤时有连续七年的旱灾，尧、汤究竟犯了什么严重罪行而惹来这样巨大的灾祸呢？这里的问题提得非常明确，非常尖锐。王充在《论衡·治期篇》中曾说：“尧遭洪水，汤遭

① 《临川文集》卷七〇《策问》十道之五。

大旱，水旱灾害之甚者也，而二圣逢之，岂二圣政之所致哉？天地历数当然也。”王安石这道《策问》和王充这段文字所表述的思想，完全是一脉相承，毫无二致的。通过这道《策问》，王安石把“天人感应”之论和《洪范》灾异之说彻底地予以否定了。这就无怪乎鲜于绰在其《传信录》中说王安石“最不信《洪范》灾变之说”①；朱熹在和学生谈话时，也说“荆公又却要一齐不消说感应”，认为灾异与政事“全不相关”了。②

王充在《论衡·治期篇》中也曾说道：“在天之变，日月薄蚀。四十二月日一食，五六月月亦一食，食有常数，不在政治。百变千灾，皆同一状。”这与王安石对于天变的认识也是相同的，但王充只把日、月食等类的灾变认作是“有常数”的“天变”，而王安石则更扩而充之，把“日月星辰阴阳之气”和“山川丘陵万物之形”，认为都是可以通过钻研而掌握其发生、发展和变化的规律的。

事实证明，倘使王安石没有“天变不足畏”这样一个坚强的精神支柱，他的变法革新从一开始就会有被扼杀的危险。因为，王安石入朝执政之初，当他刚刚开始制定变法的计划时，那些官绅豪强大地主阶层的代言人，也就是那些保守派的官僚士大夫们，就全都拿“天变”来向宋神宗进行恐吓，

① 鲜于绰是王安石同时人，《传信录》中所记多为熙宁、元丰年间的政事和人物。此书早已失传，此据《续资治通鉴长编》卷二七一，熙宁八年十二月癸丑记事转引。

② 黎靖德编：《朱子语类》卷七九《尚书（二）洪范》。

妄图以此来阻挠变法工作的进行。带头的是御史中丞吕诲。吕诲在熙宁二年六月，就专为弹劾王安石而上疏给宋神宗说：

臣究安石之迹，固无远略，唯务改作，立异于人。……方今天灾屡见，人情未和，惟在澄清，不宜挠浊。如安石久居庙堂，必无安静之理。①

吕诲希图罢免王安石、停止变法的谋划并未得逞，于是又来了宰相富弼。熙宁二年十月，富弼罢相，当他即将离开北宋朝廷时，他向宋神宗说，当权的王安石“所进用者多小人”，以致天降责罚，“诸处地动、灾异”，所以“宜且安静”，也就是不要再搞什么变法革新了。和司马光一同做翰林学士的范镇，在熙宁三年正月也上疏说：

乃者天雨土，地生毛，天鸣，地震，皆民劳之象也。惟陛下观天地之变，罢青苗之举，归农田水利于州县，追还使者，以安民心而解中外之疑。②

做御史的程颢，也在这年三月上疏说：

天时未顺，地震连年，四方人心日益摇动，此皆陛

---

① 吕诲：《论王安石疏》，见《宋文鉴》卷六〇。
② 范镇疏，见《历代名臣奏议》卷二六六《理财门》。

下所当仰测天意、俯察人事者也。①

保守派们四面围攻，雷同一说，语意张皇，仿佛不把变法停止，就要出现天塌地陷的大劫了。

面对着保守派假借“天变”来破坏变法的谋划，王安石一而再、再而三地把“天变不足畏”的观点加以阐明，把它用作反击政敌的锐利武器，使政敌们的谋划终于破灭。

在宋神宗面前，王安石也始终坚持这一论点，随时解除其疑虑。在熙宁三年，他就把《〈洪范〉传》加以整理和清抄，呈献给神宗，希望能借此施加影响，使他也能打破“天人感应”的束缚，《续资治通鉴长编》卷二五二熙宁七年四月己巳也载一事：

上以久旱，忧见容色，每辅臣进见，未尝不叹息恳恻，欲尽罢保甲、方田等事。

王安石曰：“水旱常数，尧、汤所不免。陛下即位以来，累年丰稔；今旱暵虽逢，但当益修人事以应天灾，不足贻圣虑耳。”

上曰：“此岂细故，朕今所以恐惧如此者，正为人事有所未修也。”

熙宁八年（1075）十月初七至十九，彗星出轸。宋神宗特为

① 程颢：《再论新法乞责降疏》，见《二程遗书》卷三九。

此下了一道手诏给旧执政大臣。诏语有云：

比年以来，灾异数见，山崩地震，旱暵相仍，变尤大者。自惟浅昧，敢不惧焉。……卿等宜率在廷之臣，直言朕躬过失，改修政事之未协于民者以闻。

知颍州的吕公著认为这又是一次破坏变法的绝好时机，他就在《答手诏》的奏疏中说：

臣闻晏子曰："天之有彗，以除秽也。"考之传记，皆为除旧布新气象。……今民不安业，畎亩愁叹，上干和气……又况加之以天地变异乎！①

所有保守派的大官僚，也全都在《答手诏》的奏疏中把彗星的出现与变法革新直接联系起来，请求把新法废除。

王安石在回答这道手诏的奏章中，仍然坚持其"天变不足畏"的观点，说道：

臣等伏观晋武帝五年，彗实出轸；十年，轸又出孛。而其在位二十八年，与《乙巳占》所期不合，盖天道远，人道迩，先王虽有官占，而所信者人事而已。

天文之变无穷，人事之变无已，上下傅会，或远或

① 《续资治通鉴长编》卷二六九，熙宁八年十月戊戌记事。

近，岂无偶合？此其所以不足信也！[1]

这样，王安石就又一次把政敌们的恶意攻击压制下去。

然而，宋神宗对于“天变不足畏”的论点一直不同意，这在《答手诏》中已表现得十分清楚。王安石《答手诏》中的这些话，虽然制止了保守派人物的喧闹，却仍未能使宋神宗的思想有所改变。在事过八年之后的元丰五年（1082）夏季，宋神宗还向章惇、王安礼重提这次彗星出现的事，并且说：“事之将兆，天常见象。……孛彗示人事至直，犹如语言。”紧接着，就又提及王安石《答手诏》中的那段话而对之进行反驳。这就使我们更可理解，王安石在熙宁三年春回答宋神宗关于“三不足”的问话时，所以不肯直抒己见的原因所在了。

二　“祖宗不足法”

孔子曾不惮其烦地再三向人表白，他要“从周”，要“继周”，要“为东周”，要“宪章文武”，一句话，他是一切都要遵守周文王、周武王、周公所规定的成法。他说武王和周公之所以称为“达孝”，就是因为他们“善继人之志，善述人之事”，也就是善于继承先代成法。当季孙氏要改变鲁国征取兵赋（即战时需用之粮食及牲畜饲料）[2] 的制度，从

---

① 《续资治通鉴长编》卷二六九，熙宁八年十月戊戌记事。

② 此据《孔子家语·正论解》。

"以丘赋"（即按井田制的旧区划摊派）的旧办法改为"以田赋"（即按各家实有田产数量摊派）的新办法时，特派冉有去询访孔子的意见，孔子对此大为反对，说道：

> 季孙氏若欲行而法，则周公之典在；若欲苟而行，又何访焉！①

孔子这番话的意思是：周公是鲁国的始祖，他为鲁国制定的典章制度，不论历史车轮已前进了多少里程，社会现实已发生了什么变化，也是只应照旧奉行而不应做任何改变的。

孔子的这种言行，为后代的部分儒生所取法，他们也都把"法祖""守成"作为反对革新、反对进步的一个主要盾牌。北宋中叶官僚士大夫当中的那些保守派，更无不如此。例如，司马光在嘉祐六年（1061）曾向宋仁宗奏进《五规》，其中的《惜时篇》就说道：

> 夫继体之君，谨守祖宗之成法，苟不毁之以逸欲，败之以谗谄，则世世相承，无有穷期。②

北宋政权从其建立之初就赋予豪绅大地主阶层以种种特权，后来这就成为北宋王朝的一种传统政策。因此，司马光等人

---

① 《左传》哀公十一年。
② 《司马温公集》卷一八。

之所以要维护祖宗之法，除受儒家“法祖”思想的支配外，也是要借此维护其本阶层的既得权益的。

王安石在嘉祐四年（1059）写给宋仁宗的《言事书》中说了千言万语，只不过是为了一件事，那就是要对当时行用的法度大做一番“改易更革”，以使其能合于当前的“所遭之变”和“所遇之势”。在他于熙宁元年（1068）与宋神宗初次见面后所写的《本朝百年无事札子》中，对宋朝建国以来所施行的有关财政、经济、军事、教育、选举等方面的规章制度，几乎全都采取了否定态度，在列举了种种弊端之后加以总结说：“赖非夷狄昌炽之时，又无尧汤水旱之变，故天下无事过于百年”；不然的话，早就会发生大乱子了。可见非变法革新不可。既然要变要革，当然就不存在奉守和取法的问题了。

王安石在做翰林学士时，曾为议论如何处理一桩刑事案件而与司马光发生了争执，参加讨论的人大多赞同司马光的意见，特别是知谏院吴申，更认为王安石的主张违反了“祖宗成宪”，而“祖宗成宪”是必须“谨奉”的。王安石当即驳斥说：“若事事因循弊法，不敢一有所改”，才能算“谨奉成宪”，那我是决不以为然的。[①] 在这里，王安石虽只寥寥数语，但他对于“祖宗之法”持什么态度，却已表示得十分明确了。

而且，在北宋前期的那几位皇帝中，王安石只对宋太祖

---

① 彭百川：《太平治迹统类》卷一三《神宗任用安石》。

赵匡胤多有称颂。在对待契丹和驾驭将帅的问题上，他对宋太宗赵光义和宋真宗赵恒特别不满，王安石在与宋神宗的对话中，一则说：

> 自太宗以来，（契丹）遂敢旅拒，非为我财用少、器械不足故也，止以一事失计故尔。郭进守山西，可谓尽力，以憸人谗说，故困迫至于自杀。如郭进者既自杀，即憸巧能凭附左右小人者必得握兵为用，虽有犯法，必获游说之助以免。如此，则契丹何为不旅拒？自太宗以来，其失计皆以此类。①

再则说：

> 太宗为傅潜奏防秋在近，亦未知兵将所在，诏付两卷文字，云："兵数尽在其中。候贼如此，即开某卷；如彼，即开某卷。"若御将如此，即惟王超、傅潜乃肯为将；稍有材略，必不肯于此时为将，坐待败衄也。但任将一事如此，即便无以胜敌。②

三则说：

---

① 《续资治通鉴长编》卷二五〇，熙宁七年二月辛卯记事。
② 《续资治通鉴长编》卷二四八，熙宁六年十一月戊午记事。

先朝用将，如王超亦尝召对，真宗与之语，退以其语与大臣谋之。臣读史书，见当时论说终无坚决，上下极为灭裂！如此，何能胜敌？①

这就等于是指责他们父子两人都有贻误戎机、败坏国事的严重过失。

对于宋仁宗赵祯本人的作风和他统治期内的政治设施，王安石在仁宗晚年所上《上时政疏》中就已提出批评意见了：

方今朝廷之位，未可谓能得贤才；政事所施，未可谓能合法度；官乱于上，民贫于下；风俗日以薄，财力日以困穷。

而陛下高居深拱，未尝有询考讲求之意，此臣所以窃为陛下计而不能无慨然者也。

夫因循苟且，逸豫而无为，可以侥幸一时，而不可以旷日持久。……②

在写给宋神宗的《本朝百年无事札子》当中，也有这样的几句：

仁宗在位，历年最久……宁屈己弃财于夷狄，而终

---

① 《续资治通鉴长编》卷二四八，熙宁六年十一月戊午记事。

② 《临川文集》卷三九。

不忍加兵。[1]

从字面看来，这几句话似乎是称颂仁宗的，透过字面而寻绎其真实用意，他对于宋仁宗之屈服于辽和西夏，却是深致不满的。

在保守派的那些人物看来，王安石的这种观点和思想当然是大逆不道，是不可容忍的。他们利用一切机会，对王安石的变更祖宗之法进行攻击。司马光一方面歪曲汉初萧何、曹参相继为丞相所执行的政策，提出“祖宗之法，不可变也”的议论；另一方面又写信给王安石，指责他“尽变更祖宗旧法”。谏官范纯仁则在奏章中说：“王安石变祖宗法度，掊克财利”，使得“民心不守”。御史刘挚则在奏章中说王安石罪之大者，在于“国家百年之成法则铲除废乱，存者无几”。[2]枢密使文彦博则借议政时机而向宋神宗说，“祖宗以来，法制未必皆不可行”，“祖宗法制具在，不须更张，以失人心。”太皇太后曹氏则得便就向宋神宗说，“祖宗法度，不应让王安石轻加改变”。和保守派勾结在一起的一些宦官，有一次也竟在宋神宗面前“伏地、叩头、流涕云：‘今祖宗之法扫地无遗，安石所行，害民虐物，愿陛下出安石’”。这些言论在变法的进程当中虽也起了一些阻挠作用，但他们想借此把新法推翻的谋划却未能得逞。

---

① 《临川文集》卷四一。

② 《续资治通鉴长编》卷二二五，熙宁四年七月丁酉记事。

王安石既然认为祖宗不足法，祖宗之法不足守，于是，他在写给宋仁宗的《言事书》中就提出了“法先王之政”的口号，并加以解释说，所谓“法先王之政”，是说“当法其意”，也就是“视时势之可否，因人情之患苦，变更天下之弊法”，使其能适合于当前的“所遭之变”和“所遇之势”。这样“则吾所改易更革，不至于倾骇天下之耳目，嚣天下之口，而固已合乎先王之政矣。”这可见，王安石之所以提出“法先王之政”的口号，只不过想在这个口号的掩护之下，达到他“改易更革”北宋王朝长期行用的一些传统法令规章，使其能适应现实需要的那个目的而已。

南宋的理学大师朱熹在其《读两陈谏议遗墨》一文中说：

> 彼安石之所谓《周礼》，乃姑取其附于己意者，而借其名高以服众口耳，岂真有意于古者哉！若真有意于古……凡古之所谓当先而宜急者，曷为不少留意，而独于财、利、兵、刑为汲汲耶？……
>
> 及论先王之政，则又聘私意，饰奸言，以为违众自用，剥民兴利，斥逐忠良，杜塞公论之地。……①

清代编修《四库全书》的人，在《周官新义》的《提要》中说：

① 《朱文公文集》卷七〇。

> 《周礼》之不可行于后世，微特人人知之，安石亦未尝不知也。安石之意，本以宋当积弱之后，而欲济之以富强，又惧富强之说必为儒者所排击，于是附会经义以钳儒者之口，实非真信《周礼》为可行。……

不论像朱熹所说的，王安石之取重《周礼》，只是“借其名高以服众口”，或是像《四库全书总目提要》中所说的，王安石之“附会经义”，只是要“以钳儒者之口”，全都是作为王安石的一条罪状而加以揭发的。尽管如此，他们却恰恰全从反面道出了王安石“法先王之政”的真实用意之所在。王安石实际上只是要托古改制。

马克思在《路易·波拿巴的雾月十八日》的首章中说：“当人们好像只是在忙于改造自己和周围的事物并创造前所未闻的事物时，恰好在这种革命危机时代，他们战战兢兢地请出亡灵来给他们以帮助，借用他们的名字、战斗口号和衣服，以便穿着这种久受崇敬的服装，用这种借来的语言，演出世界历史的新场面。”在下文，马克思又举述了：进行宗教改革的路德，“换上了使徒保罗的服装”；卡米尔·德穆兰、丹东、罗伯斯比尔、圣茹斯特、拿破仑这些英雄人物则“都穿着罗马的服装，讲着罗马的语言来实现当代的任务”。王安石变法革新的政治实践，当然不适合与路德以至拿破仑等人进行比较，但是，他总还是想要对自己和周围的事物进行一番改造的。而他之所以召唤亡灵来给他以帮助，也完全是为了要达到他的这一目的。

三　“流俗之言不足恤”

王安石的“三不足”战斗口号中的“人言不足恤”一句，在当时人的记载当中，也有写作“流俗之言不足恤”的，例如，见于司马光文集中的就是这样。这两个词的换用，反映出王安石所认为“不足恤”的“人言”，并不是指朝野上下的所有人的言谈议论而言，而是专指那些流俗之见、流俗人的言论说的。

对于流俗言论，王安石确实是深恶痛绝的。他在《进〈鄞侯遗事〉奏稿》中，就曾对宋神宗提出批评，认为他“每事尚或依违牵制（于）流俗，不能一有所立，以为天下长计”。[①] 在《熙宁奏对日录》[②] 中，他也自记对宋神宗的一次谈话说：

> ……譬如运瓮，须在瓮外方能运，若坐瓮中，岂能运瓮？今欲制天下之事，运流俗之人，当自拔于流俗之外乃能运之；今陛下尚未免坐于流俗之中，何能运流俗，使人顺听陛下所为也？

这可见，在王安石看来，只要对流俗之见有所顾忌和迁就，就“不能一有所立”；如果一切都顺依了流俗议论，那是一定

---

① 自《朱文公文集》卷八三《跋王荆公〈进鄴侯遗争奏稿〉》转引。
② 《熙宁奏对日录》早已失传，此自陈瓘《四明尊尧集》卷三《论道门》转引。

要贻害于国家大事的，所以他才坚决主张“不足恤”。

怎样的意见算流俗之见，怎样的人算流俗之人呢？把当时王安石的言论和保守派攻击王安石的一些议论中所涉及的，加以归纳，可以得出对此问题的解答。

《续资治通鉴长编》卷二一三于熙宁三年七月壬辰载：

> 吕公弼将去位（按：当时吕公弼由枢密使改知太原府），上议所以代之者，曾公亮、韩绛极称司马光，上迟疑未决，始欲用冯京，又欲用蔡挺，既而欲并用京及光。
>
> 安石曰：“司马光固佳；今风俗未定，异论尚纷纷，用光，即异论有宗主。今但欲兴农事，而诸路官司观望，莫肯向前。若使异论有宗主，即事无可为者。”……
>
> 明日，（上）又谓执政曰：“（冯）京弱，并用光如何?”公亮以为当。
>
> 安石曰：“（光）比京诚差强，然流俗必以为宗主，愈不可胜。且枢密院事，光果晓否?”
>
> 上曰：“不晓。”
>
> 安石曰：“不晓，则虽强，于密院何补？但令流俗更有助尔。”

王安石的话，先是说如果用司马光做枢密副使，则“异议”“异论”即有宗主，第二天又改为“流俗以为宗主”，这可见，凡是站在大地主的立场上而反对变法，像司马光那样的，其人便是流俗之人，其意见便是流俗之见。王安石还曾向宋神宗说："富弼智略无以过人，但能一切合流俗以为声名而已。"① 可见富弼也是一个流俗之人。

正因富弼是这样一个流俗人，才受到了流俗宗主司马光的极力称赞。当富弼在熙宁二年罢相之后，司马光很替他不平，有一次，他乘机向宋神宗说："富弼老成，有人望，其去可惜。"神宗回答他说："朕所以留之至矣，彼坚欲去。"司马光又说："彼所以欲去者，盖以所言不用，与同列（按：指王安石）不合故也。"神宗又回答他说：

> 若有所施为，朕不从，而去，可也；（富弼）自为相，一无施为，唯知求去！彼信于（姓）尼（姑）之言，云"虽亲，国家事亦无与知"故也。②

一个做宰相的人，竟至长年累月尸位素餐，一无施为，这怎能不贻误国事！对于这样的人物，当然要被王安石目为流俗，认为其言论"不足恤"了。

再从保守派言论中所反映出的流俗的意义来看：

谏官范纯仁在熙宁二年弹劾王安石的奏章中，就说王安石"鄙老成为无用之人，弃公论为流俗之语"。③

参知政事赵抃在熙宁三年弹劾王安石的奏章中，也说

---

① 《宋宰辅编年录》卷七，熙宁二年十月丙申富弼罢相条。

② 此为司马光《日录》中所记。《日录》今仅存不全之辑本。此从朱熹《三朝名臣言行录》卷七《司马光言行录》转引。

③ 《宋诸臣奏议》卷一〇九《论刘琦等责降》。

“安石强辩自用，动辄忿争，以天下之公论为流俗之浮议”。①

御史中丞吕公著在反对青苗法的奏章中说，当今的“贤者”全都以推行青苗法“为非”，而“主议之臣（按：指王安石）乃以为流俗浮议不足恤”。②

任监察御史里行的刘挚在反对免役法的奏章中说，“今天下有喜于敢为（按：指变法派），有乐于无事（按：指保守派）；彼以此为流俗，此以彼为乱常”。③

还是这个刘挚，在另一封奏章中又说，王安石执政以来，“忠厚老成者，摈之为无能；侠少儇辩者，取之为可用；守道忧国者，谓之为流俗；败常害民者，谓之为通变”。④

保守派能把什么人的言论认作公平的言论呢？无非就是从汉代以来的某些儒生们的那套“天人感应”“敬天法祖”的陈词滥调罢了。他们又能把什么样的人认作贤人呢？无非就是刘挚所说的，那些乐于安静无事和“忧国守道”的“忠厚老成者”罢了；无非就是司马光所说的，那些因王安石变法而致气急败坏到喧哗沸腾起来的士大夫罢了。这些人岂不正是官绅豪强大地主阶层的代表人物，那些自封为孔孟之道的忠实信徒者吗？正是这类“人言”，也只有这类“人言”，才是王安石以为“不足恤”的。

王安石变法的目的之一，是要收夺豪绅大地主们所久已

---

① 《宋诸臣奏议》卷一一三《乞罢条例司及提举官》。
② 《历代名臣奏议》卷二六六《论青苗》。
③ 刘挚：《忠肃集》卷三《论用人疏》。
④ 刘挚：《忠肃集》卷三《分析第二疏》。

享有的部分特权，使他们的兼并侵蚀的行径受到一些限制，使地主阶级的中下层和富裕农民的经济地位稍得稳定，免得再经常出现破产失业的人家，借以保障地主经济能正常发展。他深切知道，这样的变革，“所宽优者皆村乡朴蠢不能自达之穷氓，所裁取者乃仕宦、并兼、能致人言之豪右”。① 而这后一种人，却又都是“豪杰有力之人，其议论足以动士大夫”的。既然如此，则当每一种新法触犯到“豪右”们的某种特殊权益时，作为他们这一阶层代言人的官绅士大夫们，必然要跳出来大吵大闹。正像他在答复司马光的书信中所说，“至于怨悱之多，则固前知其如此也”。唯其是“前知其如此”，所以就在变法之前，定出了一个“人言不足恤”的原则，而且一直坚定不移地坚持着这一原则，用以排除那些来自保守派流俗议论的干扰。

对于流俗之人的议论，王安石的所谓“不足恤”，实即要从战略上予以藐视。所以，尽管司马光写了一封长信给他，用孔孟之道对他的变法进行攻击，而王安石却只写了一封简短的回信给他，用犀利的语言，扼要而精辟地驳斥了这封来信，斩钉截铁地表示了要把新法推行到底的决心。完全是一副不屑置辩的神情。当陆佃向王安石说，外间颇有人以为王安石“拒谏”时，王安石也只一笑置之，回答陆佃说：“吾岂拒谏者？但邪说营营，顾无足听！”②

---

① 《续资治通鉴长编》卷二二七，熙宁四年十月壬子记事。

② 《宋史》卷三四三《陆佃传》。

王安石还不惮其烦地劝告宋神宗，对于这班流俗人的议论，要他也采取同样的对策。他既向神宗说：

> 流俗之人，罕能学问，故多不识利害之情，而于君子立法之意有所不思，而好为异论。若人主无道以揆之，则必为异论众多所夺，虽有善法，何由而立哉?①

又向他说：

> 朝廷制法，当内自断以义，而要久远便民而已；岂须规规恤浅近人之议论！……
>
> 今制法但一切因人情所便，未足操制兼并也，然论议纷纷，陛下已不能不为之动；如欲操制兼并，则恐陛下未能胜众人纷纷也。②

还向他说：

> 朝廷立法，惠在弱、远、不知所以然之人；怨在强、近、能造作诡谤者。此陛下所当察。③

还向他说：

---

① 《续资治通鉴长编》卷二二三，熙宁四年五月癸巳记事。

② 《续资治通鉴长编》卷二二三，熙宁四年五月丙午记事。

③ 《续资治通鉴长编》卷二二四，熙宁四年六月丁巳记事。

> 如今要作事，何能免人纷纭？……文王侵阮阻共，以至伐崇，乃能成王业。用凶器，行危事，尚不得已，何况流俗议论？①

王安石的这许多次的言谈和表态，都充分反映出，他对自己所主持的这次变法革新运动的前途，对其必能适应于当前的“所遭之变”和“所遇之势”，是充满了信心的。因此，他也就要像盘庚迁殷时那样，不论怨谤如何之多，却决“不为怨者故”而改其成算。因为他是“度义而后动”的，是“是而不见可悔”的。

对于凡是不属于流俗圈子之内的人们的言论和意见，王安石是采取全然不同的态度的。他不但考虑，而且尊重，并且是积极访求的。举例说，在熙宁二年（1069）的三月，亦即王安石刚做了参知政事，在其变法的最初阶段，他就向宋神宗建议说：“兴利除弊，非合众智则不能尽天下之理。乞诏三司判官、诸路监司及内外官，有知财用利害者，详具事状闻奏。诸色人听于本司（按：指各人所属单位）陈述。”② 在制定和推行免役法的过程中，王安石也向宋神宗陈述说：“议助役已及一年，须令转运使、提点刑狱、州、县体问百姓，然后立法；法成，又当晓谕百姓，无一人有异论，然后著为

---

① 《熙宁奏对日录》(自《杨龟山文集》卷六转引)。

② 《续通鉴长编纪事本末》卷六六《三司条例司》。

令。"[①] 这表明他对老百姓的意见是非常重视的。而且，还不只是在推行免役法时如此，在制定和推行其他各项新法时，也全都是依照同样的程序，先把新法条文在各地揭示，须待"民无异词"，然后才能实施。

刘挚在其弹劾王安石的奏章中说，王安石当讨论理财的问题时，常常把"市井屠贩之人，皆召至政事堂"，备咨询，参谋议。这就更加证明，王安石的各项新法，乃是在群言堂中商讨制定的。司马光把王安石形容为一个"必欲力战天下之人，与之一决胜负"的人，把"人言不足恤"曲解为"拒谏"、"遂非"和"执拗"，朱熹又把它曲解为"违众自用"和"足己自圣"，显然不免有意诬枉，因而过甚其词了。

王安石的"三不足"精神，尽管在他当政时没有得到较大程度的实现，但它毕竟是发扬了我国思想家们的唯物主义的观点，在我国的思想史上也增添了一笔具有永恒光辉和现实意义的精神财富。

---

① 《续资治通鉴长编》卷二二四，熙宁四年六月戊午记事。

第三章　王安石入参大政时治国安邦的两大抱负

第一节　向大自然讨取财富的为天下理财之法

一　“欲富天下则资之天地”主张的提出

王安石的政治改革，规模宏阔，所涉及的范围，既广且深，但其最为核心的问题却在于“理财”。这是因为，在王安石于宋仁宗庆历二年（1042）进士及第，继即仕宦为吏的时候，上距北宋王朝的建立已经八十余年，其在开国初年所制定的一些规章法度，在一代一代的传承之后，大多已弊端丛生，其最为集中的表现，则是所谓的“积贫”和“积弱”二者。初出茅庐的王安石，对此当然也有所体认和觉察，如前所述，当他任鄞县的知县期内，就在《与马运判书》中，明确地写道：

尝以谓方今之所以穷空，不独费出之无节，又失所以生财之道故也。富其家者资之国，富其国者资之天下，欲富天下则资之天地。……今阖门而与其子市，而门之外莫入焉，虽尽得子之财，犹不富也。

盖近世之言利虽善矣，皆有国者资天下之术耳，直相市于门之内而已，此其所以困欤！①

这里所说的“穷空”，当然就是指北宋王朝所已经深感头疼的在财政问题上的“积贫”现象而言，而导致这一现象的原因，虽也在于费用之无节，但最主要的却在于生产不够富足。因此，一定要改变“阖门而与其子市”的办法，亦即不仅要向纳税户征收税收，而且也要向大自然去开发财富，即所谓“资之天地”。至于他所要使之富足的“天下”，则是既包括了国家，也包括了全国的民户在内的。所以，如要把王安石进行政治改革的目标概括为富国强兵，还是不够全面的，因为他所要富的不只是国家。

“欲富天下则资之天地”的命题，王安石在这里第一次提出之后，便终身坚持，一贯奉行，真可谓“拳拳服膺而弗失之”的一个具有指导意义的原则。

嘉祐四年（1059），王安石在三司度支判官任上，在写呈宋仁宗的《言事书》中所举述的北宋王朝面临的困境之一是：“天下之财力日以困穷，而风俗日以衰坏。”我们必须注意，这里所说的是“天下之财力”，而不仅仅是北宋政府的财政收

① 《临川文集》卷七五。

入与支出。其下又有一段谈及理财的文字，写道：

> 臣于理财固未尝学，然窃观前世治财之大略矣，盖因天下之力以生天下之财，取天下之财以供天下之费。自古治世，未尝以不足为天下之公患也，患在治财无其道耳。今天下不见兵革之具，而元元安土乐业，……然而公私常以困穷为患者，殆以理财未得其道，而有司不能度世之宜而通其变耳。①

出现在这里的，全是几个“天下”云云的字句，其所谓的“因天下之力”，其意当为，动员全国的不论属于官方的或民间的劳力、智力和财力。为当时的科学技术知识水平所局限，所谓智力，也只是指在精神方面尽可能积极地发挥其主观能动作用。这里所说“以天下之财”，也就是他在《与马运判书》中所说的“资之天地”，即开发大自然所涵蕴的财富。然而也为当时的知识水平所局限，王安石所能认识到的存在于大自然中的潜在财富，也只能是限制在农业以及一部分与农业资源（如水利和垦辟等）有关的项目中，凡超出这一界限之外的，即使是对于久已萌生的、属于低水平的工业范围内的一些事项，则是其时其地的任何人，包括科学知识比较多的沈括在内，所不可能设想到的（例如造纸、制丝绸、采矿等行业，在宋代只是任其自然演进，政府却不予过问，更

---

① 《临川文集》卷三九。

不做任何投入以促使其发展）。

二　与司马光关于理财问题的争论

司马光的《传家集》卷四二，载其于熙宁元年（1068）八月中旬所写的《迩英奏对》，兹录其文后半篇如下：

> 后数日，光与王硅禹玉、王安石介甫同进呈《郊赉札子》（按："郊赉"指大臣陪同皇帝祭天者应得的赏赐，此次郊天后，两府大臣辞让赏赐，故以札子申明其事）于延和殿。
>
> 光曰："方今国用不足，灾害荐臻，节省冗费当自贵近为始，宜听两府辞赏为便。"
>
> 介甫曰："国家富有四海，大臣郊赉无几，而惜之不与，未足富国，徒伤大体。昔常衮辞赐馔，时议以为：衮自知不能，当辞禄。今两府辞郊赉，正与此同尔。且国用不足，非方今之急务也。"
>
> 光曰："常衮辞禄位，犹知廉耻，与夫固位且贪禄者，不犹愈乎？国家自真庙之末，用度不足，近岁尤甚，何得言非急务耶？"
>
> 介甫曰："国用不足，由未得善理财之人故也。"
>
> 光曰："善理财之人，不过头会箕敛，以尽民财，如此，则百姓困穷，流离为盗，岂国家之利耶？"
>
> 介甫曰："此非善理财者也。善理财者，民不加赋而国用饶。"

光曰："此乃桑（弘）羊欺汉武帝之言，司马迁书之以讥武帝之不明耳。天地所生，货财百物，止有此数，不在民间，则在公家，桑（弘）羊能致国用之饶，不取于民，将焉取之？果如所言，武帝末年，安得群盗蜂起，遣绣衣使者逐捕之乎？非民疲极而为盗耶？此言岂可据以为实。"

介甫曰："太祖时赵普等为相，赏赉或以万数，今郊赉匹两不过三千，岂足为多？"

光曰："普等运筹帷幄，平定诸国，赏以万数，不亦宜乎？今两府助祭，不过奏中严外办，沃盥奉悦巾，有何功勤，而得比普等乎！"

与介甫争论久之。

禹玉曰："司马光言省费自贵近始，光言是也；王安石言所费不多，恐伤国体，安石言亦是也。惟陛下裁之。"

上曰："朕亦与司马光同，今且以'不允，答之可也。"

是日适会介甫当制，遂以上前所言草批答，引常衮事以责两府，两府亦不复辞。

这一篇文字，都是由司马光一人记录下来的，所以只把司马光的意见记录得比较详尽，对王安石的意见，虽也记录了"善理财者，民不加赋而国用饶"诸语，但紧接着就又是司马光的反驳话语，以为这是桑弘羊欺骗汉武帝的话云云，然后即以“与介甫争论久之”一语做了结束。但是，单依据这一句结束语，便可推知，王安石必还有许多话语，用来阐述其“欲富天下则资之天地”的见解，用来阐明其“善理财者，民不加赋而国用饶”的论点，并用以驳斥司马光的“天地所生，货财百物，止有此数，不在民间，则在公家”的违反社会发展规律的谬论，这才是最合乎逻辑的一个结局。因为，王安石是被刘安世称为“强辩”的人，对司马光为“善理财者”所下的那番解说，他是不会默然接受而不予反驳的。然而王安石既不曾对这次的争论写下另外的一种记录文本留传给我们，我们也只能以此种推测把这段文字结束。

司马光与王安石之间，在王安石做了参知政事之后的熙宁三年，又发生过一次关于理财问题的争论，也是先由司马光在写给王安石的信中挑起的。司马光在熙宁三年的二三月间，连续写了三封信给王安石，每封信中都提出了一些问题，对王安石的用人行政等都提出了严厉的批评，目的是要劝告王安石不要再推行什么新法，而不只是反对王安石关于理财的一些举措和设施。因为三封信的文字太冗长，所提出的问题也较散漫，与此节的主题思想不相切合，故我现在只把王安石的那封简短的《答司马谏议书》抄录于下：

安石启：昨日蒙教。窃以与君实游处相好之日久，而议事每不合，所操之术多异故也，虽欲强聒，终必不蒙见察，故略上报，不复一一自辩。重念蒙君实视遇厚，于反复不宜卤莽，故今具道所以，冀君实或见恕也。

> 盖儒者所争尤在于名实，名实已明，而天下之理得矣。今君实所以见教者，以为侵官、生事、征利、拒谏，以致天下怨谤也。安石则以谓：受命于人主，议法度而修之于朝廷，以授之于有司，不为侵官；举先王之政以兴利除弊，不为生事；为天下理财，不为征利；辟邪说，难壬人，不为拒谏；至于怨诽之多，则固前知其如此也。人习于苟且非一日，士大夫多以不恤国事、同俗自媚于众为善，上乃欲变此，而安石不量敌之众寡，欲出力助上以抗之，则众何为而不汹汹然。
>
> 盘庚之迁，胥怨者民也，非特朝廷士大夫而已，盘庚不为怨者故改其度，度义而后动，是而不见可悔故也。如君实责我以在位久，未能助上大有为以膏泽斯民，则安石知罪矣；如曰今日当一切不事事，守前所为而已，则非安石之所敢知。无由会晤，不任区区向往之至。①

因为司马光在连续写来的三封信中，对于新法进行了全面的否定，王安石在这一简短精练的回信中便也对制定新法的用意做了全面的说明，所以，这封短信，实际上是有关王安石推行新法的一篇极为重要的文件。而其中与我此文关系最为密切的，则是“为天下理财，不为征利”。这封《答书》的写作时间，最早应在熙宁三年的夏秋之际，当其时，均输、农田水利、青苗、免役等项新法，都已制定和推行，王安石

① 《临川文集》卷七三。

任参知政事已将及一年有半，而他却仍然自称是“为天下理财”，而不是说“为国家”或“为政府”解决财政上的贫困问题，与他未执政时所屡次提及的“欲富天下则资之天地”的主张，任翰林学士时在《本朝百年无事札子》中所说的：“其于理财，大抵无法，故虽俭约而民不富，虽忧勤而国不强”的语气，都是完全一致的。

第二节 王安石吞灭西夏契丹统一中国的战略设想

一 北宋建国百年内对契丹（辽）政策的几次改变

公元936年，石敬瑭为要夺取后唐的政权而向契丹请求援兵，把燕（亦即幽州）云两地区所属十六州的土地人民，一并割让给契丹。到公元959年，后周世宗曾亲自率兵北征，目的是要把燕云十六州依次加以收复。但仅仅收复了瀛（今河北河间）莫（今河北任丘）二州，他即因病班师。不久，世宗病逝，公元960年，后周的禁军首脑赵匡胤夺取了政权，建立了北宋，是为宋太祖。

宋太祖继位之后，决定采用先南后北的战略。因为那时割据在淮水以至长江以南的一些政权，所在地区大都物产丰饶，而其军事实力则大都比较薄弱，征服了它们，既可以免掉后顾之忧，更可以充实行师用兵的物资力量。按照宋太祖的战略决策，到南方将割据势力全都平定之后，再向契丹商讨以金帛赎取燕云十六州（实际上是十四州了）的问题，契丹如不允从，即以武力去征服。然而，南方的割据势力尚未全部平定，北宋王朝即发生了萧墙之祸，在976年冬季，宋太祖的胞弟便用阴谋诡计结束了宋太祖的生命，而把政权转入他手中，是为宋太宗。

据上述可知，宋太祖对待契丹的战略决策（虽然未及实现），只是要把燕云十六州全部收取回来，并无超越这个界限之外的任何愿望。

宋太宗于979年亲自率兵灭掉北汉之后，立即挥师去围攻契丹的南京［燕］，被契丹援军大败于高梁河，宋太宗仅以身免，宋军损失惨重。到986年，已经丧失了亲征勇气的宋太宗，却又派遣了曹彬、潘美、田重进分率三路兵马出征契丹，目的仍只在于收复燕云。结果，这三路宋军却又全被契丹打败，其进攻云州（今山西大同）的一路宋军的副统帅杨继业，且为契丹所俘获，绝食而死。宋廷从此对契丹改取守势，再也无人敢谈及收复燕云十数州的事了。

北宋王朝建立后的最初三十年，虽是把兵力主要用在消灭十国割据的局面上，然而在与契丹接壤的北部边境上却还是用劲兵防守着的。但在对契丹改取守势之后，只想依恃塘泊水渠以限制契丹兵马，与此同时，北宋的最高统治者，却把军事力量转移在对内部的问题上。《长编》在淳化二年（991）的八月末，记有宋太宗发表的一段议论说：

国家若无内患，必有外忧；若无外忧，必有内患。

> 外忧不过边事，皆可预为之防；惟奸邪无状，若为内患，深为可惧。帝王合当用心于此。①

寥寥数语，却标志着北宋王朝军政方面的一个重大转折点：它情愿把敌对的契丹政权置之不顾，而要把武装力量侧重使用在防范内部文武大臣的阴谋篡权和地方驻军篡夺政权以及各地人民的武装反抗上。

宋对契丹之改取守势，等于诱使契丹对宋采取攻势。到宋真宗景德元年（1004），契丹圣宗与其母萧太后又亲自督率大军侵犯宋境了。宋廷在一阵惊慌失措之后，采用了宰相寇准的抗击敌人的主张，并由寇准陪同宋真宗前往澶州（今河南省濮阳市）督师。其时契丹大将因中宋军伏弩而死，士气大挫。因此，双方又开始了议和活动。宋真宗极愿和议告成，遂即应允每年由宋朝向契丹输纳银十万两，绢二十万匹，双方定为兄弟之国。是即所谓“澶渊之盟”。

澶渊之盟，为北宋与契丹带来了将近四十年的和平相处局面，北宋的君臣都乐得共享苟安之局。然而，到宋仁宗庆历二年（1042），契丹却又派来使臣，要求北宋政府把周世宗所收复的瀛莫二州归还给它。竟然是契丹要向北宋收复燕云十六州中的两州失地了！这时，宋廷想派遣一位使臣到契丹办理交涉，竟无人敢于应命。最后是富弼应命两次出使契丹，

---

① 此据《杨文公谈苑》（自《皇宋事实类苑》转引），与《续资治通鉴长编》所载字句微异。

交涉的结果是，瀛莫二州不再割让，每年由北宋输纳给契丹的岁币，却要增加银十万两，绢十万匹。富弼办成的这一交涉，竟被后来的一些人称颂为极大功勋。

二　王安石志欲恢复汉唐旧境统一中国

西夏是党项族拓跋氏所建立的政权。拓跋氏的首领，帮助唐朝把黄巢起义军赶出长安，被封为夏国公，并赐姓李，其地盘原仅夏州（今陕西省横山县）。到10世纪末，其势力已发展到与夏州相邻的五个州。到11世纪20年代中期，即宋仁宗即位初年，西夏的势力已占有了物产丰饶的凉州（今甘肃武威）、甘州（今甘肃张掖）等地，并迁都兴州（今宁夏银川市），自称夏王。1032年李元昊继位为夏国王之后，一方面更向西方扩张其辖境，另一方面则建元称帝，并不断地向北宋进行军事侵扰，且常能打败宋军。它还每每与契丹结成犄角相援之势，使宋廷长时期苦于应付。王安石在宋仁宗嘉祐四年（1059）奏进的《言事书》中所说“外则不能无惧于夷狄”的话，正是针对着在北宋王朝与西夏、契丹之间所形成的这一斗争局势而言的。而这种局势，也是王安石在当政之后决心要加以改变的。

王安石在熙宁二年（1069）被宋神宗拔擢为参知政事，一年以后，正式拜相。他之肯于入朝执政，是因为他胸中蕴蓄着一整套政治、经济和军事谋划，要加以施展，辅佐宋神宗做一个大有为君主。他的整套谋划的中心是变法改制，而变法改制的最核心问题则在于理财。他提出“欲富天下则资之天地”的“为天下理财”的主张，亦即向大自然讨取其所潜藏的财富。向大自然讨取到尽可能多的财富之后，即可把它用来供天下之费。所谓“供天下之费”，是既包括解决政府财政和社会人群的“穷空”的问题，也包括要彻底改变那个“外则不能无惧于夷狄”的问题。关于其所要解决的前项问题，已在上节论述，现在再就后一项问题进行申论。

王安石所指陈的，北宋王朝从进入11世纪以来最感畏惧的夷狄，当然是指西夏与契丹而言。然而王安石对付契丹的战略决策，却从来不把恢复燕云十六州放在话下，而是立志要把它制服和吞灭；对于西夏，他也从来不曾考虑如何进行蚕食，而同样地是想要把它鲸吞。他所预定的征战计划和步骤，则是如南宋人李丙在其《丁未录》中所概括的那样：“王安石秉政，首用王韶取熙河，以断西夏右臂；又欲取灵武（即西夏首都）以断大辽（即契丹）右臂。”在断了西夏右臂之后，当然就要继之以向西夏进军；在断了契丹右臂之后，当然也就继之以向契丹进军了（这可不是专为去收复燕云十六州）。

应当说，从北宋建国百年以来，在其最高统治集团中，从皇帝到辅政大臣，真正有胆有识，能从理性进行分析，敢于从战略上藐视敌人（即契丹和西夏）的，只有王安石一人，这从王安石多次对宋神宗或在其他场合的谈话中，全可以得到证实。今摘举于下。

《续资治通鉴长编》卷二二〇，于熙宁四年二月庚午载：

> 今所以未举事者，凡以财不足故，故臣以理财为方今先急。未暇理财而先举事，则事难济。臣固尝论天下事如弈棋，以下子先后当否为胜负。

这里的所谓“举事”，当即指大举用兵以改变“外则不能无惧于夷狄”的问题。这也反映出来，要制服西夏与契丹的谋划，早已预蓄在王安石的长远战略决策之内了。

《续资治通鉴长编》卷二三五，熙宁五年七月戊子载王安石向宋神宗说：

> 陛下富有天下，若以道御之，即何患吞服契丹之不得？若陛下处心自以为契丹不可吞服，西夏又不可吞服，只与彼日夕计较边上百十骑人马往来，三二十里地界相侵，恐徒烦劳圣虑，未足以安中国也。

《续资治通鉴长编》卷二三八，熙宁五年九月丙午载王安石对宋神宗说：

> 秦汉以来，中国人众，地垦辟，未有如今日；四夷皆衰弱，数百年来亦未有如今日。天其或者以中国久为夷狄所侮，方授陛下以兼制遐荒，安强中国之事。

在《熙宁奏对日录》中，王安石也自记其对宋神宗的一段话：

> 今秉常（西夏国主）幼，国人饥馑，困弱已甚，陛下不能使之即叙，陛下不可不思其所以。此非不察于小事，乃不明于帝王之大略故也。陛下以今日所为，不知终能调一天下，兼制夷狄否？臣愚窃恐终不能也。①

如上文所说，自从订立了“澶渊之盟”以后，特别是在11世纪的30和40年代内，与西夏进行了连续几年的军事斗争而未能制胜之后，失败主义和忍辱求和的议论一直笼罩着北宋王朝。最高统治集团中的人，不论先后更换了多少次，总都是一致认为，不但作为北方一霸的契丹政权是碰不得的，就连西夏也是碰不得的。

王安石执政当权之后，首先就要扫清这种萎靡怯懦气氛。从他的战略思想出发，他不但对于西夏，而且对于契丹，在对其政治军事局势进行具体分析之后，认为是完全可以藐视的。这从他与宋神宗的多次对话中所表露的情绪，可以很清楚地看得出来。例如在商讨收复河湟地区的时候，他就拿必胜的信心来鼓舞宋神宗的斗志，向他说道：

> 他时兼制夏国，恢复汉唐旧境，此乃基本。②

王称《东都事略·王安石传》在谈到建立保甲制度时也

① 自《杨龟山文集》卷六转引。

② 《续资治通鉴长编》卷二三〇，熙宁五年二月己卯记事。

说道：

> 保甲之法，始因戎狄骄傲，侵据汉唐故地，有征伐开拓之志，故置保甲。乃籍乡村之民，二丁取一，皆授以弓弩，教之战阵。又令河北、陕西、河东三路皆五日一教阅。

因经营河湟而联系到“兼制夏国”，因“兼制夏国”而又联系到“恢复汉唐旧境”；而《东都事略》也说是为了戎狄“侵据汉唐故地，有征伐开拓之志，故置保甲”，接着又说“令河北、陕西、河东三路皆五日一教阅”。这样的一些话语和具体设施，都足以说明，王安石的远大战略设想，是以经营河湟开端，而以制服契丹为终极目的。而这里所谓制服契丹，也不仅是恢复燕云十数州，而是要依照汉唐两代的幅员规模，由北宋王朝再一次实现统一全中国的大业。

王安石还曾向宋神宗说：

> 要当有以兼制夷狄，乃称天所以畀付陛下之意。今中国地广、民众，无纤芥之患；四夷皆衰弱；陛下聪明齐圣，忧勤恭俭；欲调一天下，兼制夷狄，极不难。要讨论大计而已。①

---

① 《续资治通鉴长编》卷二三二，熙宁五年四月壬子记事。

王安石在这里既指明北宋国境内“无纤芥之患”，又指明“四夷皆衰弱”，长自己的志气，灭敌人的威风。这和富弼劝戒宋神宗“愿陛下二十年口不言兵”的话，形成了最尖锐的对照。于此更应着重指出的是：所有保守派的人物，每当北宋王朝与契丹或西夏的关系紧张、理应进行军事抵抗时，他们往往张皇其词，提出唯恐人民乘机起事等类理由作为借口以屈从敌人的无理要求。例如富弼，他就曾在契丹向北宋挑起重新划地界的衅端时，写奏章给宋神宗说：

> 边奏警急，兵粮皆缺，窘于应用。须防四方凶徒，必有观望者，谓“国家方事外虞，其力不能制我”，遂相啸聚，蜂猬而起，事将奈何？臣愿陛下以宗社为忧，生民为念，纳污含垢，且求安静。①

照此说来，那就只应对契丹屈服忍让，以便能够专力防范劳动人民的“乘机窃发”。然而历史事实所证明的，却正是像毛泽东所指出的：“中华民族的各族人民都反对外来民族的压迫，都要用反抗的手段解除这种压迫。”保守派对人民的种种言论，只是更加暴露他们本身缺乏爱国家、爱民族的思想感情；而王安石斩钉截铁地说北宋境内“无纤芥之患”，也正是他的爱国主义和民族立场的体现。

王安石还曾向宋神宗说：

---

① 《历代名臣奏议》卷三三〇《御边门》。

中国广大，人众，财富，加以陛下聪明，忧勤天下，若措置不失，即虽冒顿亦何足畏？汉高祖为冒顿所困，亦以中国倦兵，人思休息而已；使汉高祖有今日天下，必不复畏冒顿也！[①]

又曾对契丹政权的形势做了具体的分析，说道：

契丹无足忧，彼境内盗贼尚不能禁捕，何敢与中国为敌？[②]

契丹大而无略，则多隙可乘；且并诸国及燕人为一，四分五裂之国也。[③]

当宋神宗表示，对西夏政权的首脑人物的情况还不够了解时，王安石回答说：

陛下欲详知，则须用间谍；若其大情，则不待间谍而可知。彼区区夏国……其主幼，妇人为政，所任要重皆其亲昵，虽有豪杰无由自进，则其大情已可知矣。[④]

---

① 《续资治通鉴长编》卷二四八，熙宁六年十一月庚子记事。
② 《续资治通鉴长编》卷二四八，熙宁六年十一月戊午记事。
③ 《续资治通鉴长编》卷二六二，熙宁八年四月戊寅记事。
④ 《续资治通鉴长编》卷二四四，熙宁六年四月丁酉记事。

根据对于敌情的这种估计和分析，王安石制定了他的较长远的战略计划和部署。那就是：先须制服西夏，断契丹之右臂①，然后再去制服契丹。而为了比较容易地制服西夏，又必须先把分散居住在西夏南边的一些吐蕃族的独立部落制服，亦即所谓断西夏右臂。

从他所拟定的这个先后步骤来看，可知王安石既能根据其对于敌方“大情”的分析，断言貌似强大的契丹也有其不可克服的弱点存在，其军事实力并不可怕；还能对敌我力量的对比进行切实的衡量和比较，而不陷入“无虑而易敌”的那种错误当中。由于他具有那样的分析和判断，所以他才能发出方今“四夷皆衰弱”，“欲调一天下，兼制夷狄，极不难”的豪言壮语。然而在“皆衰弱”的“四夷”之中，终有较强和较弱之分。他认为，“凡经略边夷，当先从事于易”，也就是，先拣弱的打。根据这一原则而规定其行师用兵的先后顺序，他就又向宋神宗说：

> 累世以来，夷狄人众、地大，未有如今日契丹。陛下若不务广规模，则包制契丹不得。②

这就是说，在当时边境少数民族当中，契丹的力量是最为强大的，想加以制服，并不是轻而易举的。因此，必须先“坚

---

① 徐自明：《宋宰辅编年录》卷八“王韶罢枢密使”条引《丁未录》。

② 《续资治通鉴长编》卷二三六，熙宁五年闰七月戊申记事。

壁清野，积聚刍粮”，“以静重待敌之衅”，同时尽量赶做一些准备工作，即“部分河北百姓令习兵”，于平时“修吾政刑，使将吏称职，财谷富，兵强”，待敌人有可乘之隙，然后大举进讨。①

以西夏与契丹相较，则西夏“国弱，主幼，妇人用事，忿而无谋，无纪律”，正是“可以兼并之时”。因而王安石就断言：“惟西方宜悉意经略”“时不可失”。②

这里所说“宜悉意经略”的，是“西方”，而不是专指西夏，这是因为在从晚唐到北宋一直被称作河湟的地区，当时居住着吐蕃族的一些互不统属的部落，“诸羌瓜分，莫能统一”。他们如一并归附西夏，便会使西夏既无后顾之忧，还可大大增强军事实力。所以，王安石就把以军事或政治力量解决这些部落的问题，作为制服西夏的序幕。他曾和宋神宗谈论过此事：

> 王安石曰：“今所以招纳生羌者，欲临夏国，使首尾顾惮，然后折服耳。”
>
> 上曰：“此所谓‘图大于细，为难于易’。”③

这项“招纳生羌”的任务，在王安石的积极策划主持之下，由秦凤路安抚使王韶于熙宁五、六两年（1072、1073）内基

---

① 《续资治通鉴长编》卷二二〇，熙宁四年二月庚午记事。

② 《续资治通鉴长编》卷二三六，熙宁五年七月壬申记事。

③ 《续资治通鉴长编》卷二三〇，熙宁五年二月癸亥记事。

本上胜利完成了。而在此事的进程当中，王安石就又把制服西夏的任务提到日程上来。他督促宋神宗说：

> 陛下必欲经略夏国，及秉常幼稚之时，正宜汲汲。古人进德修业欲及时。缘天下事机变动无穷，及可为之时，不可失也。[①]

又说：

> 今不取夏国，则四夷旅拒如今日，非所以宁息中国。然常人不可与虑始，此乃陛下所宜留意。[②]

但是，尽管王安石不断地以这样的话语激励宋神宗，但神宗始终不为所动，根本不做向西夏进军的打算。因此，王安石的统一中国的战略设想，事实上就以收复河湟之役的胜利而中止了。

---

① 《续资治通鉴长编》卷二三七，熙宁五年八月壬辰记事。
② 《续资治通鉴长编》卷二三八，熙宁五年九月癸亥记事。

第四章　王安石推行新法及其所遇阻力

第一节　有关理财和兴农的各种新法

一　最能体现“为天下理财”主张的农田水利法

1. 自从王安石跻身于北宋的官僚体系中以来，他对北宋王朝从建立以来一直奉行的一些政策，大都是采取批评态度的，而其矛头所指，则总是在理财问题上，说许多问题之所以发生，一个最主要的原因，乃在于理财之无法（或不得其道）。于是，在王安石做了执政大臣之后，他所制定和推行的新法，实际上都是以贯彻实现他认为最正确的那种“为天下理财”（亦即欲富天下则资之天地）的主张为唯一目标。而在一系列新法当中，最能集中体现他的这种用意的，则是在他做了参知政事之后，立即进行筹划和调查考核，并于熙宁二年的冬季就明令颁布了的农田水利法。

11 世纪的知识阶层中人，所能认识到的涵蕴于大自然中的潜在财富，虽然还只限于与农业有关的一些事项，如地力的开发，水利的疏导，等等。而当时在北宋王朝统辖的区域之内，其有待于用人力加以修整、开拓和疏浚，以使地尽其力并增加产量的，正不知有几千万处。现在姑举一个地区的情况为例：苏辙在宋仁宗嘉祐五年（1060）所写《论民政（下）》的第三道《进策》中有一段说：

> 而当今自楚以北，至于唐、邓、汝、颍、陈、蔡、许、洛之间，平田万里，农夫逃散，不生五谷，荆棘布野，而地至肥壤，泉源陂泽之迹迤逦犹在。其民不知水耕之利，而长吏又不以为意，一遇水旱，民乏菜茹。

以“资之天地”作为“为天下理财”途径的王安石，不但通过苏辙了解了唐、邓、襄、汝等地的现实情况，并且还派遣了刘彝、程颢、苏辙等人到其他许多地方去进行调查和了解。在这样的认识基础之上，制定和颁布了如下的农田水利法：

> 应官吏诸色人，有能知土地所宜、种植之法，及可以完复陂湖河港；或不可兴复，只可召人耕佃；或元无陂塘、圩埠、堤堰、沟洫，而即今可以创修；或水利可及众而为人占擅；或土田去众用河港不远，为人地界所隔，可以相度均济疏通者；但干农田水利事件，并许经管勾官或所属州县陈述。……
>
> 应逐县各令具本管内有若干荒废田土，仍须体问荒废所因，约度逐段顷亩数目，指说著望去处，仍具今来

合如何擘画立法，可以纠合兴修，召募垦辟，各述所见，具为图籍，申送本州。……

应逐县并令具管内大川沟渎行流所归，有无浅塞合要浚导？及所管陂塘堰埭之类，可以取水灌溉者，有无废坏合要兴修？及有无可以增广创兴之处？如有，即计度所用工料多少，合如何出办？或系众户，即官中作何条约？与纠率众户不足，即如何擘画假贷，助其阙乏？……

应逐县田土边迫大川……须合修筑圩垾堤防之类，以障水患；或开导沟洫，归之大川，通泄积水，并计度阔狭、高厚、深浅，各若干工料，立定期限，令逐年官为提举人户，量力修筑开浚，上下相接。……

应有开垦废田、兴修水利、建立堤防、修贴圩垾之类，工役浩大、民力不能给者，许受利人户于常平广惠仓系官钱斛内连状借贷支用。仍依青苗钱例，作两限或三限送纳。如是系官钱斛支借不足，亦许州县劝谕物力人出钱借贷，依例出息，官为置簿，及时催理。①

在这道法令中所要调动的，是全国各地各阶层社会人群的劳力、智力、财力，以及领导、组织、管理等等方面的力量。民间的财力供应不足，则由有关民户联名向政府借贷其所贮存的钱斛，这与王安石十年前写给宋仁宗的《言事书》中所

① 《宋会要辑稿·食货》一之二七、二八。

提出的“因天下之力以生天下之财”的理财方法完全符合，其目的，显然不是专为解决政府的财政收支问题，却是履行“欲富天下则资之天地”那一原则的。

在这道法令公布之后，全国各地的官吏和士民，都很积极地提建议，上条陈，出谋划策，对当地应当修复或应当创建的水利灌溉工程，提出具体的计划和方案。其中的大多数，在当地政府进行审核勘查之后，也大都得到了采用，收到了实际效益。例如，在当时的京东路内，在熙宁三年（1070）的冬季之前，就修复了济州（今山东巨野）的南李堰和濮州（今山东濮城）的马陵泊，排除了长期以来的积水，得到了约四千二百多顷良田，仅熙宁四年的夏秋两季，便从这一大片土地上收取到二百多万石小麦和豆子。① 与此同时，还在京东路修治了曹，单等九州十三处沟洫河道，还把首都开封附近的逐年夏秋积潦分别导入清河及其他河流，使其全能东入于海。

2. 在推行《农田水利法》的过程当中，采用“淤田”方法所获取的功效也极为显著。在这里也必须做些叙述。

“淤田”就是利用决放河流的办法，使河流内积沉的淤泥流入农田内，把硗瘠土地变为肥沃土地。沈括在《梦溪笔谈》中也曾论及此事，说道：“熙宁中，初行淤田法。论者以谓，《史记》所载，‘泾水一斛，其泥数斗，且粪且溉，长我禾黍’。所谓粪，即淤也。”可见他是做出肯定的论证的。

---

① 《宋会要辑稿·食货》一之二九。

熙宁四年（1071），在开封设置了一个总领淤田司，专管调集各州县的厢兵，在一些河流沿岸放水淤田。当时在汴水、漳水和滹沱河沿岸的放水淤田工作，都取得了很好的成效。

最先受派负责在汴水沿岸实施淤田法的，是侯叔献与杨汲二人，他们“分汴流涨潦以溉西部瘠土”，使皆成为良田。[①] 其后俞充为都水丞，也负责提举沿汴淤泥溉田的事，据《宋史·俞充传》说，在他负责期内，有八万顷土地，经淤溉之后都变为上等肥腴之田了。侯叔献等人还曾从由开封到澶州的这一段黄河中引水淤田。早年曾在河东地区施行过淤田法的程师孟，在看到侯叔献等人淤溉过的大面积土田之后，评价说：“窃见累岁淤变京东西碱卤之地，尽成膏腴，为利极大。”

惠民河（今贾鲁河）流经中牟县，该县人民就在曹村附近的河上修建了一座水础，在河水上涨时任其自流，结果淤溉了沿岸的土地达一千余顷。[②]

当时有一个名叫程昉的宦官，深明水利，遂为王安石所重用。他在河北地区引导滹沱河水淤田，“淤却四千余顷好田”；他对滹沱河的河床和堤坝加以修整，又“出却好田一万顷”。他还修治了漳河和洺河，引二河之水淤地凡二千四百余顷。沿河诸县的百姓，又因此而获得沿河三四百里的退滩美田。[③] 王安石在一次与宋神宗对话时说：“程昉尽力于河北……所开闭

① 《宋史·杨汲传》。
② 《宋会要辑稿·食货》七之二〇。
③ 《宋史·河渠志》（五）“河北诸水”。

河四处。除漳河、黄河外，尚有溉淤及退出田四万余顷。自秦以来，水利之功未有及此者。”[①] 沈括在《梦溪笔谈》中也对河北地区进行淤田的成绩，概括道：“深、冀、沧、瀛间，惟大河、滹沱、漳水所淤，方为良田，淤淀不至处，悉是斥卤，不可种艺。”

我新近得知，直到现今，治理黄河，还必须按照“拦、调、排、放”的综合治理方略。其中的“放”字，主要是指在黄河下游，在引黄灌溉中放淤改土，使大片荒沙、盐碱地变为良田。据最近几年的不完全统计，利用引黄泥沙放淤改土，改造低洼，盐碱、荒沙地约三百万亩，且大都成为高产稳产田。[②] 生在九百多年之前的王安石、程师孟、沈括、程昉等所施行的淤田，其设计，其技术，必然不可能与今日治黄工程中的“放淤改土”相提并论，但他们毕竟探索并开创施行了这样一种淤田之法，以今天“放淤改土”的实际功效为证，也可推知王安石所称述的程昉等人由淤田所取得的生产效益必非虚妄。

3. 在当时的官僚士大夫阶层中，既然还存在与变法派尖锐对立的大批保守派人物，那就不管农田水利法在推行过程中有了多少收益，保守派人群中总会有人出来加以挑剔。即如那个具有多种文学艺术才能的苏轼，在农田水利法推行尚未很久之时，就在写呈宋神宗的《万言书》中说道：

---

① 《续资治通鉴长编》卷二六三，熙宁八年闰四月乙巳记事。

② 岳德军、徐长锁：《泥沙研究取得突破》，《光明日报》1995 年 10 月 28 日。

天下久平，民物滋息，四方遗利盖略尽矣，今欲凿空寻访水利，所谓“即鹿无虞”（按：此为《周易·屯卦》中语，谓入山林捕鹿而不用主管山林之人为向导也），岂惟徒劳，必大烦扰。……所在追集老少，相视可否，吏卒所过，鸡犬一空。若非灼然难行，必须且为兴役。何则？格沮之罪重，而误兴之过轻。人多爱身，势必如此。

且古陂废堰，多为侧近冒耕，岁月既深，已同永业，苟欲兴复，必尽追收，人心或摇，甚非善政。

又有好讼之党，多怨之人，妄言某处可作陂渠，规坏所怨田产，或指人旧业以为官陂。冒佃之讼，必倍今日。臣不知朝廷本无一事，何苦而行此哉！①

苏轼的这段议论，实际上全是错误的。开头所说“天下太平，民物滋息，四方遗利盖略尽矣”，这和司马光所说的“天地所生，货财百物，止有此数”等语，全都是一种无知的鄙陋之见。我们从史书记载中虽找不到王安石对他们的反驳意见，但明代末年那个非圣无法的思想家李贽在其所著《藏书·司马光传》中却写出了一段批驳司马光（也即批驳了苏轼）这一鄙陋意见的话：

① 《苏轼文集》卷二五。

> 光既知财货百物皆天地之所生矣，“生”则乌可已也？而可以数计耶？今夫山海之藏，丽水之金，昆山之璧，铜、铅、银、锡五金百宝之产于地者，日入商贾之肆，时充贪墨之囊，不知凡几也。所贵乎长国家者，因天地之利而生之有道耳。

李贽的这段话，与王安石的“欲富天下则资之天地”的意见，是完全相符合的。所以，我们不妨就借用来作为王安石驳斥司马光和苏轼的无知陋见的话语。

苏轼所说的“即鹿无虞，非惟徒劳，必大烦扰”，也是些不实之辞。《农田水利法》首先就指明：“应官吏诸色人”中，有能“知土地所宜、种植之法”的人员，都要把自己的智能，主动提供出来，这不就是在发动那些具有农业种植的丰富经验和特长技术的人，出而发挥其作用吗？怎能说是“即鹿无虞”呢？

至于“若非灼然难行，必须且为兴役”以下诸段的话语，全是施展他的“想当然尔”的构思方法所拟想出来，而无一事是确实出现过、发生过的。以这样一些“莫须有”的事例来反对农田水利法，不论在理论上和实践上，当然全不会发生强有力的作用。若再与他的“东海若知明主意，应教斥卤变桑田”的诗句合看，更可知苏轼只是运用他的生花妙笔来进行冷嘲热讽，而不肯对这一有关国计民生的农业生产问题做严肃认真的考虑探索的。

关于疏浚河渠的工作，也同样遭受到保守派人物的无理阻挠。《续资治通鉴长编》卷二二〇，熙宁四年二月丁丑载：

> 诏"增开修漳河役兵及万人，并力，于四月以前毕工。"上患财用不足。
>
> 文彦博曰："要丰财、安百姓，须省事。如漳河，累年不开（按：开即浚治），何所妨？漳河不在东边，即在西边，其利害一也。今盛发夫开河，只移得东边河，却掘西边民田，空劳民，何所利？"
>
> 王安石曰："若使漳河不由地中行，则或东或西，为害一也；若治之使行地中，则有利而无害。若或东或西利害一也，则禹何须浚川、尽力沟洫？劳民诚不可轻，然以佚道使民，虽劳，不可不勉。"

在这次宋廷君臣关于开浚漳河的聚议之前，司马光在其《与王介甫第一书》中，也曾简单笼统地对派人到各地"欲搜求农田水利而行之"的做法表示了反对意见；而稍晚于这次聚议不久，司马光的忠实信徒刘挚也在其《论助役法分析第二疏》中附带地加以讥刺说："其间又求水利也，则民劳而无功；又淤田也，则费大而无效。"总之，在他们的反对言论当中，实际上却并无一人真能明确指出，在农田水利法的推行过程当中，究竟发生过什么不利于农业生产的情况和事端。恰恰相反，从熙宁二年到熙宁九年，亦即在变法派大力推行农田水利法的七年内，尽管还可不断地听到从保守派人物那里传来的反对声浪，而据《宋史·食货志》所载，全国各地的劳动人民已经兴修成功的水利田，共为一万零七百九十三处，受益的民田面积共为三十六万一千一百多顷。其沿河流、受淤溉，变硗瘠而为良田的，仅程昉尽力的河北，所收功效即自秦以来历代之所不能及。因其顷亩数量虽必极大，而无确切记载可考，故全不包括在此数之内。这就是王安石“欲富天下则资之天地”那一理财思想所收取到的真实功效！

附说王安石对黄河的治理

1. 黄河的中、上游所经行的黄土高原，本是一个森林草原地带，在秦汉以前，农耕民众未去开发，使它的原始状态得以大量保存，水土流失极其轻微。秦汉以来，历经几次农牧业生产方式的更换，森林草原屡遭破坏，水土流失遂与日俱增，大量泥沙流失到黄河中去，及进入下游的冲积平原（此为黄河在久远年代中所挟泥沙淤积而成）之后，水流迟缓，以致河床淤积，河身日浅，河床的某些段落甚至高于地面。唐末藩镇割据，五代各王朝也都战乱不息，长时期内无人关注治河筑堤等类事体，这就造成了北宋一代黄河南北地区的屡屡决口。在11世纪的40年代，因决口于澶州（今河南濮阳市）之商胡埽，河道自大名改向北流，经恩州、冀州至乾宁军（今河北青县）而入于海。到50年代，又因在大名、恩州之间决口，遂又派生出流向德州、沧州，至无棣县而入于海的一股。从此黄河下游分作北流和东流两股。但不论北流沿岸或东流沿岸，此后仍经常有决溢之患。北宋最高统治集团，对于河患只采取头疼医头、脚疼医脚的办法，从没有人考虑如何加以根治。就连对于局部的疏浚整治，竟也有人反对，深恐因“聚大众，兴大役”而致使人民乘机“起而为盗”，认为“流亡盗贼之患，不可不虞”①，甚至还说“开河（即浚治黄河）如放火，不开河如失火”②。意思是说，浚治和不浚治，其后果是不会两样的。

自从黄河改道北流之后，在北宋的最高统治集团之中就有“回河”之议，即要使黄河再回到向东流的故道上去，而司马光等人则极力反对。到又派分出东流的一股之后，于是又有开浚二股河③，导引黄河东流，堵塞北流河道的主张。然而仍然受到司马光等保守派人物的反对。

王安石认识到，黄河之所以常常决口，是由于过多的泥沙沉淀在河身之中，使河水愈来愈浅、河床愈来愈高所致；若听任黄河下游分作北流、东流两股，则两股河水的流速必然都较缓慢，泥沙的沉淀必然就越多。所以，在他执政当权之后，他和变法派的人，不管司马光等人还在怎样反对，就在熙宁二年（1069）的八九月内，果断地把二股河开修疏浚，把河水导向东流，把北流给堵塞住了。在完成了这件事情的

---

① 《欧阳文忠公集》卷一〇八《论修河第一状》。

② 《续资治通鉴长编》卷二四八，熙宁六年十一月丁未记事。

③ 庆历八年黄河在商胡决口，经大名之北，至乾宁军（今河北青县）入海，是为北流；嘉祐五年春都转运使韩贽言：魏、恩、德、博四界首古大河所经，宜浚二股渠，分河流入金赤河，以舒决溢之患，从之。遂从大名第六埽派分出一股，其广二百尺，其深六尺余，其长一百三十里，这一股自大名东流至沧州入海，是为东流。“二股河”是指虽已从大名第六埽派分出来，但尚与北流并行，尚未东转而入于四界河之一段而言。

三年之后，即在熙宁五年（1072）的秋天，王安石还向神宗具体举述了从它得来的种种好处：

> 昨北流若不塞，即计夫功、物料，修立堤埽，不减于修二股河；而北流所占公私田地至多，又水流散漫，非久必复淀塞。自今年未闭第五埽时，已觉下流淀塞，即复有决处。此所以不可不修塞也。
>
> 昨修二股河，所用夫功、物料，比北流所费不多，又出公私田土为北流所占者极众，向时潟卤，今皆沃壤。河北自此必丰富如京东，其功利非细也。
>
> 况今年所发急夫，比去年数目已大减，若更葺理堤防，渐成次第，则河北逐年所调夫必大减省。①

这番谈话表明，王安石对于堵塞北流、导河东流所取得的初步成绩，是极为满意的。

王安石还认识到，要从根本上解决诸河特别是黄河的泛滥和决口问题，必须设法能使“水由地中行”才行。单就黄河来说，那就必须是，要把它从中游挟来的泥沙，不使其沉淀在下游的河道当中，而要能使其被河水继续挟入海中。要这样做，当然必须利用机械的力量。于是“铁龙爪”和“浚川杷”就应合着这种需要而被设计制造出来。《宋史·河渠志

---

① 《续资治通鉴长编》卷二三六，熙宁五年闰七月辛亥记事（据《宋史·河渠志二》补正）。

（二）》记此事云：

> 有选人李公义者，献铁龙爪扬泥车法以浚河。其法：用铁数斤为爪形，以绳系舟尾而沉之水，篙工急棹，乘流相继而下，一再过，水已深数尺。
>
> 宦官黄怀信以为可用，而患其太轻。王安石请令怀信、公义同议增损，乃别制浚川杷。其法：以巨木长八尺，齿长二尺，列于木下，如杷状，以石压之。两旁系大绳，两端矴大船，相距八十步，各用滑车绞之，去来挠荡泥沙。已，又移船而浚之。

铁龙爪和浚川杷这类新创的治水工具刚一出现，就受到了王安石的欢迎和支持，有不够完善处，则继续加以改进。而与此同时，却也受到了司马光的反对和嘲笑。据司马光说，浚川杷是毫无实用价值的。因为，如果是在河水深时使用它，它就不能“及水于底”，触及泥沙，虽屡经往来也不会起任何作用；如在河水浅时，则杷齿被河底泥沙所阻碍，便将无法前进，篙工无可奈何，只能“反（杷）齿向上而曳之”。①

王安石之所以对这类新创的治水工具具有极大的兴趣，是由于他具有朴素的唯物主义思想基础之故。他在早年就曾作过一首题为《赐也》的七言绝句：

---

① 司马光：《涑水记闻》卷一五。

赐也能言未识真，误将心许汉阴人。

桔槔俯仰妨何事？抱瓮区区老此身！①

这首诗的本事，出自《庄子·天地篇》，说的是：汉阴有个老人，不肯使用桔槔这一灌溉工具，而终日抱瓮在那里汲水灌园。当孔子的门徒端木赐（子贡）问他为什么这样做时，他说，使用机巧工具，就会助长人的机心，所以他不使用。端木赐听了这话后，竟也非常佩服。王安石在这首诗中，既痛斥了汉阴老人和端木赐排斥机械的顽固态度，也很明显地反映出他本人对于机械和进步的生产工具的看法。而如何才能根除黄河水患，原为王安石极关切的一个问题。因此，铁龙爪一出现，就理所当然地极为王安石所重视了。

当把铁龙爪改造成为浚川杷之后，在熙宁五年（1072）十月，就又在王安石大力支持之下，先由黄怀信试用它去浚治二股河。用了二十二只船，在八小时内，浚河深三尺至四尺四寸。“水既趋之，因又渲刷，一日之间，又增深一尺。”②

浚川杷的试用既取得了成绩，王安石就向宋神宗进一步建议说：“今沿河诸埽，如都用浚川杷疏去沙觜，即水自移徙。若不辍工，虽是二股河的上游，也同样可使其水行地中。”并且说：“如能再制造几千件浚川杷，则诸河都可永免浅淀之患，即每岁可省开浚河道的物料夫功几百千万。”③

---

① 《临川文集》卷三〇。
② 《续资治通鉴长编》卷二四八，熙宁六年十一月丁未记事。
③ 《续资治通鉴长编》卷二四八，熙宁六年十一月丁未条附注。

熙宁六年（1073）四月，在开封设置了一个“疏浚黄河司”，以李公义为主管人员，令其专门负责用浚川杷疏浚黄河的事。计划从卫州地段的黄河开始疏浚，向东一直达于海口，要使黄河的整个下游都能水由地中行。

最先的打算，是要用三百只船和三百副铁爪，“浚大河中流，令水行地中”。但到熙宁八年（1075）夏实际进行时，却把规模缩小为“用船五十只，铁爪五十副，役兵四百人”，只把从大名到海口的这一段进行一次疏浚，以实际检验浚川杷疏浚一次的功效究竟如何。如果能使河道增深到预期的程度，那就再把规模扩大到最初打算的那样。

试验从大名府地段开始。在这开始的地段就取得了很好的效果。施工之前，大名府新堤一段的河水已开始在许村港泛滥，以致二股河又出现了“浅淀”情况。经过“用浚川杷于二股河上下疏浚”之后，就又把泛滥“漫散”的水势夺回过来，使其重“归二股河行流”；而从“退滩内所出民田数万顷，尽成膏腴”①。

在这初步的试验期内，就又遭受到保守派元老文彦博的大力阻挠和破坏。文彦博这时正做大名府的地方长官。当北宋中央政府要他“核实”和“保明”使用浚川杷疏浚二股河的功状时，他不但不肯遵照办理，而且乘机对浚川杷大肆攻击，以为用杷浚河，“天下指笑，以为儿戏”②，接连三次上

① 《续资治通鉴长编》卷二七八，熙宁九年十月丁酉记事。

② 《宋史》卷三一三《文彦博传》。

书论列此事。他一则说："浚川司所浚河身，始末尽在河底，深浅固难详验"；再则说："河水浩大，非杷可浚。夏溢秋涸，固其常理。河水涨落，不由杷之疏浚，虽河滨至愚之人，皆知浚川杷无益于事"；三则说："去年用杷疏浚，退出地少，今年不曾用杷，却退出地多。显是自因秋深霜降，河水减退"。① 文彦博在铁一般的事实面前，竟闭塞眼睛，信口开河，甚至说出"所浚河身尽在河底，深浅难验"的话，完全是在无理取闹。他的目的，只是要把浚川杷这一新生事物置之死地，使王安石的利用机械疏浚黄河，以求达到"水由地中行"的目的根本无法实现。在这时，王安石已经第二次罢相，变法派的其他人物似乎也都不肯大力支持使用浚川杷疏浚河流的事，没有人再为了这事而与文彦博进行斗争。疏浚黄河司在王安石罢相后不久即明令撤销，李公义也另派职务了。半年之后，即熙宁十年（1077）的五月，黄河大决于澶州的曹村，河道南徙，东汇于梁山张泽泺，分为两派：一合南清河（即泗水），自徐、邳达淮阴而入于淮；一合北清河（即济水），经东阿、历城等地，至利津而入于海。"凡灌郡县四十五，坏田逾三十万顷。"② 北宋的最高统治集团又为此而栖栖惶惶起来，再也没有人考虑如何根除河患的措施了。

2. 王安石的治理黄河，只是针对着黄河下游的河床淤浅和经常出现的决溢祸患而要加以解决的。他提出的要使"水

---

① 《文潞公文集》卷二三《不保明浚河奏状（一、二、三）》；《续资治通鉴长编》卷二七八，熙宁九年十月丁酉条。

② 《宋史·河渠志（二）》。

从地中行”的目标，也只局限于黄河下游的地段，其所采用的方法，除了修筑堤堰的传统方法之外，又试用了当代人新创造的铁龙爪和浚川杷，用之在河中挠荡泥沙，使河中淤泥顺流而入于海，以使河身加深，减少溃决。这种种措施，有的虽也收取到短暂的、表面的成效，却全部属于治末而非治本的办法，因而全不是可以持续施行、久远有效的办法。因为，黄河下游的所有问题，全是由于黄河上、中游（特别是中游）所流经的黄土高原的水土流失所造成的，农业居民对那一带的开发和垦种，只使得流失的水土大量增加，使下游泥沙的淤积与日俱增。因此，治理黄河必须着眼于根本性和综合性的治理，尽可能加强对黄土高原地带的水土保持。改善这一地带的生态环境，下游的河患便会相应减少。但是，这种综合治理的办法，在王安石推行新法的时期，是不可能提得出来的。首先，黄河上、中游流经的地区，有很大的部分并不属于北宋政权辖区之内；其次，那时人的知识和经验，也都使他们见不及此。所以，对王安石治理黄河而只把注意力集中在解决下游的问题上，我们并不应加以责怪。

使用“铁龙爪”和“浚川杷”挠荡泥沙，以求河床加深，达到“水由地中行”的目标，减少溃决的灾害，这在当时就被保守派人物认为“有同儿戏”，而到今天也还有人称之为闹剧，其实这也是不公允的。因为，受着主客观条件的种种局限，王安石既只能尽力于黄河下游的治理，则挠荡泥沙，加深河床，能相对地使“水由地中行”，实乃唯一具有可行性与可能性的办法。为实施这一办法，利用当时新创造出来的专为挠荡淤泥之用的“铁龙爪”和“浚川杷”进行实验，也实在是选用了其时可称为最先进的生产工具，这怎么可以加以讥笑，说它是“有同儿戏”或可笑的“闹剧”呢？而且，面对着黄河下游经常出现的溃溢祸患，殚精竭虑想方设法地去进行救治，不论其成效如何，总也表明了政治改革家王安石对于兴利除弊的强烈责任感，较之保守派的人们，对黄河决溢给广大人民造成的痛苦，漠不关心，真正像秦人视越人之肥瘠那样，而欧阳修竟说：“开河如放火，不开如失火”，对治河与否任其自然，不予理会。把民间疾苦置之度外，这才真是可笑可鄙的事情！

二　均输法

北宋都城开封，聚居着大量的皇族、贵戚和官僚士绅，还驻屯着专为保卫首都安全之用的极大数量的军队。为了供应这些皇族、高级官僚，以及各种等级的军人的衣食和享用，北宋政府在两税等项赋敛之外，还要向各地居民榨取数量浩瀚的绸、绢、绫、罗、锦、绉、布、丝、绵、麻和糯米等物。制造军器需要的翎毛、箭竿、牛皮、筋、角之类，也同样勒令各地居民无偿供应。在征收的方法上，北宋政府只硬性规定各地居民按户等或按占有土地的数量分担，不管某地是否生产某种东西；而且常常是一有所需，即取办仓卒，不管其时是否是生产某物的季节。地方政府对于开封各种仓库当中的贮存量也并不知晓，只按照定额进行勒索，及至集中到开封之后，又常因过剩而必须低价大量抛售。又因“诸路上供岁有常数”，各地政府“丰年便道，可以多致，而不敢取赢；年俭物贵，难以供亿，而不敢不足”。遂致“远方有倍蓰之输，中都有半价之鬻”。这种种情况都给豪商富贾们造成了机会，使他们得以“乘公私之急，以擅轻重敛散之权”。①

国家不能掌握轻重敛散之权，而使此权落入豪商大贾手中，这从很早以来就被王安石看作是一个极严重的问题，他认为这也是因为理财不得法而招致的一个恶果。他在嘉祐五年（1060）所写的《度支副使厅壁题名记》一文中说：

> 夫合天下之众者财，理天下之财者法，守天下之法者吏也。吏不良，则有法而莫守；法不善，则有财而莫理。有财而莫理，则阡陌闾巷之贱人，皆能私取予之势，擅万物之利，以与人主争黔首，而放其无穷之欲，非必贵强桀大而后能。如是而天子犹为不失其民者，盖特号而已耳。虽欲食蔬衣敝，憔悴其身，愁思其心，以幸天下之给足，而安吾政，吾知其犹不得也。然则善吾法而择吏以守之，以理天下之财，虽上古尧舜犹不能毋以此为先急，而况于后世之纷纷乎？

为求把以上所列举的各种情况加以扭转和改善，王安石于熙宁二年（1069），为向皇帝申请推行此法而写的一篇“缘起”性质的文字，现尚保存在他的《临川文集》卷七十中，误题

① 《宋史·食货志下八》“均输”。

作《乞制置三司条例》，可知必是他所撰写，也可知他对此一新法的重视。这年七月制定并颁布了均输法，选派薛向去做江南东西、两浙、荆湖南北、淮南六路的发运使，要他除了主管这六路的漕运和茶、盐、酒、矾诸项收入之外，还要总管这六路的财赋，周知这六路的生产情况。开封各仓库的库存量和需求量，也都使他及时得知。还从开封的内藏库中拨出钱五百万贯和粮米三百万石，作为发运司的籴本，使其得以就这六路的范围内通盘筹划，在丰收和价贱的地区，机动地收购一些可以“变易蓄买”的物资。不论征收或籴买各种物品，都要按照“徙贵就贱，用近易远”的原则，即不但要尽量在生产的地区征收或采购，且尽量要在路程较近便的地区征收或采购，借以节省价款和运输的劳费。对于非生产地区的民户，则令其改交税款，而不向他们强征实物。如某地某年凶荒歉收，则可以和丰收地区彼此调剂。发运司既有储备物资，因而也得以做应变的措置。

变法派所希望的是，通过均输法的施行，一则可以把东南六路日益富饶的物资生产的优势，尽量加以利用发挥，使其与物资生产不富饶的地区得以相互调剂；二则可以从豪商富贾手里“稍收轻重敛散之权归之公上，而制其有无”；三则可以“便转输，省劳费”；四则可以“去重敛，宽农民”；这样就可最终达到“庶几国用可足，民财不匮”的目的。

均输法实施不久，保守派的刘琦、钱颚等就出来写奏章给宋神宗，加以反对。他们说：

> 薛向小人，假以货泉，任其变易，纵有所入，不免夺商贾之利。[①]

刘琦、钱颢都因此而被贬官。但苏辙、范纯仁、李常等又相继上章反对，他们也都因此而受到罢官、免职的处分。最后苏轼又上章反对。他说：从均输法实施以来，

> 豪商大贾皆疑而不敢动，以为虽不明言贩卖，既已许之变易，变易既行，而不与商贾争利，未之闻也。[②]

从保守派的这些意见看来，均输法确实是可以把豪商富贾们过去所操持的“轻重敛散之权”收归于北宋政府手中的。从保守派之因反对此法而遭到贬斥来看，也可见宋神宗对于推行均输法是具有很大决心的。因此，不知是从什么时候开始，北宋王朝又把发运使副的权力扩大，既使他兼领“提举逐路巡检、兵甲、贼盗”，还要他兼领“都大提举江浙荆湖福建广南路银铜铅锡坑冶市舶铸钱”等职务，其职权事任真可谓繁重了。直到熙宁八年（1075）才又下了一道诏令，把发运使的职权重新做出规定：“除所管钱物斛斗，就贱入买，贵处粜卖，或就近便计置点检纲运盐矾事，及诸官吏因本司（按：指发运使司）有违法者许纠举外，其余事并不得管勾，仍只

①② 《宋史·食货志下八》“均输”。

以‘江淮荆浙等路制置盐矾兼发运使，结衔”。[1] 这就是说，把上述不知从何时起让发运使副兼领的那两项职务又一并裁减掉了。

《宋史·食货志》的《均输法》条，叙述了上所摘引的一些事件之后，终之以“然均输后迄不能成”一句，看来此法的确是未能依照原计划贯彻施行下去。

三 青苗法

1. 青苗法是对于旧的常平仓法进行改革的一种新法，所以也被称为常平新法，或仍称之为常平法。

北宋政权建立以后，曾仿效前代的办法，陆陆续续地在诸路州县城内设置了常平仓。其规定是：凡遇五谷丰收之年，为怕“谷贱伤农”，即由各州县政府酌量提高谷价，大量收籴；凡遇灾荒饥馑之年，为了照顾灾民，州县政府就再以比市价稍低的价格将仓中存粮大量粜卖。规定虽是如此，事情可并不认真这样办。有的地方官，把有限的籴本的大部分移作营私之用；有的地方官，则又“厌籴粜之烦”，不肯顺应着年景的丰凶而进行籴粜；有的则又与豪商富贾或囤积居奇的大户人家互相勾结，借收籴和出粜的机会共同渔利。在11世纪的30年代，为了兵饷不足，北宋政府还曾挪借过各地常平仓的本钱以助军费。这种种情况说明，到北宋中叶，各地方的常平仓已经有名无实，它所应当具有的调剂粮价和救

---

① 《续资治通鉴长编》卷二六七，熙宁八年八月癸卯记事。

济灾荒的作用，已经接近于完全消失了。

在常平仓名存实亡，甚或名实俱亡的情况下，有的地方官便采取另外的办法，以解决灾荒期内或青黄不接时农民的缺粮问题。除了王安石曾在鄞县举办过的“贷谷与民，立息以偿”的做法之外，还有一名叫李参的人，在其知盐山县任内，也因“岁饥，谕富室出粟，平其直与民。不能籴者，给以糟粇，所活数万”。到李参做陕西路的转运使时，由于陕西“多戍兵，苦食少，参审订其缺，令民自隐度麦粟之赢，先贷以钱，俟谷熟还之官，号青苗钱。经数年，廪有羡粮”。[①] 十分明显，李参在陕西为征购麦粟而发放的青苗钱，其主要目的是为了解决军食不足的问题。

王安石参照了他在鄞县“贷谷与民，立息以偿”的经验，并且更着重地参照了李参在陕西贷钱还谷的经验，在熙宁二年（1069）的秋季制定并颁布了青苗法。其内容可分为两部分，一部分是申明立法用意的：

> 今诸路常平、广惠仓[②]，略计千五百万以上贯、石，敛散之法未得其宜，故为人之利未博，以致更出省仓赈贷。今欲以常平、广惠仓现在斛斗，遇贵量减市价粜，遇贱量增市价籴。其可以计会转运司用苗税及钱斛就便转易者，亦许兑换。仍以现钱，依陕西青苗钱例，取民

① 《宋史》卷三三〇《李参传》。

② 广惠仓是把各地的“户绝田”由政府募人佃种，以其租课存入仓中，按其规定说，是要用以救济老幼贫疾不能自给之人。

情愿预给，令随税纳斛斗。内有愿给本色，或纳时价贵，愿纳钱者，皆许从便。如遇灾伤，亦许于次料收熟日纳钱。非惟足以待凶荒之患，又民既受贷，则于田作之时不患阙食。因可选官劝诱，令兴水土之利，则四方田事自加修益。

人之困乏，常在新陈不接之际，兼并之家乘其急以邀倍息，而贷者常苦于不得。常平、广惠之物，收藏积滞，必待年歉物贵然后出粜，而所及者大抵城市游手之人而已。今通一路之有无，贵发贱敛，以广蓄积，平物价，使农人有以赴时趋事，而兼并不得乘其急。凡此皆以为民，而公家无所利其入，亦先王散惠兴利以为耕敛补助，裒多益寡，而抑民豪夺之意也。……

另一部分是对于贷和还的一些具体规定：

其给广惠仓钱，依陕西青苗钱法，于夏秋未熟以前，约逐处收成时酌中物价，比定预支每斗价，召民情愿请领。仍常以半为夏料，半为秋料。……

五户以上为一保，约钱数多少，量人户物力，令、佐躬亲勒耆户长识认。每户须俵及一贯以上。不愿请者，不得抑配。

其愿请斛斗者，即以时价估作钱数支给。即不得亏损官本，却依现钱例纽斛斗送纳。

客户愿请者，即与主户合保，量所保主户物力多少支借。

如支与乡村人户有剩，即亦准上法，支俵与坊郭有抵当人户。①

在这一通行法令中未曾列入，而在各地方所加的补充条款中却都必须加入的，还有：

(1) 结保请领青苗钱，每保须第三等以上有物力人充甲头。

(2) 第五等户并客户，每户贷钱不得过一贯五百文，第四等每户不得过三贯文，第三等每户不得过六贯文，第二等每户不得过十贯文，第一等每户不得过十五贯文。

(3) 如依以上定额贷出之后，更有剩余本钱，其第三等以上人户，委本县量度物力，于以上所定钱数外，更添数支给。

(4) 在夏秋两次收成之后，随两税偿还所借青苗钱时，须在原借数外加纳三分或二分息钱。②

在青苗法制定和公布之后，决定先在京东、淮南和河北三路试行，“俟成次第，即令诸路施行”。但事实却是，在上述三路试行并没有多久，尚未成次第，亦即尚未取得多少成

---

① 《宋会要辑稿·食货》四之一六、一七。

② 《宋会要辑稿·食货》四之二三、二四。

绩和经验，其他诸路却也相继派去了提举官，要在全国范围内普遍推行了。

各地方的州县政府发放青苗贷款和借取青苗钱的民户归还贷款的一般情况，据王安石在《答曾公立书》中所说，是：

> 奸人者因名实之近而欲乱之，以眩上下，其如民心之愿何？始以为不请，而请者不可遏；终以为不纳，而纳者不可却。盖因民之所利而利之，不得不然也。①

在《上五事札子》当中，王安石又对宋神宗说：

> 昔之贫者举息之于豪民，今之贫者举息之于官，官薄其息而民救其乏，则青苗之令已行矣。②

当宋神宗因韩琦上疏反对青苗法而向王安石说，“常平取息，奸雄或可指以为说，动百姓”时，王安石回答说：

> 常平新法乃赈贫乏，抑兼并，广储蓄以备百姓凶荒，不知于民有何所苦？
>
> 民，别而言之则愚，合而言之则圣，不至如此易动。
>
> 大抵民利害加其身则自当知，且又无情（按情即私

① 《临川文集》卷七三。

② 《临川文集》卷四一。

心杂念），其言必应事实；惟士大夫或有情，则其言必不应事实也。①

从当时新旧两派以及不属于两派的人们的记载来看，除官绅士大夫中的那些豪强兼并的代言人，对青苗法提出这样那样的反对意见，搞得纷纷扰扰而外，在民间，在农村中，则完全没有由于青苗法而引起任何反抗事件。这说明，王安石的“不至如此易动”的推断是不错的。

王安石不把庶民看作群氓，却强调说，人民“合而言之则圣”，这与当时统治集团的其他人物相比较，也应算是难能可贵的。王安石在《〈洪范〉传》中也有论及庶民的一段，说道：

“庶民惟星，星有好风，星有好雨”，何也？言星之好不一，犹庶民之欲不同。星之好不一，待月而后得其所好，而月不能违也；庶民之欲不同，待卿士而后得其所欲，而卿士亦不能违也。故星者庶民之证也。……

“月之从星，则以风雨”，何也？言月之好恶不自用而从星，则风雨作而岁功成；犹卿士之好恶不自用，而从民，则治教政令行而王事立矣。

《书》曰：“天听自我民听，天视自我民视”，夫民者天之所不能违也，而况于王乎？况于卿士乎？

---

① 《续通鉴长编纪事本末》卷六八《青苗（上）》。

这表明，对于庶民的这种看法，乃是王安石的一贯看法。而对于有关青苗的法令，他又具有坚强的自信，认为那是“因民之所利而利之”，不是他自用其好恶，而是服从“庶民之欲”所制定的一种政令，所以他就敢于断定不会因此而引起庶民的反抗。

还不只是没有引起反抗的事件，就连王安石所说“请者不可遏”和“纳者不可却”的情况，也并不虚假。做山阴知县的陈舜俞记述该县散发青苗钱时的情况说：

> 方今小民困乏，十室八九，应募之人，不召而至，何可胜计。①

毕仲游也描述推行青苗法的情况说：

> 自散青苗以来，非请即纳，非纳即请，农民憧憧来往于州县。②

一般需要借贷的民户都借得了青苗钱，豪强兼并人家的高利贷的出路自然要被堵塞，至少必有大部分要被堵塞。这样，也就起到了王安石所说的“以其所谓害者制法而加诸兼并之

---

① 陈舜俞：《都官集》卷五《奏行青苗新法自劾状》。

② 毕仲游：《西台集》卷五《青苗议》。

人”的作用，亦即“抑兼并”的作用了。

2. 然而，对于王安石和变法派的人们所创立的各种新法，保守派人物攻击的次数最多、攻击的人数最多、最猛烈的，莫过于青苗法了。

保守派人物攻击的目标之一，是青苗法规定纳还贷款时必须加纳利息。范镇所提出的理由是：

> 且陛下嫉富民之多取而少取之，少取与多取犹五十步之与百步耳，何择焉？今有二人坐市市物，其一人从其傍下其直以相倾夺，则人皆知恶之，况朝廷乎？朝廷者，非王道不可为，乃欲为市道之所恶者乎？①

韩琦所提出的理由是：

> 详熙宁二年诏书，务在优民，公家无所利其入。今乃乡村自第一等而下皆立借钱贯百，每借一千，令纳一千三百，则是官放息钱，与初“抑兼并、济困乏”之意绝相违戾，欲民信服，不可得也。②

刘攽所提出的理由是：

① 《上神宗论新法》，见《宋诸臣奏议》卷一一一《财赋门》。
② 《韩魏王家传》卷八。

> 介甫为政，不能使民家给人足，无称贷之患；而特开设称贷之法，以为有益于民，不亦可羞哉！甚非圣人之意也。①

王安石对这种种攻击的回答是：

> 二分不及一分，一分不及不利而贷之，贷之不若与之。然不与之而必至于二分者何也？为其来日之不可继也。不可继，则是惠而不知为政，非惠而不费之道也。故必贷。然而有官吏之俸，辇运之费，水旱之逋，鼠雀之耗，而必欲广之以待其饥不足而直与之也，则无二分之息可乎？则二分者亦常平之中正也，岂可易哉？②
>
> 《周礼》泉府之官，民之贷者取息有至二十有五，而曰“国事之财用取具焉”。今常平新法预给青苗钱，取息大抵不过二分而已，即非法外擅为侵刻也。比《周礼》贷民取息立定分数已不为多；近又令预给价钱，若遇物价极贵，亦不得过二分，即比《周礼》所取尤少。于元条“欲广储蓄、量减时价”指挥不相违戾，固无失信之理。又，《周礼》国事财用取具于泉府之官赊贷之息，今常平不领于三司，专以振民乏绝，比周公之法，乃不以取具国事之财用，故云“公家无所利其入”。③

① 《彭城集》卷二七《与王介甫书》。
② 《临川文集》卷七三《答曾公立书》。
③ 《宋会要辑稿·食货》四之二四。

据此可知，只要把青苗息钱使用在与管理青苗钱粮有关的事情上，而不使用在其他的各种行政费用方面，在王安石看来，那就是“公家无所利其入”。而在农田水利法中还规定了“应有开垦废田、兴修水利、建立堤防、修贴圩埠之类，工役浩大，力所不能及者，许受利人户于常平仓系官钱斛内连状借贷支用”；王安石在与宋神宗谈及兴修水利的工作时，也曾建议说：“陛下若捐常平息钱助民兴作，何善如之！”[①] 据此二事，又可知道，把青苗息钱用在兴修农田水利等类的工作上，也同样是不被王安石列入“国事之财用取具”的范围之内，因而也仍是被他认为“公家无所利其入”的。

保守派人物所攻击的目标之二，是青苗法规定，兼并之家也必须与贫下户结成一保，依其户等而从官府借贷青苗钱，并于偿还时向官府交纳二分息钱。范镇在其《上神宗论新法》疏中说：

> 贫富之不均久矣。贫者十盖七八，何也？力役科买之数也，非富民之多取也。富者十才二三，既榷其利，又责其保任下户，下户逃则于富者取偿，是促富者使贫也。[②]

---

① 《宋会要辑稿·食货》七之二五。

② 《宋诸臣奏议》卷一一一。

毕仲游在其《青苗议》中说：

> 上户自足，无假官钱，而强与之，使出息。……名为厚民，实乃剥下；名为惠民，实有利心。①

韩琦在其请罢青苗法的奏章中说：

> 乡村上三等并坊郭有物业人户，乃从来兼并之家也，今皆多得借钱，每借一贯令纳一贯三百文，则是官放息钱也……
>
> 又乡村每保须要第三等以上有物力人充甲头，虽云“不得抑勒”，而上等之户既有物力，必不愿请，官吏既防保内近下贫户不能送纳，岂免差充甲头以备代赔也？②

司马光在其《乞罢条例司常平使者疏》中说：

> 富者常借贷贫民以自饶……今县官乃自出息钱……各随户等抑配与之……必令贫富相兼，共为保甲。……贫者得钱，随手皆尽……富者则独偿数家所负……贫者既尽，富者亦贫，臣恐十年之外，富者无几何矣。③

---

① 《西台集》卷五。
② 《韩魏王家传》卷八。
③ 《宋诸臣奏议》卷一一一。

苏辙在距青苗法的创立已三十多年之后，亦即在王安石逝世多年之后，尚在其《诗病五事》中咬牙切齿地写出了“王介甫小丈夫也……志欲破富民以惠贫民……设青苗法以夺富民之利”等等的话语，则在创立此法的当时，为了“富民之利”被夺而使保守派如何气愤，更可想见。

保守派的这些言论，其目的，无非是要尽可能维护豪强兼并之家所拥有的出放高利贷的权利。王安石在创立新法之初，既有“以其所谓害者制法而加诸豪强兼并之人”的原则，他对于这些言论自然要认为不合“义理”和“不足恤”的。因此，当宋神宗为了韩琦所提的意见而对青苗法有所疑虑时，王安石就向他说道：

> 臣以为此事至小，利害亦易明。直使州郡抑配上户，俵十五贯钱，又必令出二分息，则一户所陪止三贯钱，因以广常平储蓄，以待百姓凶荒，则比之前代科百姓出米为义仓，未为不善。况又不令抑配，有何所害，而上烦圣心过虑？臣论此事已及十数万言，然陛下尚不能无疑。如此事尚为异论所惑，则天下事何可为？①

通过这次谈话，王安石察觉到宋神宗“为异论所惑”，对青苗法有种种怀疑，从第二天起，他就“称疾不出”，并上章请求解除他的职务。宋神宗要翰林学士司马光起草一道批答王安

---

① 《续通鉴长编纪事本末》卷六八《青苗（上）》。

石奏章的诏旨，敦促王安石照常出而视事，司马光却利用这一机会，作为他进行政争的重要一环。他在代拟的这一道诏旨中，借用宋神宗的口吻把王安石痛加斥责了一番：

朕以卿材高古人，名重当世，召自岩穴，置诸庙朝，推心委诚，言听计用，人莫能间，众所共知。今士夫沸腾，黎民骚动，乃欲委远事任，退处便安。卿之私谋，固为无憾，朕所素望，将以诿谁？祗复官常，无用辞费！①

很明显，司马光是绝不愿意王安石再出而视事的，他是想用这些话激怒王安石，要使他愤愤然辞职不干的。王安石接到这道诏旨之后，大怒，立即“抗章自辩”。宋神宗看到这封《自辩章疏》，才恍然大悟，原来司马光所拟诏旨是别有用心的，于是封还了王安石的《自辩章疏》，并亲笔写了一封向他道歉的回谕说：

诏中二语，乃为文督迫之过，而朕失于详阅，今览之，甚愧！②

司马光的诡计没有得逞。十天之后，王安石出而视事，宋神

① 《司马文正公传家集》卷一六。

② 《续通鉴长编纪事本末》卷六八《青苗（上）》。

宗接见他时解释说：

青苗法，朕诚为众论所惑。寒食假中静思，此事一无所害，极不过失陷少钱物尔，何足恤？①

王安石回答说：

但力行之，勿令小人坏法，必无失陷钱物之理。预买绸绢，行之已久，亦何尝失陷钱物？

一场轩然大波，到此才暂时平息下去。从此以后，王安石对于青苗法持之益坚，宋神宗听到反对派的议论时，也不再像前此那样动摇了。

四　免役法（或称募役法）

1. 免役法是对于旧来行用的差役法的改革。

北宋的纳税户，在王安石变法之前，除交纳赋税之外，还都要依其户等的高低而轮流到各级政府去服差役（也叫作职役）。当时的差役有以下几种：

衙前——主管运送官物或看管府库粮仓或管理州郡长官厨房等。

里正、户长、乡书手——掌管督催赋税。

---

① 《续通鉴长编纪事本末》卷六八《青苗（上）》。

承符、人力、手力、散从官——供州县衙门随时驱使。

耆长、弓手、壮丁——“逐捕盗贼”。

为了分派差役，北宋政府把民户分为九等，并且规定，下五等户一律免役，上四等户则量其家产而分别给以轻重之役：第一等户轮充衙前、里正；第二等户轮充户长、乡书手、耆长等；弓手、壮丁则皆由第三、四等户差充。但是，这些规定实际上有似虚文。因为，官绅豪强大地主都有免役特权；在政府衙门中有个挂名职务，例如太常寺的乐工之类，也可以有免役特权；进士及第的人家和僧、道、女户和单丁户全都免役；城市居民和商贾也都免役。这样，各种差役就都落在地主阶级的中下层和比较富裕的自耕农民的身上了。这在宋真宗乾兴元年（1022）就已有人上疏加以议论：

> 且以三千户之邑，五等分类，中等以上可任差遣者约千户，官员、形势、衙前将吏不啻一二百户，并免差遣；州县乡村诸色役人又不啻一二百户；如此则三二年内已总差遍，才得归农，即复应役。①

欧阳修在《乞义勇指挥使代贫民差役状》中所说河东路的情况也是如此：

> 兼自兵事以来，州县差役频并，素来力及之户，累

① 《宋会要辑稿·食货》一之二〇。

> 世勤俭积蓄，只以三五年重叠差役，例各减耗贫虚，逃亡破败。而州郡事多，差役难减，往往将第三第四等人差充第一等色役。亦有主户少处，差稍有家活客户充役勾当。①

河东路的客户有被差服役的，其他各路也未必无此同类情况，只是我们现在没有看到文字记载罢了。

在各种名目的差役中，负担最沉重的是衙前，其次是里正。轮充衙前的人，如遇仓库财物或运送的官物有伤耗损失，必须照数赔偿。外州的衙前，押送上贡物资到开封，因受库吏的勒索阻难，挑剔成色，每致长时期不得归还。因此，凡轮充此役的，就大都不免于倾家荡产的后果。司马光于英宗治平二年（1065）五月所上《论修造札子》有云：

> 臣伏见近日以来，修造稍多，只大内中自及九百余间，以致皇城诸门，并四边行廊，及南黄门之类，皆非朝夕之所急，无不重修者，役人极多，费财不少。……臣请且言诸州买木一事，扰民甚多。衙前皆厚有产业之人，每遇押竹木纲，散失陪填，无有不破家者。②

轮充里正的，如遇乡里中有不能按期交纳赋税的，或根本无

① 《欧阳文忠公集》卷一一五。
② 《司马文正公传家集》卷三五。

力交纳赋税的，或税户逃亡了的，都得先为垫付或代为交纳。遇有恶霸地主，里正无法催税，也必须代交。因此，一充里正，也往往是“倾家而不能给”。

衙前、里正之外的其他差役，也同样是纳税户的一种沉重的负担，苏辙在其《再言役法疏》中对此曾有所概述：

> 国朝因隋唐之旧，州县百役并差乡户，人致其力以供上使，岁月番休，劳佚相代。吏若循理，不以非法加民，则被役之人本无大苦。然役人既是税户，家有田产，诛求必得；吏少廉慎，凡有所须，不免侵取。故祖宗之世，天下役人除正役劳费之外，上自衙前，有公使厨、宅库之苦；中至散从官、手力，有打草供柴之劳；下至耆长、壮丁，有岁时馈送之费。习以成俗，恬不为怪。民被差役，如遭寇虏。神宗皇帝昭知此害，始议立免役之法。[①]

人们千方百计地逃避这种种差役，特别是繁重不堪的衙前差役，因而产生了一系列的社会问题。有的人把田产隐寄于官绅人家或形势户，冒称他们的佃客；有的人尽量少养牛马，少耕种几亩田地，甚至尽量少种一些桑麻，借以降低自己的户等；有的则抛弃本乡本业而流亡异地，忍令自己的田园趋于荒芜。这样，就使农业生产受到极严重的影响。

---

① 《栾城集》卷三八。

有些负一路之责的官吏或负一州之责的官吏，从宋仁宗在位的晚期开始，就已在个别地区试行了对衙前之役的改革办法。例如，张诜在做越州通判时，因为当地民户“患苦衙前役”，他就“科别人户，籍其当役者，以差人钱为雇人充”。[①] 钱公辅做明州知州时，因看到应衙前役的乡民“破产不能供费”，就把当地的酒场改为官卖，把从酒场所得，分别役之轻重而偿以钱，一概不再调乡户充役。[②] 李复圭做两浙转运使时，因“浙民以给衙前役多破产”，“悉罢遣归农，令出钱，助长名人承募”。[③] 后来成为保守派首脑人物的司马光，也在嘉祐七年（1062）所上的《论财利疏》中说：

> 臣愚以为，几农民租税之外宜无有所预，衙前当募人为之，以优重相补；不足，则以坊郭上户为之。彼坊郭之民，部送纲运，典领仓库，不费二三，而农民常费八九。何则？儇利、戆愚之性不同故也。其余轻役则以农民为之。[④]

宋神宗即皇帝位之后，三司使韩绛也上疏陈说差役的弊害，特别是衙前重役“戕贼农民”的种种情况，希望神宗下诏，令内外臣僚“悉具差役利害以闻”，裁定一种妥善办法，以便

---

① 《宋史》卷三三一《张诜传》。
② 《宋史》卷三二一《钱公辅传》。
③ 《宋史》卷二九一《李复圭传》。
④ 《司马温公集》卷二三。

使“农民知为生之利，有乐业之心”。神宗采纳了这一建议，下诏指出：“州县差役仍重，劳逸不均，喜为浮冗之名、不急之务，以夺农时而害其财”，要内外官吏“有知差役利害可以宽减者，实封条析以闻”。

这道诏令下了之后，各地官吏纷纷上疏，陈说役法利害。远在四川梓州路做转运使的韩琦，也根据该路具体情况而做出一个“并纲减役”的建议：“本路团并陆路纲运，共减一百三十八纲，并减定本路诸州军监远近接送牙前、及减罢押纲随送得替官员衙前共二百八十三。”另外，又“省诸州军监县差役公人，共五百一人”。[①] 韩琦还建议全国各地州郡都应当把所用吏员名额严加裁定。[②]

上述种种说明，到王安石入参大政之日，差役旧法的弊病已极为严重，对于这项法制的改革，已经成为朝野上下的普遍要求。因此，王安石在执政之后，在制定推行青苗法、农田水利法的同时，也把如何改革役法的事作为他着重考虑的问题之一。

全国各地土俗不同，各州县人口的疏密不等，贫富不等，各地差役之轻重多少也因之而有一定程度的区别。这是在制定新的役法时必须照顾到的。正是因为考虑到有这样的复杂性，王安石和制置三司条例司的官员们经过比较周密的斟酌讨论之后，在熙宁二年（1069）的十二月，才只确定了一个

① 《宋会要辑稿·食货》六六之三三——三五。
② 《宋史》卷三三〇《韩琦传》。

总的原则，那就是："应昔于乡户差役者，悉计产赋钱，募民代役，以所赋钱禄之。"并在这一总原则下，订立了一些条目，交付于各路的转运使和各州县的官吏们去"论定"，以期"博尽众议"。所订立的条目是：

（1）各州县的衙前重役和承符、散从官、弓手、典吏等役，不再由各地上四等的民户轮流应差，改为雇募第三等以上的税户充当，随其役之轻重而规定其禄钱（也叫工食钱）多少。当召募弓手时，要试武艺；典吏，要试书计。

（2）运送官物和主管仓库、公使库、场驿等事，不再作为衙前的职任。皆改由"军员"负责主管，每人月给食钱三千文左右。

（3）耆长、户长等仍由第一二等户轮流担任，只负责一甲内的征收赋税诸事，一年轮换一次。应役期内，免纳役钱十五贯。壮丁由不纳役钱的下等户充。

（4）凡前此应依次轮充差役的四等以上户，既不再服役，就都要依其所有土地的数量，随同夏秋二税交纳"免役钱"。

（5）女户、单丁户、未成丁户、僧道户和城市中的上五等户，旧无差役负担者，也一律按其田产数量减半出钱，称为"助役钱"。官绅形势户也不得再享有免役特权，也要按其户等或田产数量减半交纳助役钱。

（6）根据"以一州一县之力，供一州一县之费；以一路之力，供一路之费"和"诸路各从所便为法"的原则，诸路州县均须分别预计一年应用雇值若干，由各该州县的上四等民户分别摊纳。在实际应用数目之外，还必须多取百分之二十，称为免役宽剩钱，贮存起来以备水旱灾荒年份之用，到那时就不再向民户征取免役钱了。[1]

逐级的有关官员对这项新法同意之后，从熙宁三年（1070）的冬季起，首先在开封府界内的州县试行。先把所订立的条目"揭示一月"，须待"民无异词"，然后才照条目实施。在开封府界施行了一年，取得了一些经验之后，便在熙宁四年（1071）的十月朔向全国各地公布施行。而在各地实施之前，也仍然要先把新法条目"揭示一月"，须待"民无异词"，然后推行。

其所以要收取免役宽剩钱，这与青苗取息二分的用意大致相似。对此，曾布曾在答复保守派的反对言论时做过如下的说明：

> 今役钱必欲稍有羡余，乃所以备凶年，为朝廷推恩蠲减之计，其余又专以兴田利，增吏禄。[2]

王安石也曾向宋神宗说过：

> 若遇本路州军有凶年，以（免役宽剩钱）募人兴修水利，即既足以赈救食力之农，又可以兴陂塘沟港之废。

---

① 以上诸条目皆据《文献通考》卷一二《职役考》及《续资治通鉴长编》卷二二七熙宁四年十月壬子朔记事编写。

② 《续资治通鉴长编》卷二二五，熙宁四年七月戊子记事。

陛下但不以此钱供苑囿陂池侈服之费，多取之不为虚也。①

把“免役宽剩钱”用在诸如此类的一些用途上，这在王安石和变法派人们看来，大概也同样认为是“公家无所利其入”，不算是“国之财用取具”的。

在制定免役法的过程中，王安石还曾向宋神宗说过：

今所以未举事者，凡以财不足故。故臣以理财为方今先急。未暇理财而先举事，则事难济。臣固尝论天下事如弈棋，以下子先后当否为胜负。又论理财以农事为急，农以去其疾苦，抑兼并，便趣农为急。此臣所以汲汲于差役之法也。②

由此可见，在有关理财的各种新法当中，免役法是被王安石认作最为重要的一种。而其所以如此，则是由于，从王安石看来，通过免役法的实施，是可以一举三得地收取到“去其疾苦、抑兼并、便趣农”这三种效果的。这从王安石的一些言论中可得到印证。例如，当谏官刘挚上疏反对募役法时，《续资治通鉴长编》载有王安石与宋神宗的一段谈话如下：

① 《续资治通鉴长编》卷二三七，熙宁五年八月辛丑记事。
② 《续资治通鉴长编》卷二二〇，熙宁四年二月庚午记事。

上因刘挚言，与王安石论助役事，安石辩数甚力。

上曰："无轻民事，惟艰。"

安石曰："陛下固知有是说，然又须审民事不可缓。"

上曰："修水土诚不可缓。"

安石曰："去徭役害农，亦民事也。岂特修水土乃为民事？……"①

这是说免役法对农民具有"去其疾苦"的作用。《续资治通鉴长编》还载有王安石和宋神宗的一段谈话：

上谓安石曰："浙西役钱，上等有一户出六百贯者。然如此数十户皆兼并，多取之无妨。……"

安石曰："出六百贯者或非情愿，然所以摧兼并，当如此。……"②

这是说免役法具有"抑兼并"的作用。在王安石的《上五事札子》中有论及免役法的一段，说道：

免役之法，出于《周官》府史胥徒，《王制》所谓"庶人在官"者也。然而九州之民，贫富不均，风俗不齐，版籍之高下不足据，今一旦变之，则使之家至户到，

① 《续资治通鉴长编》卷二二四，熙宁四年六月戊午记事。

② 《续资治通鉴长编》卷二三七，熙宁五年八月辛丑记事。

> 均平如一，举天下之役人人用募，释天下之农归于畎亩，苟不得其人而行，则五等必不平，而募役必不均矣。故免役之法成，则农时不夺而民均矣。①

这是说免役法可“释天下之农归于畎亩”，对农民具有“便趣农”的作用。

从这里也可以更清楚地看出，王安石的所谓制裁兼并，始终都只是限制在他所说的“以其所谓害者制法而加诸兼并之人”的限度之内，只是使兼并之家多出一些免役钱而已。想以此而达到使兼并之家“不敢保过限之田”的目的，无疑是办不到的。而对于官户和城市当中的兼并之家，只令其按田产或家资等第，比照原服役人户减半输纳助役钱，就连宋神宗都以为未免太少了。《续资治通鉴长编》载有神宗和王安石关于此事的一段谈话说：

> 上初疑官户取助役钱少，安石因是白上曰：“官户、坊郭户取役钱诚不多，然度时之宜，止可如此，故纷纷者少。不然，则在官者须作意坏法，造为论议；坊郭等第户须纠合众人，打鼓截驾，遮执政；恐陛下不能不为之动心。若陛下诚能熟计利害而深见情伪，明示好恶赏罚，使人人知政刑足畏，则奸言浮说自不敢起，诡妄之计自不敢施，豪猾吏民自当帖息。如此，虽多取于兼并

① 《临川文集》卷四一。

豪强以宽济贫弱，又何所伤也。”①

这又可见，对于官僚地主人家，对于城市中的豪商富贾，王安石还把自己所定的制裁幅度打了一个对折，实际上就是不敢更大幅度地去触动他们的既得权益，因而就以种种借口对他们实行妥协和让步。

不过，对于官户所征取的助役钱，是否“减半”，也还存在着另外几条互相矛盾的记载。例如，《续资治通鉴长编》于熙宁五年十二月庚寅载：

> 李中师前知河南府（按即洛阳），时朝廷初令民出钱免役，中师率先诸州推行。富弼告老家居，中师籍其户等，令与富民均出钱。

《宋史》的《李中师传》则以为李中师对富弼怀有私憾，特地乘此机会对他进行报复。倘是如此，则似乎只有李中师对待富弼这一官户不使其减半输纳役钱，而另外的富户则是减半的。但是，在《宋史·神宗纪》中，却于熙宁八年（1075）八月丙申载：“减官户役钱之半”。《续资治通鉴长编》于同一日也更详细地记载了这一诏令：

> 诏：“官户输役钱，免其半。所免虽多，各毋过二十

① 《续资治通鉴长编》卷二二三，熙宁四年五月庚子记事。

千。两县以上有物产者通计之。两州两县以上有物产者，随所在输钱，等第不及者并一多处。”以司农寺言“官户减免钱数及人户两处有产业者，出钱不一”故也。

《续资治通鉴长编》于这一年的九月辛巳又载一事说：

> 司农寺言：“州县官户多处，例减免役钱，则人户出钱偏重，不为之节制，则人户经久不易。今方造簿，欲诏诸县：产钱十分，官户占及一分以上，官户止减役钱一分；所免虽多，毋过二十千。两州两县以上有产者亦通计。”从之。

从《续资治通鉴长编》熙宁八年八月丙申条所载司农寺的话看来，可知当时官户交纳助役钱的标准，各地方是不一致的。那就必然是，有的地方按照“免役法”条文的规定执行了，使官户减半输纳；有的地方却并不如此，而是像李中师对待富弼那样，“令与富民均出钱”。由于“免役法”条文中原来就有官户减半输纳的规定，而也确有遵照这条规定实行的，所以在熙宁五年宋神宗就认为官户所出助役钱未免过少；又因有些地方不肯依照条文规定实行，使官户受不到减半输纳的优待，所以熙宁八年八月又重申“官户出助役钱减其半”的规定。官户所减之数，都是要转嫁到当地一般的纳税户身上的，倘是官户较多的州县，则转嫁之数过多，又将形成一般纳税户力难负荷的重担，所以在《续资治通鉴长编》的八、九两月的记载当中，在提到减免官户役钱的同时，又做出了“所免虽多，毋过二十千”的限制。这条限制如真能得到贯彻执行，则大部分官户所减免的，必然不及一半之数，甚或远远不及。如果这样，则免役法对于官户的优待便极为有限了。可惜的是，对这条限制的贯彻执行情况，我们已全然无可查知了。

免役法首先在开封府实施，实施之后立即收到了很好的效果。在熙宁三年（1070）的十二月上旬，权知开封府的韩维就向皇帝陈报说：

> 本府衙司投名及乡户衙前等，人数差遣不均，良民颇受其害。盖由条例繁杂，猾吏缘以舞弄。今相度：减罢本府乡户衙前八百三十五人，总减重难十八万一千余缗。其诸处勾当，或召税户及诸色人，或就差现充押录，或创差三司军将，或更不差人。①

在得到皇帝的同意之后，事情就这样办了，而其结果，如当时做咸平县知县的范百禄所说：“役法之行，罢开封府衙前数百人，而民甚悦。”②《续资治通鉴长编》也说：“事既行，时以为便，乃降诏奖谕。”但到半年之后，发生了两次风波：其一是，东明县的几百家民户，声言户等被提升得不当，知县

① 《续资治通鉴长编》卷二一八，熙宁三年十二月乙丑记事。
② 《范太史集》卷四四《范百禄墓志铭》。

贾蕃不予受理，遂相率突入王安石的住宅控诉，经王安石当面解说之后退回；其二是，开封府界内的一些“大户”声言，愿依旧充役而不愿交纳免役钱。后来北宋政府下了一道诏令说，上三等户之不愿纳钱而愿依旧充役的，可以依照其旧来服役的时限赴官充役，更不令纳役钱；并禁止将四等以下户升于三等。所产生的两个问题都得到了解决。到下一年的冬季，把免役法向全国公布并向全国推行之后，正如王安石自己所说的那样：“缘以今之官吏行今之法，必多轻重不均之处。”① 在推行过程当中，不免又发生这样或那样的一些问题。例如，在四川的利州路，每年应用募役费用为九万六千余贯，却从民间敛取了三十三万余贯；在河北的镇定州，有逼迫居民拆卖屋木以纳役钱的。但是，严重到像利州路那样的问题，当时就遭到了揭发和制止，一般说来，则基本上没有发生太多太大的问题。

2. 然而这并不是说，在制定和推行免役法的过程当中，没有受到保守派人物的攻击和阻挠。实际情况是，自从在制置三司条例司中开始商讨改变役法之始，他们就开始其反对活动，而打头阵的则是司马光和苏轼、苏辙等人。苏辙在其《制置三司条例司论事状》中所提反对改变役法的理由是：

> 徭役之事，议者甚多，或欲乡户助钱而官自雇人，或欲使城郭等第之民与乡户均役，或欲使品官之家与齐

---

① 《续资治通鉴长编》卷二五一，熙宁七年三月庚戌记事。

民并事，此三者皆见其利不见其害者也。

役人之不可不用乡户，犹官吏之不可不用士人也。有田以为生，故无逃亡之忧；朴鲁而少诈，故无欺谩之患。今乃舍此不用，而用浮浪不根之人，辙恐掌财者必有盗用之奸，捕盗者必有窜逸之弊。……然议者皆谓："助役之法，要使农夫专力于耕。"辙观三代之间，务农最切，而战阵、田猎皆出于农，苟以徭役较之，则轻重可知矣。

城郭人户虽号兼并，然而缓急之际，郡县所赖：饥馑之岁，将劝之分以助民；盗贼之岁，将借其力以捍敌。故财之在城郭者与在官府无异也。方今虽天下无事，而三路刍粟之费，多取京师银绢之余，配卖之民皆在城郭，苟复充役，将何以济？故不如稍加宽假，使得休息。此诚国家之利，非民之利也。

品官之家，复役已久。议者不究本末，徒闻汉世宰相之子不免戍边，遂欲使衣冠之人与编户齐役。夫一岁之更不过三日，三日之雇不过三百；今世三大户之役①，自公卿以下无得免者。以三大户之役而较三日之更，则今世既已重矣，安可复加哉?②

---

① 《五代会要·团貌》载：后周显德五年十月，诏"诸道州府令团并乡村。大率以百户为一团，选三大户为耆长。凡民家之有奸盗者，三大户察之；民田之有耗登者，三大户均之"。北宋前期大概还沿用这种办法，故苏辙为大户叫苦。

② 《栾城集》卷三五。

应“制科”之举的孔文仲，在其对策当中，“力言王安石所建理财训兵之法为非是”。他对于“免役法”所提的反对意见，因为确实是代表官绅豪强大地主们说了心中话，所以曾引起保守派人物韩维、陈荐、范镇等人的共鸣。① 他的《制科策》说：

今之所谓上户者，征敛甚厚而其力困；所谓下户者，庸役不及而其势逸。而上户居其一，下户居其十。是常困其一而逸其十也。

家有二夫，古者皆出一兵，今皆逸之而不能用，反敛有限之谷帛，以给不耕之堕民，此岂周公之志哉？②

司马光则在熙宁三年（1070）二月所写的《与王介甫书》中说：

又置提举广惠仓使者四十余人，使行新法于四方，先散青苗钱，次欲使比户出助役钱……

夫侵官乱政也，介甫更以为治术而先施之；贷息钱鄙事也，介甫更以为王政而力行之；徭役自古皆从民出，介甫更欲敛民钱雇市佣而使之。此三者常人皆知其不可，而介甫独以为可。……③

① 《宋史》卷三四四《孔文仲传》。

② 《舍人集》卷一。

③ 《司马温公集》卷六〇。

同年十一月，司马光在其《乞免永兴军路青苗助役钱札子》中又说：

……今又闻议者欲令州县将诸色役人一时放罢，官为雇人祗应，却令人户均定免役钱，随二税送纳；乃至单丁、女户、客户、寺观等，并令均出。若果行此法，其为害必更甚于青苗钱。何则？上等人户自来更互充役，有时休息，今岁岁出钱，是常无休息之期也；下等人户及单丁、女户等从来无役，今尽使之出钱，是孤贫鳏寡之人俱不免役也。若钱少则不足以雇人，若钱多则须重敛于民。雇人不足，则公家缺事；重敛于民，则众心愁怨。自古以来，徭役皆出于民，今一旦变之，未见其利也。

且受雇者皆浮浪之人，使之主守官物则必侵盗，使之干集公事则必为奸，事发则挺身逃亡，无有田宅宗族之累。建议者亦自知其不可，乃云“若雇召人不足，即依例轮差”。若支与逐处所定雇钱足了役事，则自当有人应募；今既无人应募，必是钱少不足充役。是徒有免役之名，而役犹不免，但无故普增数倍之税也。

彼青苗钱以债与民而取其息，已是困民之法，今又使横出数倍之税，民安有不困蹙者哉！①

① 《司马温公集》卷四二。

苏轼在熙宁四年二月写给宋神宗的《万言书》中，在反对兴修农田水利的一段文字之后，就又进而反对改革役法，说道：

> 自古役人必用乡户，犹食之必用五谷，衣之必用桑麻，济川之必用舟楫，行地之必用牛马。虽其间或有以它物充代，然终非天下所可常行。今者徒闻江浙之间数郡雇役，而欲措之天下，是犹见燕晋之枣栗，岷蜀之蹲鸱（按即大芋头），而欲以废五谷，岂不难哉？
>
> 又欲官卖所在坊场以充衙前雇直，虽有长役，更无酬劳。长役所得既微，自此必渐衰散，则州郡事体，憔悴可知。
>
> 士大夫捐亲戚、弃坟墓以从宦于四方者，宣力之余亦欲取乐，此人之至情也。若凋敝太甚，厨传萧然，则似危邦之陋风，恐非天下之盛观。①

做枢密使的文彦博和做枢密副使的冯京也都对改革役法持反对态度。《续资治通鉴长编》记其事云：

> （熙宁四年三月）戊子，上已假，上诏二府对资政殿。……
>
> 文彦博曰："朝廷施为，务合人心，以静重为先。凡

---

① 《苏轼文集》卷二五。

事当先采众论，不宜有所偏听。陛下即位以来，励精求治，而人情未安，盖更张之过也。祖宗以来，法制未必皆不可行，但有废坠不举之处耳。”

上曰：“三代圣王之法固亦有弊，国家承平百年，安得不小有更张?”

王安石曰：“朝廷但求害民者去之，有何不可？万事颓堕如西晋之风，兹益乱也。”……

冯京曰：“府界既淤田，又修差役，作保甲，人极劳敝。”

上曰：“淤田于百姓有何患苦？……兼询访邻近百姓，亦皆以免役为喜。盖虽令出钱，而复其身役，无追呼刑责之虞，人自情愿故也。”……

文彦博又言：“祖宗法制具在，不须更张以失人心。”

上曰：“更张法制，于士大夫诚多不悦，然于百姓何所不便?”

彦博曰：“为与士大夫治天下，非与百姓治天下也。”

安石曰：“法制具在，则财用宜足，中国宜强；今皆不然，未可谓之法制具在也。”

宋末元初的马端临，在《文献通考》的《职役考》中也记载了这一件事，并在其后加了一段短评说：

按：潞公（按即文彦博）此论失之。盖介甫之行新法，其意勇于任怨，而不为毁誉所动。然役法之行，坊郭、品官之家尽令输钱，坊场、酒税之入尽归助役，故士大夫豪右不能无怨，而实则农民之利。此神宗所以有“于百姓何所不便”之说。而潞公此语，与东坡所谓“凋敝太甚，厨传萧然”云者，皆介甫所指以为流俗干誉不足恤者，是岂足以绳其偏而救其弊乎！

继苏氏兄弟和司马光之后，出而力攻免役法的，还有御史中丞杨绘和监察御史刘挚等人，他们所举述的理由，大致与苏辙、司马光所举述的无甚差别，因而在这里没有再加以摘引的必要。现在且研究一下保守派极力反对免役法的实质问题之所在。

如我在前面所征引的，司马光早在嘉祐七年（1062）所上的《论财利疏》中就已提出了“凡农民租税之外宜无有所预，衙前当募人为之”的主张，何以到变法派要征收免役钱，募人充衙前等役时，他和保守派的所有人又都坚决反对，一口咬定衙前等役非用乡户和农民不可呢？很简单也很明了，问题就发生在免役法中规定，过去享受免役特权的豪强形势户和官户等，也都必须按照等第出钱之故。变法派在制定免役法时，对保守派之必会反对，也早已料想到了：

方今州县差役，尤为民事之难，而今之条约，务在除去宿弊，使民乐从。然所宽优者村乡朴蠢不能自达之穷氓，所裁取者乃仕宦、并兼、能致人言之豪右，若经制一定，即衙司县吏又皆无以施诛求巧舞之奸，故新法

> 之行，尤所不便。①

苏辙和司马光等人，就是代表了“仕宦、并兼、能致人言之豪右”出来说话的。

苏辙的话说得比较简捷了当，没有加以文饰和掩盖；司马光的话则对于自己的真实观点立场颇有一些遮遮掩掩，例如，他一方面说免役法使上等户年年出钱，无有休息，因而它对于上等户是有害的；同时却又说免役法也令下等人户出钱，加重了下等户的困苦，因而它对于下等户也是有害的。前一种理由，所表达的是司马光的真实观点立场，而后一种理由，则是用来掩盖他的真实观点立场的。因为，在元祐元年（1086）司马光做了宰相，要卤莽灭裂地“罢免役、行差役”时，知枢密院的章惇在驳斥他的意见时曾举述了一事说：

> （司马光乞罢免役行差役札子）称：“若以衙前乡户力难以独任，即乞依旧于官户、僧寺、道观、单丁、女户有屋业每月掠钱及十五贯，庄田中年所收斛斗及百石以上者，并令随贫富等第出助役钱。不及此数者放免。其余产业并约此为准。”
>
> 臣看详：……令凡庄田中年所收百斛以上亦纳助役钱，即尤为刻剥。凡内地中年百石斛斗，粗细两色相兼，共不过值二十千钱；若是不通水路川军，不过值十四五

① 《续资治通鉴长编》卷二二七，熙宁四年十月壬子记事。

> 千而已；虽是河北缘边，不过可值三十来千；陕西、河东缘边州郡四五十千；免役法中皆是不出役钱之人。似此等第官户、寺观，送纳固已非宜，况单丁、女户尤是孤弱，若令出纳，岂不更为深害？此尤不可施行。①

从章惇的这段话中可以看出两个问题：第一，根据免役法的规定，农村民户当中在平常年份岁收粗粮细粮在百石以下的，全不交纳免役钱或助役钱，这和曾布驳斥杨绘、刘挚的奏章中所说“下等人户尽除前日冗役而专充壮丁，且不输一钱，故其费十减八九”② 的情况是完全相同的。既是如此，如何能得出司马光所说的，免役法令下等户出钱，加重下等户的困苦，因而对下等户也是有害的结论呢？第二，司马光既然宣称废罢免役法是为了减除下等民户的痛苦，何以偏偏要向前此在“免役法中皆是不出役钱”的，包括单丁、女户在内的那些下等民户征收助役钱呢？所以，归根结底说来，司马光等保守派人物之所以反对免役法，只是为了要维护官绅豪强兼并人家所久经享有的免役特权而已。到此，也可以附带地解决另一问题，那就是，司马光在嘉祐七年之所以提出“凡农民租税之外当一无所预，衙前当募人为之”的主张，必是由于他当时只设想从政府的税收当中拨出一部分作为雇募役人的费用，那样就丝毫不会触动官绅豪强兼并人家免税免

① 《续资治通鉴长编》卷三六七，元祐元年二月丁亥记事。
② 《续资治通鉴长编》卷二二五，熙宁四年七月戊子记事。

役的既得利益；而变法派所创立的免役法，与他所设想的却大不相同，对于官绅豪强兼并阶层所享有的特权有相当程度的触犯，因此，他就不顾自己前后自相矛盾，又拼命地主张衙前非用乡户和农民不可了。

保守派人物反对免役法的另一借口，是说北宋的赋税已经很重了，现在，在两税和另外的一些税敛名目之外，又要征收免役钱、助役钱和免役宽剩钱，这就是使负担成倍地加重。甚至宋神宗也觉得“民供税敛已重”，因而向王安石提出，不要把原在下等的纳税户“升等”使交纳役钱。

王安石在答复宋神宗的提议时说：

> 陛下以为税敛甚重，以臣所见，今税敛不为重，但兼并侵牟尔，此荀悦所谓“公家之惠优于三代，豪强之暴酷于亡秦”。①

北宋政府加在纳税户身上的税敛，除了两税之外，还有丁口之赋和杂变之赋，还有名为“和籴粮米”和“和买绢帛”而实则近似无偿交纳的各种负担。这对一个自耕农民或半自耕农民来说，确实是很重的负担。就连宋神宗有一次也曾说道：“天下之民，所纳二税，至有十七八种者，使吾民安得泰然也！”② 神宗不加分析、不加区别地认为所有的纳税户都因为

① 《续资治通鉴长编》卷二二三，熙宁四年五月丙午记事。
② 《续资治通鉴长编》卷二五二，熙宁七年四月乙亥记事。

交纳繁重的赋税而不得“泰然”，这当然是不对的；地主阶级，特别是其中的中上层，把从农民身上剥削来的地租抽取若干分之一，作为课税而交纳给政府，这有什么“不得泰然”的呢？但如果把宋神宗的这几句话只用在仅仅占有小片土地的广大农民身上，却是与实际情况完全符合的。因此，王安石不考虑其中的大多数是经济情况极艰窘的自耕或半自耕农民，而笼笼统统地说“今税敛不为重”，这也是完全错误的。根据这种错误观点而制定的新法，对于真正的农民来说，又如何能真正“去其疾苦”呢？但如果专对依靠剥削农民的剩余劳动（即地租）为生的地主阶级的各个阶层来说，则说“今税敛不为重”是没有什么不可以的。王安石引用了荀悦《汉纪》中的话作为他的“今税敛不为重，但兼并侵牟尔”的理论根据，可惜他只引用了两句，为了能更充分地说明问题，今把荀悦这段话的全文抄录于下：

> 古者什一而税，以为天下之中正也。今汉氏或百一而税，可谓鲜矣；然豪强富人，占田逾侈，输其赋太半。官收百一之税，民输太半之赋（地租）。公家之惠优于三代，豪强之暴酷于亡秦，是上惠不通，威福分于豪强也。今不正其本，而务除租税，适足以资豪强耳。

荀悦所说的薄税敛和除租税适足以资豪强的道理，不只适用于汉代，而是在中国封建社会全部历史时期之内都可以适用的，因而在北宋一代也照样可以适用。王安石正是根据这一道理而在免役法中规定，凡属农村的上三等户和城市中的上五等户，即当时被公认为兼并之家的，都要在旧来已有各种有名无名的课税之外，再交纳一份免役钱或助役钱。王安石以此作为制裁兼并之家的最重要手段，对于制裁兼并虽只能发生极其有限的作用，但是，他毕竟还是在制定新的役法之时寓有此种用意，这在当时封建统治阶级的上层人物当中，已经是很不易得的了。而对于保守派所提出的免役法“又使（纳税民户）横出数倍之税”的攻击，王安石斥之为“浅近人之议论”，认为“不足恤”，这也更证明，王安石与保守派人物相较，其见解确实是高出一筹的。

五 市易法

王安石和变法派所制定推行的市易法，大致上是以西汉中叶桑弘羊所推行的平准法为借鉴而建立的。其目的是要把都城开封和其他较大的商业城市中市场物资的“开阖敛散之权”，主要是对物资价格的规定以及对物价起落的操纵之权，从豪商富贾的手中夺取到政府手中，一则可使物价能基本稳定，二则可使一般小商贩得免于豪商富贾的欺凌压榨，三则北宋政府可以分享一向归豪商富贾所独享的部分利权。所以王安石在一次与宋神宗对话时说：“直以细民久困于官中需索，又为兼并所苦，故为立（市易）法耳。”① 又在《上五事札子》中向神宗说道：“市易之法成，则货贿通流而国用

① 《续资治通鉴长编》卷二四二，熙宁六年正月辛亥记事。

饶矣。”

市易法是在熙宁五年（1072）三月公布和实施的。但是，早在熙宁三年（1070），被宋廷任用为秦凤经略司主管机宜文字的王韶，就曾向北宋政府建议说：居于北宋西北边境外的那几个少数民族，每年到秦凤路（包括今青海、甘肃和陕西三省的各一部分）来与汉族人民进行贸易，每年的贸易额“不知几百千万”，“而商旅之利尽归民间。欲于本路置市易司，借官钱为本，稍笼商贾之利。即一岁之入，亦不下一二十万贯”。北宋政府采纳了王韶的建议，就在作为蕃、汉交通孔道的陇西古渭寨（今甘肃陇西县境内）设置了一所市易务，把这地区的蕃、汉贸易之权完全掌握在政府手中。

大约是在熙宁五年的年初，有一个自称草泽的魏继宗上疏给北宋政府说：

> 京师百货所居，市无常价，贵贱相倾，或倍本数。富人大姓皆得乘伺缓急，擅开阖敛散之权。当其商旅并至而物来于非时，则明抑其价使极贱，而后争出私蓄以收之；及舟车不继而京师物少，民有所必取，则往往闭塞蓄藏，待其价昂贵而后售，至取数倍之息。以此，外之商旅无所牟利，而不愿行于途；内之小民日愈朘削，而不得聊其生。财既偏聚而不泄，则国家之用亦尝患其窘迫矣。
>
> 古人有言曰：“富能夺，贫能与，乃可以为天下。”则当此之时，岂可无术以均之也？

况今榷货务自近岁以来，钱货实多余积，而典领之官但拘常制，不务以变易平均为事。宜假钱别置常平市易司，择通财之官以任其责，仍求良贾为之辅。使审知市物之贵贱，贱则少增价取之，令不至伤商；贵则少损价出之，令不至害民。出入不失其平，因得取余息以给公上，则市物不至于腾踊，而开阖敛散之权不移于富民。商旅以通，黎民以遂，国用以足矣。①

既已有王韶在秦凤路设置市易务的实际经验，又得到魏继宗的这个新的建议，王安石和变法派的人们便决定要在首都开封设置市易务。他们用中书的名义向宋神宗奏请说：

古者通有无、权贵贱以平物价，所以抑兼并也。

去古既远，上无法以制之，而富商大室得以乘时射利，出纳敛散之权一切不归公上。今若不革，其弊将深。

欲在京置市易务，监官二员，提举官一员，勾当公事官一员。

以地产为抵，官贷之钱。货之滞于民者，为平价以收之。一年出息二分。皆取其愿。

其诸司科配，州县公私烦扰，民被其害，悉罢之。②

---

① 《续资治通鉴长编》卷二三一，熙宁五年三月丙午记事。

② 据《续资治通鉴长编》卷二三一，熙宁五年三月丙午记事，与《宋会要辑稿·食货》三七之一四、一五参校引录。

到熙宁五年的三月二十六日，北宋政府就下了一道诏令说：

天下商旅物货至京，多为兼并之家所困，往往折阅失业。至于行铺稗贩，亦为较固取利，致多穷窘。宜出内藏库钱帛，选官于京师置市易务。商旅物货滞于民而不售者，官为收买，随抵当物力多少，均分赊请，立限纳钱出息。其条约，委三司本司官详定以闻。①

其后不久，即由三司拟定了在开封设置市易务的具体条例，其中的主要规定可概括为以下数事：

一、市易务设监官二人，提举官一人。

二、召募在京诸行铺户的牙人充当市易务的牙人，遇有商旅到市易务投卖货物，即由这些牙人与商旅共同议定其价，由市易务用钱收买，或用务中已经购得的货物交换。

三、在京各行商贩，可以把自己所有的、或向别人借得的产业金银作抵押，并由五人以上结为一保，向市易务去赊购货物，酌加一定利润，拿到市场去出卖。半年或一年之后，按原定价格加纳利息一分或二分，把货款交还市易务。

① 据《续资治通鉴长编》卷二三一，熙宁五年三月丙午记事，与《宋会要辑稿·食货》三七之一四、一五参校引录。

> 四、若非在京各行商贩所要购销，而实际上又是“可以收蓄转变”的，也可由市易务作价收买，到市场需求时“随时价出卖，不得过取利息”。
>
> 五、“其三司诸司库务年计物，皆比在外科买省官私烦费，即亦一就收买。”①

在市易务宣告成立之后，即由宋神宗下诏委派吕嘉问为提举，并从内藏库拨了一百万贯现钱作为市易务的本钱。

开封市易务所经营的财货的范围，事实上并不以条例中的规定为限，而是大为扩展了，连水果、芝麻、梳朴（做木梳的原料）等也都成为它所经营的对象，以至开封城内人声鼎沸，说市易务要逐步地“尽收天下之货，自作经营”了。而在购销货物之外，还用各种名目出放息钱，如所谓“缓急”“丧葬”等。另外还有“抵当银绢、米麦”等名目。如《续资治通鉴长编》于熙宁七年四月乙亥载：

> 又诏三司：“以上等粳米，每石为钱一千，于乾明寺米场听民赊请；中等粳米每斗为钱八十五文，零粜与贫民，无与停贩之家。立《许人告捕法》。”

郑侠《西塘集》的《开仓粜米》一文中也说：

---

① 以上五条是据《续资治通鉴长编》卷二三一，熙宁五年三日丙午记事编写的。

> 市易许以田宅、邸店、什物抵当官米出粜。

市易法的目的之一，是要对城市的豪商富贾兼并之家起一些限制和抑制的作用。在开封设置市易务不到半年，就已在这方面收到了一些效果。《续资治通鉴长编》熙宁五年闰七月丙辰载有王安石与宋神宗的一段谈话：

> 今修市易法，即兼并之家以至自来开店停客之人并牙人，又皆失职。
>
> 兼并之家，如茶一行，自来有十余户，若客人将茶到京，即先馈献设燕，乞为定价，此十余户所买茶更不敢取利；但得为定高价，即于下户倍取利以偿其费。今立市易法，即此十余户与下户买卖均一。此十余户所以不便新法、造谤议也。
>
> 臣昨但见取得茶行人《状》如此，余行户盖皆如此。然闻茶税两月以来倍增，即商旅获利可知。
>
> 不知为天下立法，要均天下之利，立朝廷政事？要使兼并游惰奸人，侵牟食力之人以自利如故？若均天下之利，立朝廷政事，即凡因新法失职者，皆不足恤也。

据此可知，开封市易务实施了市易法之后，不但使得一般小商贩得免于豪商富贾的欺凌压榨，使得开封的市场得以繁荣昌盛，而且还使得北宋政府，除了通过市易务的赊销而获得大量利息外，所得商税也较前倍增。这样，王安石和变法派筹设市易务的目的可以说在一定程度上达到了。

但是，也在市易务刚刚成立了几个月内，做枢密使的文彦博就对市易法接二连三地加以诋毁和攻击。他一则说：

> 臣近因赴相国寺行香，见市易务于御街东廊置叉子数十间，前后积累果实，逐日差官就彼监卖，分取牙利。且瓜果之微，锥刀是竞，竭泽专利，所得无几，徒损大国之体，祇敛小民之怨。遗秉滞穗，寡妇何资？况密迩都亭，虏使所馆，岂无觇国之者，将为外夷所轻。①

再则说：

> 且京邑翼翼，四方取则，魏阙之下，治象所观。今乃官作贾区，公取牙利，古所谓理财正辞者岂若是之琐屑乎？《周官》泉府"敛市之不售，货之滞于民用，以待不时而买者"，各从其故价，亦不如是之规利也。
>
> 凡衣冠之家网利于市，搢绅清议众所不容；岂有堂堂大国，皇皇求利，而不为物论所非者乎？斯乃垄断之事，孟轲耻之，臣亦耻之。复不忍聚敛小臣，希进妄作，侵渔贫下，玷累朝廷，不胜愤闷！②

---

① 《文潞公文集》卷二〇《言市易疏》。

② 《文潞公文集》卷二〇《又言市易疏》。

宋神宗看了文彦博的奏章之后，深为所动，他就向王安石问道：

市易务卖果实，审有之，即太繁细，令罢之如何？

王安石回答说：

市易司但以细民上为官司科买所困，下为兼并取息所苦，自投状乞借官钱出息。……止是此等皆贫民，无抵当，故本务差人逐日收受合纳官钱，初未尝官卖果实也。

陛下谓其繁细，有伤国体，臣愚窃谓不然。今设官监酒，一升亦卖；设官监商税，一钱亦税；岂非细碎？人不以为非者，习见故也。……《周官》固已征商，然不云须几钱以上乃征之。泉府之法，“物之不售，货之滞于民用者，以其价买之，以待买者”，亦不言几钱以上乃买。又，“珍异有滞者，敛而入于膳府”，膳府供王膳，乃取市物之滞者，周公制法如此，不以烦碎为耻者，细大并举，乃为政体，但尊者任其大，卑者务其细，此先王之法，乃天地自然之理。如人一身，视、听、食、息皆在元首，至于搔痒则须爪甲，体有大小，所任不同，然各不可缺。……今为政但当论所立法有害于人、物与否，不当以其细而废也。

市易务勾当官乃取贾人为之，固为其所事烦细故也。岂可责市易务勾当官不为大人之事？

臣以谓不当任烦细者，乃大人之事。如陛下朝夕检察市易务事，乃似烦细，非帝王大体，此乃《书》所谓“元首丛脞”也。①

虽则不断地经受着诸如此类的一些曲折，市易法的推行不但并不因而停罢，且还陆续在全国的较大城市如杭州、成都、永兴军（今西安）、越州（今绍兴）、大名府、定州、真定府（今河北正定）、郓州（今山东东平）、密州（今山东诸城）、板桥镇、广州、扬州等地，都设置了市易务，并于熙宁六年（1073）的冬初，把开封的市易务改名为都提举市易司，其他各大城市的市易务全部隶属于它。

市易务的大量设置，使得各大城市当中豪商富贾们在商业方面的垄断活动受到很大的限制。《续资治通鉴长编》于熙宁八年（1075）四月甲申载：

王安石言：“近京师大姓多止开质库，市易摧兼并之效似可见。方当更修法制，驱之使就平理。”

上曰：“均无贫固善，但此事难尔。”

这反映出，城市中大姓人家的资财，在商业上的活动既受了

---

① 《续资治通鉴长编》卷二四〇，熙宁五年十一月丁巳记事。

限制，就只好去开设质库（当铺），向出放高利贷方面寻找出路了。但王安石把这一现象认为是市易法已经收到了摧制兼并的效果，却并不尽然。因为，京师大姓既然“多”去开设质库，就说明高利贷资本在城市当中还是大有出路的，而出放高利贷正是兼并之家“侵牟细民”的最恶毒的手段之一种，他们只不过把运用其资财的方向稍有转移而已，如何能说已使他们受到“摧制”了呢？

作为封建统治阶级上层人物的王安石，其制定市易法的目的尽管可以列举好几条，中心问题却只是要由政府管理市场，要加强专制主义中央集权的北宋王朝在商业方面的统治权力，要把从前归于豪商富贾的利权收归政府，使“货贿通流而国用饶”而已。而在市易法实施之后，从熙宁八年冬到熙宁九年秋，开封的都市易司就收得息钱和市例钱共为一百三十三万两千余贯①，而在熙宁十年的一年之内，则又收到息钱一百四十三万零三百五十余贯，市例钱九万八千贯弱。② 都市易司所提供的这个数字，应是将全国各大城市中市易务的收入相加而得出的一个数字。熙宁十年全国各州县夏秋两税的收入，除粮米、绢帛、丝绵等实物外，夏税共收得现钱三百八十五万两千八百余贯，秋税共收得现钱一百七十三万三

---

① 《续资治通鉴长编》卷二七七，熙宁九年九月辛未记事。“市例钱”是指：在市易法实施后又规定，凡买卖货物须交纳商税的，还要按照商税正额加纳百分之十的附加税，供市易司吏员膳食费之用，叫作市例钱。

② 《宋会要辑稿·食货》三七之二五。

千余贯。[①] 是则通过实行市易法而一岁所得息钱及市例钱，已相当于当年两税所得现钱的十分之三左右了。因此，从王安石的理财观点看来，市易法实施的结果，不能不算是卓有成效的。

六 方田均税法

如本书上文各章节所屡次说到的，北宋政权的传统政策是纵容豪强兼并之家，纵容他们肆意兼并土地并享受着免税免役的特权。而地主阶级的中下层和比较富裕的自耕农民，为了逃避繁重的税敛和差役，便有人宁愿去托庇于官绅形势户和豪强之家，伪立契券，假称把土地卖与这种人家，自己则冒充他们的佃户，仍在原有的土地上进行耕作，把收获物的一部分交与他们作租课。这一情况的发展，到后来就使北宋政府不得不自食恶果。首先是赋税收入的数字，有时竟大幅度地下降。马端临在《文献通考》的《田赋考》中曾对此现象做了一番说明：

> 自祖宗承五代之乱，王师所至，首务去民疾苦，无名苛细之敛铲革几尽，尺缣斗粟无所增益……而又田制不立，田亩转易、丁口隐漏、兼并伪冒者未尝考按，故赋入之利视古为薄。丁谓尝曰："二十而税一者有之，三十而税二者有之。"盖谓此也。

---

① 《文献通考》卷四《历代田赋之制》。

《宋史·食货志》中也照抄了这一段。这段话的前半部分只是封建史学家们的谀颂之词，后半段中的“田制不立”至“未尝考按”诸语，却的确道出了当时的症结之所在。但是，自进入11世纪以来，北宋政府的雇佣兵数额和官员数额之庞大，全都是史无前例的，豢养这些军队和官员的费用，当然也要突破历史上的任何时期。因此，北宋的最高统治集团当中，就有人认为，不能坐视这种“赋入之利视古为薄”的现象长此继续下去，他们就尽量在田赋方面打主意。《宋史·食货志（上二）·赋税》载其事云：

> 庆历（1041—1048）中……又诏曰：“税籍有伪书逃徙；或因推割，用幸走移；若请占公田而不输税。如此之类，县令佐能究见其弊以增赋入，量数议赏。”
>
> 既而谏官王素言：“天下田赋，轻重不等，请均定。”而欧阳修亦言：“秘书丞孙琳尝往洺州肥乡县，与大理寺丞郭谘，以千步方田法括定民田。愿诏二人者任之。”三司亦以为然，且请于亳、寿、蔡、汝四州，择尤不均者均之。
>
> 于是遣谘蔡州。谘首括一县，得田二万六千九百三十余顷，均其赋于民。既而谘言：“州县多逃田，未可尽括。”朝廷亦重劳人，遂罢。……
>
> 自郭谘均税之法罢，论者谓朝廷徒恤一时之劳，而失经远之虑。

至皇祐（1049—1054）中，天下垦田视景德（1004—1007）增四十一万七千余顷，而岁入九谷乃减七十一万八千余石。盖田赋不均，其弊如此。

后田京知沧州，均无棣田；蔡挺知博州，均聊城、高唐田。岁增赋谷帛之类：无棣总一千一百五十二；聊城、高唐总万四千八百四十七。而沧州之民不以为便，诏输如旧。

嘉祐五年（1060）复诏均定。遣官分行诸路，而秘书丞高本在遣中，独以为不可均，才均数郡田而止。

所谓“朝廷重劳人”，实即说北宋政府不愿触犯豪强兼并之家的既得利益。所谓“不以为便”的“沧州之民”，也只能是地主阶级中的上等户或形势户。因他们都是“仕宦、并兼、能致人言之豪右”，所以郭谘和高本就都代表他们说话，认为无税之田既“未可尽括”，而轻重不均的赋税负担也“不可均”。这种情况在苏轼的《较赋税》一文中也有所反映：

今之法本不至什一而税，然天下嗷嗷然以赋敛为重者，岂其岁久而奸生，偏重而不均，以至于此欤？今欲案行其地之广狭瘠腴，亦将一切出其意之喜怒，而其患益深。是故士大夫畏之而不敢议。①

① 《苏轼文集》卷八《策别安万民四》。

王安石虽然不仅不“畏之”，而且“敢议”其事，然而在其变法改制的过程中，却也并不把检括地亩和调整赋税的事认作当务之急，而是直到免役法向全国公布实施已有大半年之后，才又于熙宁五年（1072）的八月颁布了《方田均税条约》：

方田之法：以东西南北各千步，当四十一顷六十六亩一百六十步，为一方。岁以九月，县委令佐，分地计量；随陂原平泽而定其地，因赤淤黑垆而辨其色。方量毕，以地及色，参定肥瘠，而分五等，以定税则。至明年三月毕，揭以示民。一季无讼，即书户帖，连庄帐付之，以为地符。

均税之法：县各以其祖额（按即最初的定额）税数为限。旧尝取蹙零，如米不及十合而收为升，绢不满十分而收为寸之类，今不得用其数均摊增展，致溢旧额。凡越额增数皆禁之。若瘠卤不毛，及众所食利，山林、陂塘、路沟、坟墓，皆不立税。凡田方之角，立土为埄，植其野之所宜木，以封表之。有方帐，有庄帐，有甲帖，有户帖。其分烟析生，典卖割移，官给契，县置簿，皆以今所方之田为正。①

这项法令公布之后，先在京东路实施，其后又依次向河北、

① 《文献通考》卷四《田赋考》。

开封府界、陕西、河东等路推行。在上述诸路内，也不是在一路所属的州县当中同时推行，而是规定，凡所管不满五县的州，每年内只择取其中税赋最不平均的一县，加以清查和均定；五县以上的州，每年也只能在两个县境内加以清查和均定。某路某州某县如遭受到三分以上的灾伤，即将方田均税的工作停罢。如在丈量均定之后，又发生了大量词讼，上诉不实不均等事情，那就要重新丈量均定。

在如是种种的限制和牵制之下，方田均税法的实施进程，一直是片片段段的，也一直是缓慢的。其实施的范围，也始终没有超出京东、河北、河东、陕西诸路。到元丰八年（1085）下诏停止方田均税之日为止，“天下之田已方而见于籍者，至是二百四十八万四千三百四十有九顷云。”[①] 但在这长达十三年的时间之内，在几乎包括了整个黄河流域的地区，究竟检查出若干数目的隐漏税赋的土地，究竟减除了若干数目的没有土地的税赋（即所谓“产去税存”者），却全然没有做出交代。

《文献通考》的《田赋考》中所记载的元丰年间北宋全国的垦田之数如下：

> 天下总四京一十八路，田四百六十一万六千五百五十六顷。内民田四百五十五万三千一百六十三顷六十一亩，官田六万三千三百九十三顷。

① 《宋史·食货志（上二）·方田》。

在这个数字之后，马端临加有按语说："此元丰间（1078—1085）天下垦田之数，比治平（1064—1067）时所增者二十余万顷。"既然没有说这所增之数乃是因为"方田"而清查出来的，知其与"方田"必无关系。但是，在推行方田均税法长达十三年的过程当中，所清查过的土地数字，约占当时全国纳税土地总面积的百分之五十四左右。这些已经清查过的土地，其土质的肥瘠、产权的归属，既都已验明和确定，则"诡名挟佃"、"隐产漏税"和"产去税存"等弊端也必然部分地得到了清除和纠正，北宋政府在赋税的征敛方面也可得到较多的保证。这样，也就部分地符合了王安石和变法派推行此法的用意。

第二节　有关恢复民兵制度和加强军队作战实力的两种新法

一　保甲法

1. 作为封建统治阶级上层人物之一的王安石，对于当时社会阶级矛盾的发展是忧心忡忡的。他在执政以后，急切地希望通过某些新法的建立，把封建社会的秩序加以重整和巩固。当时的首都开封及其周围地区，尽管驻扎了大量的雇佣兵，然而抢劫偷盗事件却经常发生，更不用说驻兵较少的外地州郡了。怎样能使这种情况有所改善呢？王安石的对策是：

民所以多僻，以散故也。故曰："上失其道，民散久矣。"保甲立，则亦所以使民不散；不散，则奸宄固宜少。①

在熙宁三年（1070）的冬季，管勾开封府界常平广惠仓兼农田水利差役事的赵子几上疏论列了这件事，并且给出了具体的建议：

昨任开封府曹官日，因勾当公事，往来畿内诸县乡村，尝察问民间疾苦，皆以近岁以来，寇盗充斥，劫掠公行为患。中间虽有地分耆、壮，邻里诸人，大率势力怯弱，与贼不敌。纵捕捉赴官，即其余徒党同恶相济，辄行仇报，肆极惨毒，不可胜言。

诘其所以稔盗之由，皆言："自来乡户，各以远近，团为保甲。当时官司指挥，专于觉察奸伪，止绝寇盗。岁月浸久，此法废弛。兼元初创置保甲，所在县道，事务苟简，别无经久从长约束，是致凶恶亡命容于其间，聚徒结党，乘间伺隙，公为民患。以此乡村无由宁息。"

今相度：欲乞因旧来保甲，重行隐括逐县现管乡民的实户口都数，除病患、老幼、单丁、女户别为附保系籍保管外，将其余主客户两丁以上，自近及远，结为大

① 《续资治通鉴长编》卷二四六，熙宁六年八月己卯记事。

> 小诸保，各立首领，使相部勒管辖。如此，则富者逸居而不虞寇劫，恃贫者相保以为存；贫者土著而有所周给，恃富者相保以为生。使贫富交相亲以乐业者，谓无如使之相保之法也。
>
> 所有置保及捕贼赏格，保内巡逻，更相约束，次第条例，愿陛下赦臣狂愚，假以诘盗之权，使因职事遍行畿县，得奏差勾当得事（按即指干才）选人一两员，及得选委簿、尉，与当职官吏参校旧籍，置法。编户之氓，不独生聚宁居，桴鼓不惊；若遂行之，绵以岁时，不为常情狃习所废，规模施设推及天下，将为万世长安之术。①

赵子几是变法派的一分子，他在这道奏疏中的建议如此具体，反映出变法派对于创立保甲制度的事已有所酝酿、准备。因此，在这年的十二月上旬内，司农寺就制定并由北宋政府公布了《畿县保甲条例》：

> 几十家为一保，选主户有材干心力者一人为保长；五十家为一大保，选主户最有心力及物力最高者一人为大保长；十大保为一都保，仍选主户最有行止，心力材勇为众所伏，及物力最高者二人为都副保正。应主客户

---

① 《宋会要辑稿·兵》二之六，并据《续资治通鉴长编》卷二一八，熙宁三年十二月乙丑记事校补。

两丁以上，选一人为保丁；单丁、老幼、病患、女户等，不以多少，并令就近附保；两丁以上，更有余人身力少壮者，亦令附保，内材勇为众所伏，及物力最高者，充逐保保丁。除禁兵器不得置外，其余弓箭等并许从便自置，习学武艺。

每一大保，逐夜轮差五人，于保分内往来巡警。遇有贼盗，画时声鼓，告报大保长以下。同保人户即时前去救应追捕。如贼入别保，即递相击鼓，应接袭逐。每捕捉到盗贼，除编敕已有赏格外，如告捉到窃盗，徒以上，每名支赏钱三千；杖以上，支一千，以犯事人家财充。如委实贫缺，无可追理，即取保矜放。同保内有犯强窃盗、杀人、谋杀、放火、强奸、略人、传习妖教、造畜蛊毒，知而不告，并依从保伍法科罪。其余事不干已者，除依律许诸色人陈告外，皆不得论告。知情不知情，并不科罪。其编敕内邻保合坐罪者，并依旧条。及居停强盗三人以上，经三日，同保内邻人虽不知情，亦科不觉察之罪。

保内如有人户逃移死绝，并令申县。如同保不及五户，听并入别保。其有外来人户入保居住者，亦申县收入保甲。本保内户数足，且令附保收系，候及十户，即别为一保。若本保内有外来行止不明之人，并须觉察，收捕送官。逐保各置牌，拘管人户及保丁姓名。如有申报本县文字，并令保长轮差保丁赍送。[①]

这项条例公布之后，首先在开封和祥符两县施行。“候成次序，以次差官诣逐县，依次施行”。等到开封府界各县编排保甲全都就绪之后，再向京东、京西、河北、陕西、河东诸路推行，最后则推广于全国。

据《宋史·兵志·保甲篇》所载，在熙宁四年（1071）的一道诏令当中，还补充了关于“捕盗”“弭盗”的一条：

都副保正，武艺虽不及等，而能整齐保户无扰，劝诱丁壮习艺及等，捕盗比他保最多，弭盗比他保最少，所隶官以闻，其恩视第一等（按即授以官职）焉。

不论从最先倡议实行保甲制度的赵子几在奏疏中所举述的理由来看，还是从北宋政府正式公布的《保甲条例》所指向的目标来看，或从熙宁四年的补充条款来看，都可以很明显地看出，建立保甲法的目的之一，是要在各州县乡村当中建立起严密的治安网，是要加强阶级镇压的力量，重整封建社会的“秩序”。在这里，王安石的封建地主阶级政治家的立场表露得最为清楚。即如对于必须选用物力高强的人充任保长、大保长和都副保正的原因，王安石就曾做过这样的解释：

---

① 《宋会要辑稿·兵》二之五、六，并据《续资治通鉴长编》卷二一八，熙宁三年十二月乙丑记事校正。

> 义勇保甲为正、长，须选物力高强，即素为其乡间所服，又不肯乞取、侵牟人户。若贫户，即须乞取、侵牟，又或与富强有宿怨，倚法凌暴，以报其宿怨也。[①]

究竟是富室大姓、豪强兼并之家乞取、侵牟、倚法凌暴贫弱下户呢？还是贫弱下户乞取、侵牟、倚法凌暴富室大姓和豪强兼并之家呢？在前面各章节中所谈到的许多场合，王安石的言论和主张都似乎是坚持前一种观点的，而在这里，他却又完全持后一种观点了。这看来虽似自相矛盾，实际上却并不然。因为，作为北宋最高统治集团成员之一的王安石，其变法的总目标，是要维护封建国家的利益，因而必须维护整个地主阶级的全局利益和长远利益，借以巩固和加强北宋封建王朝的统治，这是他在任何场合，任何言论举措当中，都没有放弃或改变过的一个原则。他之所以经常提及摧制豪强兼并，只是着眼于地主阶级的中下层，深恐这个阶层中人因豪强人家的兼并蚕食而导致破产失业，使整个地主阶级和封建经济出现不稳定的形势；至于佃农、雇农等所谓客户，亦即凡属自己没有田产而须耕种地主的土地、忍受地主的残酷压榨的劳苦大众，却自来并不包括在王安石所说的遭受兼并、蚕食之祸的人群之内。建立保甲法的目的之一是为了稳定封建社会的秩序和确保地主阶级的治安，即赵子几所说的，要

① 《续资治通鉴长编》卷二三五，熙宁五年七月庚寅记事。

使“富者逸居而不虞寇劫”，因此，在进行编排、组合的最初，对于保丁的成分加以重视，对于不属于地主阶级的广大劳动群众，深恐其乘机对地主阶级“报其宿怨”而存有一定的戒心，这对于地主阶级的政治家王安石来说，是与他的摧制豪强的言论主张相辅相成而并不矛盾的。这也说明，每当豪强地主与农民阶级的利害发生尖锐冲突时，王安石必然站在前者的立场上替他们说话。可见王安石的变法，是站在整个地主阶级的立场上，是要维护包括大地主阶层在内的地主阶级的全局利益和长远利益的。而且，从这里也的确可以进一步看清保甲法的实质的一个方面，那就是，虽然按照《保甲条制》所规定，客户壮丁可以与主户壮丁同样被编制在保甲之内，两者的性质却是截然不同的：对于劳苦大众中的壮丁，只不过借此把他们的手脚束缚得更紧一些罢了。而过了几年之后，在很多地区，事实上已经不再让客户壮丁充当保丁了。

赵子几在开封府界推行保甲法的进程是快速的。到熙宁四年（1071）春，他已经把开封、祥符两县编制保甲的事情做完，并已开始向陈留、襄邑等县推行了。其结果，又正是在清除地方上的“劫盗”事件上，再三受到王安石的赞赏。《续资治通鉴长编》于熙宁四年三月戊子载有王安石与宋神宗的一段谈话：

> 陈留一县，因赵子几往彼修保甲，发举强劫不申官者十二次。以数十里之地，而强劫不申官者如此之多，

> 则人之被扰可知矣。条保甲乃所以除此等事，而议者乃更以为扰，臣所未喻也。然更张事诚非得已。但更张而去害则为之；更张而更害人，则不可为。

《续资治通鉴长编》于熙宁五年（1072）闰七月丙辰又载有王安石与宋神宗的一段谈话：

> 又如保甲，诚足以除盗贼，便良民。前日曾进呈，襄邑一县，未立保甲以前，八月之间，强窃盗各二三十伙。强窃盗之侵害惊恐良民，可谓甚矣。假令保甲未能无扰，当未如频遇盗窃之苦。

五天之后，即闰七月辛酉，《续资治通鉴长编》又载有宋神宗与王安石的一段谈话：

> 上曰："闻开封近勘到，府界百姓但有作袄，已典买弓箭，因致怨懟。虑亦有不易者。"
>
> 安石曰："……府界多盗，攻劫杀掠，一岁之间至二百伙。逐伙皆出赏钱，出赏之人即今保丁也。方其出赏之时，岂无卖易作袄以纳官赏者？……夫出赏钱之多，不足以止盗；而保甲之能止盗，其效已见于今日，则虽令民出少钱以置器械，未有损也。"

以赵子几的经验为根据，王安石更十分急切地要把保甲法向京东、京西等路推行。并且他在《上五事札子》当中向宋神宗提出保证说：如果“保甲之法成，则寇乱息而威势强矣”。

2. 推行保甲制度的目的，除了加强对内的镇压之外，还要使其成为从雇佣兵制向征兵制过渡的一个桥梁。

在王安石当政以前，北宋政府所募养的军队人数已达一百四十万，骄惰成习，缺乏教练，每年消耗了北宋政府收入的绝大部分，而军队的素质却很低。在对契丹和西夏的军事斗争中，每次都暴露出它的软弱无能。从 11 世纪 40 年代以来，就有许多人向北宋政府建议，要裁减军队的数量，提高军队的作战能力。例如《宋史 · 吕景初传》载其于 50 年代所上奏章云：

> 今百姓困穷，国用虚竭，利源已尽，惟有减用度尔。用度之广，无如养兵。比年招置太多，未加拣汰。若兵皆勇健，能杆寇敌，竭民膏血以啖之，犹为不可；况羸疾老怯者又常过半，徒费粟帛，战则先奔，致勇者亦相牵以败。……望诏中书枢密院，议罢招补而汰冗滥。

但是，直到王安石当政之日，这种情况并没有得到任何改变。

王安石认为，施行募兵制度而雇佣来的兵丁，“大抵皆偷惰顽猾不能自振之人”，因而他对募兵制度，不是只想修修补补，而是基本上采取了否定态度的。在《熙宁奏对日录》当中，记有他于熙宁二年（1069）闰十一月与宋神宗的一次对话：

上曰："侯叔献有言义勇上番①文字，必是见制置（三司条例）司商量来。"

余曰："此事似可为，恐须待年岁间议之。"……

余因为上言："募兵之害，终不可经久。……今养兵虽多，及用则患少，以民与兵为两故也。又五代祸乱之虞终未能去，以此等皆本无赖奸猾之人故也。……但义勇不须刺手背，刺手背何补于制御之实？今既以良民为之，当以礼义奖养，刺手背但使其不乐，而实无补也。……"②

根据王安石的这段话，我们可以看出，他对军事改革的较长远的设想是：（1）募兵制度（特别是"养兵"政策）必须改变，恢复古代曾实行过的民兵不分离的征兵制度。（2）在从募兵制向征兵制过渡的时期，可用受过教练的民兵（如义勇、保甲之类）逐渐代替雇佣兵执行驻防或出征任务。（3）不论民兵或今后应征入伍的士兵，全不再在脸面上或手背上刺字，而只应以"礼义奖养"使知自重自尊，借以革除长期以来雇佣兵"无赖奸猾"积习，改善和提高军队的素质。面部刺字，称为黥刑，乃自古以来对待罪人的一种刑法。五代后梁朱温，因恐士卒逃散，遂在其面部全部刺字，实即将士兵视同罪犯，而使士兵之自尊心大受挫伤。王安石力主革除此种弊法，而改

① "义勇"是当时河北、河东、陕西诸路民兵组织所用名称，其拣选方法与后来的保甲法稍不同，义勇民兵都须在手背上刺字。"上番"即定期轮流到某地担任防守任务。

② 自《朱文公文集》卷八三《跋王荆公〈进邺侯遗事奏稿〉》转引。

用以“礼义奖养”，意即以道理启发其爱国主义、保国卫民思想，明确士兵的职责所在。这是一种极为明达的高见卓识，是超越宋代所有政治家、军事家的一种识见。《续资治通鉴长编》于熙宁五年九月己酉，也载有王安石关于兵制的一段议论：

> 秦虽决裂阡陌，然什伍之法尚如古，此所以兵众而强也。近代惟府兵为近之。唐亦以府兵兼制夷狄，安强中国。“监于先王成宪，其永无愆”。今舍已然之成宪，而守五代乱亡之遗法，其不足以致安强无疑。然人皆恬然不以因循为可忧者，所见浅近故也。为天下，决非所见浅近之人能安强也。

当王安石和宋神宗谈及“节财用”的问题时，也以减兵为最急之务，以为“倘不能理兵稍复古制，则中国无富强之理”。但他在《省兵》一诗中却又说道：

> 有客语省兵，省兵非所先。方今将不择，独以兵乘边。
>
> ……
>
> 将既非其才，议又不得专。兵少败孰继？胡来饮秦川！
>
> 万一虽不尔，省兵当何缘？
>
> ……
>
> 骄惰习已久，去归岂能田？不田亦不桑，衣食犹

> 兵然。
>
> 省兵岂无时，施置有后前。王功所由起，古有《七月》篇。
>
> ……
>
> 游民慕草野，岁熟不在天。择将付以职，省兵果有年。①

《续资治通鉴长编》卷二二一于熙宁四年（1071）三月丁未载有王安石对宋神宗说的一段话：

> 今所以为保甲，（为其）足以除盗；然非特除盗也，固可渐习其为兵。既人人能射，又为旗鼓变其耳目，渐与约：免税、上番，代巡检下兵士；……则人竞劝。然后使与募兵相参，则可以消募兵骄志，省养兵财费，事渐可以复古。此宗庙长久计，非小事也。

这说明，王安石一方面认为减少兵员是一种当务之急，认为必须“理兵稍复古制”，亦即恢复征兵制度以代替募兵制度；而另一方面却又认为，裁兵的问题还不能立即着手。因为，若把这些骄惰成性的雇佣兵遣散还乡，他们既不可能从事耕稼，势必仍然作为社会上的寄生者，则裁兵便成为毫无意义的事。因此，裁兵的事须有步骤地去做。而为了全面实现征

---

① 《临川文集》卷一二。

兵制，就必须对保丁定期予以军事训练，使其在短期内就可与正规军相参为用。所有雇佣兵中因死伤逃亡等事而出的缺额，一律不再招募填补，改由保丁执行其任务。待年岁稍久，雇佣兵日渐减少而至全部消失，通过保甲组织而训练过武艺的大量民兵，便可起而代之了。

依照王安石的这种意图，在熙宁四年（1071）的九月便又下令要开封府界各县的保丁肄习武事。《宋史·兵志·保甲篇》所载此次诏令的主要规定是：

岁农隙，所隶官期日于要便乡村都试骑步射，并以射中亲疏、远近为等。骑射校其用马，有余艺而愿试者听。第一等，保明以闻，天子亲阅试之，命以官使。第二等，免当年春夫一月，马藁四十，役钱二千。本户无可免，或所免不及，听移免他户而受其直。第三第四等视此有差。

二十四年以后，即绍圣二年（1095），变法派的章惇向宋哲宗陈述这次诏令实施后所取得的成绩时，说道：

熙宁中，先帝始行保甲法，府界、三路得七十余万丁。设官教阅始于府界，众议沸腾。教艺既成，更胜正兵。元丰中始遣使遍教三路。……而一时赏赉，率取诸封桩或禁军缺额，未尝费户部一钱。①

① 《宋史·兵志（六）·保甲篇》。

元符二年（1099），变法派的曾布也向宋哲宗说道：

> 熙宁中教保甲，臣在司农。是时诸县引见保甲，事艺精熟。……仕宦及有力之家子弟，皆欣然趋赴。及引对，所乘皆良马，鞍鞯华楚，马上事艺往往胜诸军。①

这可见，对保丁教习技艺的事是取得了成效的。

到熙宁九年（1076）为止，开封府界和全国各路，已经组成的保甲共为六百九十三万余人，其中已经进行军事教练的共为五十六万余人。②

要保丁练习武艺，企图逐渐用保丁代替雇佣兵，这在王安石虽都是意在加强北宋王朝的统治力量，但是，这样的具体做法，既违反了北宋政权建立以来所奉行的“养兵”政策，也违反了北宋政权严禁民间传习武技的传统政策。总之，也是贯串着王安石的“祖宗之法不足守”的精神的一种做法。因此，从开始施行以来，虽一直得到宋神宗的支持，而另一方面，宋神宗却又经常表示一些疑虑，需要王安石随时向他做一些解释。例如《续资治通鉴长编》卷二一八载熙宁三年十二月间二人的一次谈话云：

---

① 《宋史·兵志（六）·保甲篇》。

② 《宋会要辑稿·兵》二之一二。

他日，上谓王安石曰："用募兵与民兵亦无异，若役之过苦，则亦变矣。"

安石曰："役之过苦则变，诚然。募兵多浮浪不顾死亡之人，则其喜祸乱，非良农之比。然臣已尝论奏，募兵不可全无。《周官》：国之勇力之士，属于司右，有事则可使为选锋，又令壮士有所羁属，亦所以弭难也。"

上论变义勇为民兵，当先悦利其豪杰，则众可驱而听。……"民兵虽善，止是妨农事，如何？"

安石曰："先王以农为兵，因乡遂寓军旅。方其在田，什伍已定，须有事乃发之以战守，其妨农之时少。今边陲农人则无什伍，不知战守之法，又别募民为戍兵。盖边人耕织不足以给衣粮，乃至官司转输劳费，尚患不足，遇有警急，则募兵反不足以应敌；无事，则百姓耕种不足以给之，岂得为良法也！"

上曰："止是民兵未可恃以战守，奈何！"

安石曰："唐以前未有黥兵，然可以战守。臣以为募兵与民兵无异，顾所用将帅如何尔。将帅非难求，但人主能察见群臣情伪，善驾御之，则人材出而为用，而不患无将帅；有将帅，则不患民兵不为用矣！"

《续资治通鉴长编》卷二三三于熙宁五年五月丙戌载王安石与宋神宗的一次谈话云：

他日，上批付中书："保甲浮浪无家之人，不得令习武艺。”

安石曰：“武艺绝伦，又累作凶慝，若不与收拾，恐生厉阶。”

上曰：“可收拾作‘龙猛’① 之类。”

安石曰：“须随材等第与收拾。”

上终虑浮浪人学习武艺为害，以保甲法不如禁军法严密。

安石曰：“保甲须渐令严密。纵使其间有浮浪凶恶人，不胜良民之众，即不能为害。……若更有盗贼，追捕即又得赏钱至厚。如此，即有武艺之人岂肯舍此厚利，却欲作过？……若作盗贼，即但为保众取赏之资而已。无可虑者。”

上虑岁久钱粮不给。

安石曰：“巡检下六千人，每千人岁给约三万贯，是一岁费十八万贯。今若罢招此六千人，却以保甲代之，计所用钱粮，费八万贯，尚剩十万贯。以十万人替六千人，又岁剩钱十万贯，何至忧不给也？教阅至一二年，便令保正募征行者，六千人必可得，况但要守卫京师而已。若岁岁教阅保丁，又封桩所剩钱十万贯，则非特畿内守卫日强，兼亦财有余积。宗庙社稷之忧最在于募兵，皆天下落魄无赖之人，尚可与之守社稷封疆，况于良民，衣食丰足者众，复何所虞？”

---

① “龙猛”是北宋禁军中一支步兵的番号。

《续资治通鉴长编》卷二四六于熙宁六年八月丁酉条还载：

上曰："如保甲、义勇，将来岂不费粮草？"

安石曰："保甲、义勇，乃须计置减募兵，以其粮米供之，如府界罢四千兵，所供保甲之费，才养兵所费十之三。"

上曰："府界募兵亦未减得。"

安石曰："既有保甲代其窠坐，即不要此四千募兵。可指合要兵数，减此四千。今京师募兵，逃死放停一季，亦须及数千。但勿招填，即是减得。"（原注：三年三月十七日，安石已有此言。）

《续资治通鉴长编》卷二六二于熙宁八年四月甲子又载：

上与王安石论理财……又论河北事。安石以为："募兵不如民兵，籴米不如兴农事。"……

上曰："禁军，无赖乃投募，非农民比。尽收无赖而厚养之，又重禄尊爵养其渠帅，乃所以弭乱。"

安石曰："臣在翰林，固尝论黥兵未可尽废，但要民兵相制。专恃黥兵，则唐末五代之祸可见。且黥兵多则养不给，少则用不足，此所以须民兵也。"

王安石对于宋神宗的疑虑所做的解释和答复，更清楚地说明了，他之所以创立和推行保甲法，除了一要为地主阶级建立一个治安网，加强对于劳苦大众的阶级镇压力量，二要使大量的壮丁受到军事训练，逐渐以民兵代替雇佣兵，最终过渡到征兵制度之外，还要通过实施这一制度，解决北宋政府因豢养百余万冗兵而招致的财政困窘的问题。

在推行保甲法后，禁军中因死伤逃亡等事故而出的缺额果然就不再招募填补，其所应领受的钱粮赏赐等，从熙宁十年（1077）开始，即作为一个专门项目而分别贮存于各路的提点刑狱司所管仓库内，以备边防非常之用。据范祖禹在元祐年间所上的《论封桩札子》所说，诸路提刑司历年所贮存的这宗“缺额禁军请受钱帛、斛斗”的数量是很大的。

3．王安石在《上五事札子》中曾说：

> 保甲之法，起于三代丘甲，管仲用之齐，子产用之郑，商君用之秦，仲长统言之汉，而非今日之立异也。
>
> 然而天下之人，凫居雁聚，散而之四方而无禁也者数千百年矣；今一旦变之，使行什伍相维，邻里相属，察奸而显诸仁，宿兵而藏诸用，苟不得其人而行之，则搔之以追呼，骇之以调发，而民心摇矣。①

这里的前一段，追溯了保甲法的历史，是表明他所推行的保甲法，乃是把先秦法家商鞅等人所曾实施过的法令取作借鉴

---

① 《临川文集》卷四一。

的。后一段，则是举述了“什伍相维，邻里相属”的保甲法所应起和所能起的两种作用：一种是“察奸而显渚仁”，另一种则是“宿兵而藏诸用”。就王安石推行保甲法的实际情况来看，他所预期的这两种作用中的第一种，可算是起到了的。

把王安石有关保甲法的全部言论举措综合来看，就可看出，王安石之所以要仿效商鞅推行什伍法，主要还是因为，施行此法可以使得“兵众而强”，可以“致治强”，能够“宿兵而藏诸用”的缘故。王安石的改善军队素质，节省“养兵”耗费，革除募兵积弊，使全国壮丁半皆习战以扩大战士数量，制服西夏、契丹而在汉唐两代的规模上再度实现全中国的统一事业，这种宏伟战略设想，也是与推行保甲法改革军事制度紧密联系起来的。

也正是因为具有这样一些积极因素，保甲法便又成了保守派拼死反对的一个对象，司马光在其《乞罢保甲状》①中说：

> 今籍乡村之民，二丁取一，以为保甲，皆授以弓弩，教之战阵，是农民半为兵也。……畎亩之人，忽皆戎服执兵，奔驱满野，见者孰不惊骇？耆旧叹息，以为不祥。……
>
> 若使之戍边境，征戎狄，则彼戎狄之民以骑射为业，以攻战为俗，自幼及长，更无他务；中国之民，生长太

---

① 《司马温公集》卷四六。

> 平，服田力穑，虽复授以兵械，教之击刺，在教场之中，坐作进退有似严整，必若使之与戎狄相遇，填然鼓之，鸣镝始交，其奔北溃败可以前料，决无疑也。

司马光认为，北宋的全部壮丁一与戎狄相遇只会奔北溃败，这对当时忠勇爱国的人民固不免是全然错误的估计，然却把他在对契丹和对西夏的问题上，所一贯奉行的失败主义和屈辱事敌主张的思想根源自行暴露无遗了。《乞罢保甲状》中又说：

> 又悉罢三路（按指河北、河东、陕西）巡检下兵士，诸县弓手，皆易以保甲……其乡村盗贼悉委巡检，而巡检兼掌巡按保甲教阅，朝夕奔走，犹恐不办，何暇逐捕盗贼哉？
>
> 又保甲中往往有自为盗者，亦有乘保马行劫者。然则设保甲保马本欲除盗，乃更资盗也。……万一遇数千里之蝗旱，而失业、饥寒、武艺成就之人，所在蜂起以应之，其为国家之患可胜言哉？……
>
> 夫夺其衣食使无以为生，是驱民为盗也；使比屋习战，劝以官赏，是教民为盗也；又撤去捕盗之人，是纵民为盗也。谋国如此，果为利乎？害乎？

司马光的忠实信徒刘挚在其所撰王拱辰的《行状》中也有这样的几段：

> 时三路籍民为保甲，下户皆不免。日聚教之。提举官禁令苛急。
>
> 河北保甲，往往为盗贼，百十为群。州县不敢以闻。
>
> 公极论其弊，谓非止困其财力，害其农桑，所以使为不良者，法驱之也。将恐浸淫为大盗，可忧。愿蠲裁下户。……
>
> 章入不已，天子始悟保甲之为盗也。①

从以上两节引文又可看出，司马光等保守派人物为求维护其豪绅大地主阶层的利益，是把此外的一切全都置之不顾的。他们不但把广大劳动人民经常视若寇仇，严加防范压制，对于单是对地主阶级的中下层稍有好处的事也是极力反对的。对于与国家民族的安危密切相关的军事制度的改革，只因其稍稍触犯了豪绅大地主们所享受已久的某些利益和特权，而且把下等农户的壮丁也编入练习武技之列，就也被他们用死力加以反对。他们的见识既如此浅陋狭隘，认真说来，他们确实并不适合于担负治国安邦的重大职责。

4. 在推行保甲法的进程中，尽管如上所述，也曾受到了保守派人物的反对，但王安石却一直坚持不为所动，宋神宗虽也不免因受到保守派言论的影响，思想有时发生动摇，但基本说来，他对保甲法还是加以支持的。在王安石于熙宁九

① 《忠肃集拾遗》。

年十月二次罢相之后，保甲法也还在继续推行，更足证明宋神宗对保甲法是一贯支持的。

然而，王安石之所以创立保甲法，其目标所在，既要使它起到“察奸而显诸仁”的作用，也要使它起到“宿兵而藏诸用”的作用（亦即寓兵于农的作用）。王安石是要把保甲制度作为一道桥梁，借用它来通向民兵制度，而逐渐把北宋建国以来所施行的募兵制度整个废除。

《续资治通鉴长编》卷二二一，熙宁四年（1071）三月丁未载有王安石与宋神宗的一段谈话：

> 今所以为保甲，（为其）足以除盗。然非特盗也，因可渐习其为兵：既人人能射，又为旗鼓变其耳目，渐与约，免税，上番，代巡检下兵士；又令都副保正，能捕贼者奖之，或使为官，则人竞劝。然后使与募兵相参，则可以消募兵骄志，省养兵财费，事渐可以复古。此宗庙长久计，非小事也。

依照王安石这番话，可知他在此后所要采取的步骤及其长远打算乃是：首先要使农村丁壮人人都学得一套作战本领，熟悉战场上的种种规程；其次要保丁轮流去执行正规兵的防守任务；再次，对于正兵缺额不再招募补充，而只以受过操练的保丁填补。这样施行既久之后，募兵因衰老逃亡，数额日益减耗，除极少数常备兵仍须召募外，其余则一律为平时从事农耕、战时束装从戎的“民兵”了。

王安石之所以不简单鲁莽地把当时豢养的百多万募兵解甲归田，而必待其发生自然减员之日，才用受过训练的保丁去补充、取代，则是因为，这一大批以各种方式而应募入伍的职业兵，在长期处于悠闲寄生的情况下，已经是"行不得为商，居不得为农"，而只能"仰食于官"（苏轼《应诏策·练军实》文中语），已经都变成了好逸恶劳、口馋体懒的人，如令其解甲归田，则归去之后，也必不肯或不能再去服田力穑，那就仍只是社会上的寄生虫，那是非徒无益，而且有害的。王安石在一首《省兵》诗中所说的："有客语省兵，省兵非所先。……骄惰习已久，归去岂能田？不田亦不桑，衣食犹兵然。省兵岂无时，施置有后先。"正是极其明显地表述了他对募兵制要逐步地进行改革的一些设想。

说宋神宗基本上一直支持保甲法的推行，当然并没有错，可是，宋神宗对保甲法所要求的，只是最浅近层次上的一些事项，例如把居民丁壮什什伍伍地组织起来，可以防御盗贼，维护社会治安；又可以借此减少一定数量的雇佣兵，可以节省一定数量的养兵费用，等等；至于在王安石的思想中，只把保甲制度作为由募兵制走向民兵制的过渡桥梁而非为终极目标，这在宋神宗那里却始终并未取得共识。所以：

（1）当王安石向宋神宗论述欲去募兵之弊而大力推行保甲法时，宋神宗首先就质问他："募兵专于战守，故或可恃；至于民兵，则兵农其业相半，可恃以战守乎？"①

---

①《文献通考·兵考（五）》。

（2）当王安石决定要令全部保丁练习武技时，宋神宗却又下批示给他说：“保甲，浮浪无家之人，不得令习武艺。”并表示一直忧虑浮浪人习学武艺为害，以保甲不如禁军严密。①

（3）当宋神宗看到王安礼（安石之弟）的奏章，说在保丁们习熟武技之后令其代正兵上番时，便向王安石说道：“保甲要亦未可便替正军上番。”②

（4）当商谈比较募兵与保甲费用多寡时，王安石举例说：“假如在开封府界减去四千正兵，用其所费粮米以供保甲，只须养兵所费十之一二即足。”宋神宗听罢，便立即提出了反对意见，说道：“府界募兵之数，亦减于旧，为保持强本之势，未可再减。”③

在宋神宗这样那样的顾忌和疑虑之下，王安石当政期内，保甲法并没有起到逐渐地改变募兵制度的作用，而这种作用，却实在是王安石推行保甲法的终极目的之所在。单就此点而论，我们似乎可以说，王安石所推行的保甲法，远远没有获得完全的成功，而其所遭遇到的最大阻力，则是来自宋神宗身上。再进一步说，在王安石罢相之后，保甲法虽还在继续推行，但王安石所寄予保甲法的最大目标，却已经全被阉割掉了。

---

① 《续资治通鉴长编》卷二三三，熙宁五年五月丙戌记事。
② 《续资治通鉴长编》卷二三六，熙宁五年闰七月壬戌记事。
③ 《续资治通鉴长编》卷二四六，熙宁六年八月丁酉记事。

二　将兵法

关于北宋中叶的雇佣兵的骄惰腐朽、不堪征战的情况，欧阳修在《原弊》一文中曾加以描述说：

国家自景德罢兵（按指澶渊之盟）三十三岁矣，兵尝经用者老死几尽。而后来者未尝闻金鼓、识战阵也，生于无事而饱于衣食也，其势不得不骄惰。

今卫兵入宿，不自持被而使人持之；禁兵给粮，不自荷而雇人荷之。其骄如此，况肯冒辛苦以战斗乎！……

古之凡民，长大壮健者皆在南亩，农隙则教之以战。今乃大异：一遇凶岁，则州郡吏以尺度量民之长大，而试其壮健者招之为禁兵；其次不及尺度而稍怯弱者，籍之以为厢兵。吏招人多者有赏，而民方穷时则争投之。故一经凶荒，则所留在南亩者惟老弱也。而吏方曰："不收为兵，则恐为盗。"噫，苟知一时之不为盗，而不知其终身骄惰而窃食也。①

苏舜钦在写给范仲淹的《咨目二》中也曾对此加以描述说：

今诸营教习固不用心，事艺岂能精练？盖上不留意，

① 《欧阳文忠公集》卷五九。

> 则典军者亦不提辖，将校得以苟且，隳弛纪律。加之等级名分，往往不肯自异，至于人员与长行交易饮博者多矣。此则约束教令岂复听从？故出入无时，终日嬉游廛市间，以鬻伎巧绣画为业，衣服举措不类军兵，习以成风，纵为骄惰。[1]

田况在其所上《兵策十四事》[2] 中，则对于当时骑兵的不堪征战的情况加以描述说：

> 沿边屯戍骑兵，军额高者无如龙卫，闻其间有不能被甲上马者；况骁胜、云武二骑[3]之类，驰走挽弓不过五六斗，每教射，皆望空发箭，马前一二十步即已堕地。以贼甲之坚，纵使能中，亦不能入；况未能中之！

北宋军队的这些弱点，在11世纪三四十年代内对西夏的几次作战中全部暴露了出来。对于一个比较弱小的西夏尚且招架不住，对于居处在北边的比西夏强大得多的契丹，自然更无法去与之进行军事较量了。这样的一些现实问题，都促使宋神宗和王安石十分迫切地感到改善军队素质、加强军队实力的必要。因此，变法派在制定和推行保甲法以训练民兵的同时，也开始推行“将兵法”，用以改善雇佣兵的素质，提高

---

① 《苏学士文集》卷一〇。
② 《历代名臣奏议》卷三二五《御边门》。
③ 龙卫、骁胜、云骑、武骑，均系北宋禁军中骑兵的一种番号。

其作战能力。

“将兵法”，就是由北宋政府选用具有作战经验和能力的将官，专门负责对某一地区驻军的军事教练。它是吸取和总结了蔡挺在陕西泾原路的一种实践经验而制定的。

蔡挺是一位在对西夏的战争中立过战功的人，宋神宗继位之后，用他为泾原路的经略使，仍然是负责抵御西夏的一种军职。他在到任之后，据《东都事略》的《蔡挺传》说：

> 建勤武堂，轮诸将每五日一教阅。五伍为队，五队为阵。阵横列，三鼓而出之，并三发箭，复位。
>
> 又鼓之，逐队枪刀齐出，以步鼓节之，为击刺状，十步而复。
>
> 以上，凡复位，皆闻金即退。
>
> 骑兵亦五伍为列，四鼓而出之，射战、盘马。
>
> 先教前一日，将官点阅全备，乃赴教，再阅之。
>
> 队中人马皆强弱相兼。强者籍姓名为奇兵，隐于队中，遇用奇，则别为队出战。
>
> 泾原路内外凡七将，又泾、仪州左右策应将，每将皆马步军各十阵：分左右，各第一至五。日阅一阵。

蔡挺这种做法的特点，是将驻屯在泾原路内的正规军（即禁军），分别由固定的将官负责统领，并加以教练。这种做法得到宋神宗的赞赏。于是到熙宁五年（1072）宋神宗把蔡挺召入政府，用他做主持兵政的枢密副使。这年五月，“诏以蔡挺泾原路衙教阵队于崇政殿引见”，并即在崇政殿前把蔡挺在泾原路的“训兵之法”做了一番表演。接着又把这种训练办法颁发给诸路。

自从景德元年订立了“澶渊之盟”以后，苟且偷安的气氛就又笼罩了北宋王朝。在军事方面的任何举措，都要考虑是否会因此而与契丹造成衅隙，生怕再惹得契丹借端进行军事入侵。为此，对于河北地区的驻军，连经常的教练也不敢进行，甚至连军事营垒和防御工事也都不敢修葺。到熙宁六年（1073）的夏间，在推行“将兵法”的开始阶段，王安石和变法派的人们就决定首先从长期“不分将教习”的河北四路开始，分别差派了一些主兵官到那里去，对屯驻在那里的禁军“分番勾抽训练”。从此以后，北宋政府就逐步地在各路分别委派将官和副将，进入了将兵法全面推行的阶段。《续资治通鉴长编》卷二五六于熙宁七年九月癸丑载：

> 开封府界、河北、京东西路，置三十七将、副，选尝经战阵大使臣专掌训练。河北四路为第一至十七，府界为第十八至二十四，京东为第二十五至三十三，京西为第三十四至三十七。从蔡挺请也。……
>
> 将有正、副，皆给虎符。
>
> 又以河北兵教习不如法，缓急不足用，奏乞于陕西选兵官训练。

元丰四年（1081）于东南诸路也都设置将官。到此，全国各路就没有不置将之处了。《宋史·兵志（二）》对此概括叙述说：

> 总天下为九十二将，而郡延五路又有汉蕃弓箭手，亦各附诸将而分隶焉。凡诸路将，各置副一人；东南兵三千人以下，唯置单将。凡将、副，皆选内殿崇班以上、尝历战阵亲民者充。且诏监司奏举。又各以所将兵多寡，置部将、队将、押队、使臣各有差。又置训练官，次诸将佐。春秋都试，择武力士，几千人选十人；皆以名闻，而待旨解发。其愿留乡里者，勿强遣。此将兵之法也。

在推行将兵法的过程中，也同样经常遇到反对意见，需要进行斗争。《续资治通鉴长编》卷二五〇于熙宁七年（1074）二月己卯记一事云：

> 先是，王安石请如御前阅试法，支赐五路诸军阅试高等者。众皆以为费用多。
>
> 安石曰："且以河北一路言之，凡九万人。若依御前阅试法，岁费十万缗，只消减三四千禁军衣粮赏赐之费，足以给教阅支赐。九万人中若要拣退三四千怯弱人，却教得精强，即胜如今分外三四千人都不教。且如去年，府界添招三二万禁军，不知所费几何？以臣观之，若教得现兵精，即去年所招兵不招亦得；若不教，即招得去年许多兵，缓急亦与不添招无异。去年添招许多兵，每

> 岁添费钱物至多；今来教阅支赐，所费钱物至少。然议者以教阅支赐为可惜者，习见添兵，故以为常；未习见如此教阅，故以为异，故非之尔。”

可是，保守派中的某些人，例如韩琦和富弼，对于将兵法的攻击和非议，那就不是“未习见”“以为异”的缘故了。韩、富两人在熙宁八年（1075）全都利用契丹争议代北地界的时机而要把将兵法推翻，凡属在诸路所置的“将官之类”必须一律“因而罢去”。这样的反对意见，当然不可能使王安石和宋神宗考虑把将兵法即行废罢。而且，直到王安石和蔡挺全部离开北宋政府好几年之后，保守派的吕公著做了枢密副使，在元丰四、五两年（1081、1082）内还继续把将兵法向淮南、江南、两浙、湖广等地推行，可见韩琦和富弼的意见，在保守派人物中也不是都赞同的。

第五章　王安石对待敌国外患的决策

第一节　全力支持王韶对西蕃诸部的招讨
——断西夏右臂的河湟之役

江州德安人王韶，举进士及第之后，曾经客游陕西，采访边事。他知道宋神宗“智勇，有志于天下”，当其即位之初，便上《平戎策》说：

> 国家欲制西夏，当复河湟①，河湟复，则西夏有腹背之忧。自唐乾元（758—759）以后，吐蕃陷河、陇，至今，董毡不能制诸羌，而人自为部，莫相统一。宜以时并有之，以绝夏人之右臂。②

王韶所献之策，不但为宋神宗所欣赏，更为王安石所赞同。宋神宗召见王韶之后，便委派他为秦凤路安抚使司主管机宜

---

① 河湟，指黄河、湟水两流域之地，自晚唐以来，亦多泛称西戎，即指吐蕃诸部落散居之地，故王韶主攻取河湟而题曰《平戎策》。

② 《东都事略·王韶传》。

文字，到熙宁三年，王安石又要他负责秦州（今甘肃天水）西路所有关于招纳蕃部、创设市易司、募人营田等事。实际上是要把制服河湟地区吐蕃诸部落的任务，由王韶负全责了。

王韶承担了解决河湟地区蕃部的任务之后，他最先施行的是招抚办法，对象则是居处在青唐（今青海西宁），号称族大难制的俞龙珂部落。他于熙宁四年（1071）春夏之交，亲率数骑，直趋俞龙珂帐进行招谕，且留宿帐中以示不疑。被此种行动所激发，青唐和渭源（今甘肃渭源）诸蕃十二万口，全都相继归附于他。但在诸蕃相继归附，王韶与他们往返商洽的进程之中，宋神宗因受到保守派人物反对意见的影响，竟又认为王韶的招纳乃是一桩毫无实效的事。《续资治通鉴长编》卷二二四，熙宁四年六月丙子载：

> 上曰："韶招纳未有效。"
>
> 安石曰："只今招出，即是其效，为用与否，即在朝廷与将帅尔。"
>
> 彦博又言："招纳无补。"
>
> 安石曰："不烦兵，不费财，能抚结生户，不为西人所收以为边患，焉得为无补！"

从王安石的这几句话来看，可知他所念兹在兹的，总是在于招抚蕃部的目的，主要还是要使其不为西夏人所收附，不致如虎添翼。

同书卷二二六，于同年八月辛酉又载：

（文）彦博曰：“西蕃脆弱，不足收。”

安石曰：“星罗结等作过，秦州乃不能捕，况有豪杰能作文法（按：即策划、谋略之意）、连结党与者哉！亦岂得言其脆弱也？”

彦博曰：“西人不能立文法。”

安石曰：“响厮啰、鱼角蝉乃能立文法，此已然之效也。非徒如此，若为夏人所收，则为患大矣。”

彦博曰：“西蕃不愿归夏国。”

安石曰：“裕勒藏哈木现归夏国，若不愿归，则向宝之往，宜即倒戈，今乃不肯内附，何也？”

彦博曰：“纵能使之内附，亦何所补？”

安石曰：“以哈木归夏国，故哈木地便为生地，向宝不能深入以扰夏人。然则西蕃属我，与属夏人，不得言无利害也。”

这次的对话，与前乎此和后乎此的许多次谈话完全相同，所谈的直接对象，全是应否招讨西蕃的问题，而王安石用作衡量此事的价值判断，却全是以其是否有利于对付西夏的问题为准的，而这又是以文彦博为代表的保守派人物所始终不曾认识到的关系战略全局的一个问题。

下一年的春间，原受宋朝羁縻、受命为河州刺史的另一个蕃部大首领木征，提出了反对宋朝对蕃部进行招纳的意见，这使宋朝君臣又开展了如何对应的一番讨论。《续资治通鉴长编》卷二三〇，于熙宁五年二月癸亥记其事云：

明日，又呈郭逵奏，言："木征遣人来告：'王韶元与我咒誓，约不取渭源城一带地及青唐盐井，今乃潜以官职诱我人，谋夺我地，我力不能校，即往投董毡，结连蕃部来巡边。'若木征果来巡边，拒之则违王韶咒誓，纵之则前所招纳蕃部必为木征夺去。臣智识昏愚，无能裁处。乞朝廷详酌指挥。"

王安石曰："木征为河州刺史，郭逵为宣徽使、秦凤路经略安抚使，统押弹制木征，乃逵职事，木征有一语来，便称昏愚无能裁处，若知无能，何不早辞?"

文彦博曰："朝廷专任郭逵，方可以责此。"

安石曰："何尝不专任? 逵作经略安抚使，王韶招纳蕃部，于逵职事有何害?"

上曰："又不知木征果有此言否，亦安知非逵导之使言?"

王安石曰："此事诚不可知。就非导之使言，只观逵前后论奏反覆，事状甚明：前谓西蕃皆脆弱不足收，招纳枉费钱；至木征一言，便称'昏愚无能裁处'，若如此，则木征乃是强梁可畏。可畏，则前不当言脆弱；脆弱，则今何故便以为不可裁处?"

文彦博曰："事任不专，难责办于郭逵。"

上曰："制御木征，正是郭逵事任，如何不可责办?"

……

文彦博曰：“若木征果来（巡边），须与力争；力争，则须兴兵。”

安石曰：“以天下之大，若果合兴兵，亦有所不得已。”

上曰：“开元号无事，然年年用兵。有天下国家，即用兵亦其常事。但久不用兵，故闻用兵即怪骇。”……

彦博曰：“兵出无名，事乃不成。古人用兵须有名。”

安石曰：“今所以难于用兵，自为纲纪未立，基本未安，非为兵出无名。如木征是河州刺史，朝廷自招纳生羌，又不侵彼疆境，却称‘我告董毡去，我结连蕃部去’。此岂河州刺史所当言?”

上曰：“王韶所招纳，并非木征疆界。”

（吴）充曰：“（木征必）恐渐次侵及之。”

彦博曰：“自古用兵非得已。今若能服契丹、夏国，乃善；至于木征，不足校计。”

王安石曰：“今所以招纳生羌者，正欲临夏国，使首尾顾惮，然后折服耳。”

上曰：“此所谓图大于细，为难于易。”……又曰：“郭逵不当使盈，盈故如此。”

王安石曰：“人主操予夺之柄，盈者可以使虚；惟不能制虚盈使在我，故盈者自以为虽人主不能使我虚。……且招纳生羌，自是朝廷本分事，若逵肯以此为己任，则朝廷何必倚王韶?”

王安石本是想把招抚和征讨河湟蕃部的事，全部交付给王韶去处理的，但他却越来越觉察到，王韶所要干的这番事业，“内则为大臣所阻，外则为将帅所坏”，而神宗也时时暴露出一些动摇的意念。因此，就在熙宁五年二月的某一天，他特地写了一道专论此事的奏札给神宗，奏札的前半，全是重复他在商讨此事时曾经说过的一些话（包括他向宋神宗说过的一些话，也包括他驳斥文彦博、冯京的一些话和驳斥郭逵奏章的一些话），以加强其气势，其后半则更明确地提出新的建议：

> 招纳一事，方赖中外协力之时，在廷既莫肯助陛下成就此功，郭逵又百端倾坏。逵既权势盛大，其材又足为奸，若扇动倾摇于暗昧之中，恐陛下终不能推见情状。如此，则岂但不能集事，亦恐因此更开边隙。……今日便有处置，已非古之先见，然犹愈于迷而不复也。伏惟陛下早赐详酌，徙逵所任，稍假王韶岁月，宽其衔辔，使谗诬者无所用其心，则臣敢以为事无不成之理。臣于郭逵、王韶，何所适莫？但蒙陛下知遇，异于众人，义当自竭，以补时事，故辄忘进越犯分之罪，而冒昧陈愚，伏惟陛下裁赦。①

---

① 《续资治通鉴长编》卷二三〇，熙宁五年二月甲子。今按：此奏札为今日传世之《王临川文集》《王文公文集》二书所未收，《续资治通鉴长编》注谓系据“陆佃所编安石文字”录入。

宋神宗看到这道奏札之后，把郭逵调离秦州去判渭州，而把吕公弼调作判秦州兼秦凤路经略使，使王韶不再随时受到当地最高行政长官的掣肘。总算采取了比较恰当的措施。但在做出这一措置之后，宋神宗又向执政大臣们说道："秦凤缘边安抚司（按：此为王韶新被擢升的官司）与经略司（按：此为知秦州的人照例兼任的官司）事，宜与分别处置。不知吕公弼到又如何。"安石曰："此在陛下。陛下专以此事委之，必尽力。此大事，陛下宜留意。他时兼制夏国，恢复汉唐旧境，此乃基本，且不劳民费财。"① 本在讨论如何招纳蕃部，王安石却又把它与"恢复汉唐旧境"联系起来，这又可见，王安石是念念不忘他的统一中国的长远战略设想的。

然而，对于如何处理木征的问题，却还没有做出决定。到这年五月，宋神宗却又向王安石说道："今虽已招纳得，却用未得。"王安石答复他说："（王）韶本谋，至今一一不愆于素。今已见端绪，自此以往，日见成效，不忧用不得。但要陛下明察，毋令异议扰之而已。"②

这年七月，王韶领兵去修筑渭源堡，并又领兵直趋抹邦山，逾竹牛岭，逆击前来作战的西蕃部众，使之溃败逃走。这使洮河以西的蕃部大为震动。木征于此时率兵渡过洮水，声援溃败的蕃众，使他们重又聚集在抹邦山麓，从事抗拒。王韶做出决策，以为直取武胜（即此后王韶建置熙州之地），

① 《续资治通鉴长编》卷二三〇，熙宁五年二月己卯记事。
② 《续资治通鉴长编》卷二三三，熙宁五年五月辛卯记事。

则抹邦山一举而定。他令部将景思立、王存将泾原兵，由竹牛岭南路张其军声，示以不疑；而王韶本人，则潜师由东谷路径趋武胜。八月甲申，武胜遂告收复。王安石在闻悉这一决定性胜利之后，又发表了一番议论说："洮西既为内地，武胜更为市易，即必为都会。洮河据夏国上游，足以制其死命。"这再次证明，王安石之所以坚持招讨西蕃，其战略性目标之所在，乃是为了要制服西夏。

在攻取了武胜，并就其地改建为熙州城时，王韶又决计率兵去攻取河州，制服木征。他领兵穿行于露骨山而南，入洮州界内，打败了木征弟巴毡角，尽逐南山诸羌。木征闻悉，极为震恐，遂留其党守河州，自将精锐尾随宋军伺隙进攻。王韶推断说，如果直趋河州城下，则木征为外应，四外诸山的蕃部闻此声息，必复聚集合围宋军，那就大事不好了。于是他令景思立分兵去攻河州，而他本人则专力追寻木征所在，把他击败，使其遁逃，然后才率兵抵达河州城下。守城的蕃人以为这是木征返回了，却不料乃是王韶的部队，便只好全部投降了。八月乙亥，这一胜利消息便到达了北宋朝廷。木征一直流窜于西蕃境内，至熙宁七年（1074）四月中旬，王韶大破西蕃，始出降。

在取得河州之后，王韶又独自将兵至马练川，降瞎吴叱，进而攻下了宕州（今甘肃宕昌）。原来据守岷州（今甘肃岷县）、叠州（今甘肃卓尼）、洮州的蕃部首领，在闻知王韶的军队所向皆捷之后，便都相继举城归附了。[①]

王韶的多次捷报于十月上旬陆续送达北宋朝廷之后，做宰相的王安石便与其他执政大臣，以收复熙州及洮岷叠宕等州，幅员二千余里，斩获不顺蕃部一万九千余人，招抚大小蕃族三十余万帐，上表称贺。宋神宗在欢欣之下，立即解下自己所佩玉带，派内侍李舜举送与王安石，并传话给他说："洮河之举，大小并疑，惟卿启迪，迄有成功。今解朕所御带赐卿，以旌卿功。"王安石固辞，回答说："陛下拔王韶于疏远之中，恢复一方，臣与二三执政，奉承圣旨而已，不敢独当此赐。"宋神宗又令李舜举传话说："群疑方作，朕亦欲中止，非卿助朕，此功不成。赐卿带以传遗子孙，表朕与卿君臣一时相遇之美也。"[②] 王安石才收下这礼品。

从上文的叙述当中，随处都可以看出王安石在朝廷上所给予王韶用兵河湟的大力支持。在王韶行军进程当中，王安石还不断写信给他，告诉他在战争中应当注意的一些策略，给予他一些精神上的鼓舞和勉励，使他得以奋勇地依预定计划行事。这些信件的一部分，直到南宋还保存在理学大师朱熹家中。朱熹有一封《答王南卿书》（南卿即王韶的曾孙王阮），说道：

家有荆公与襄敏公（按即王韶）手帖数纸，见当时

---

① 《续通鉴长编纪事本末》卷八五《取洮河兰会（上）》。

② 《续资治通鉴长编》卷二四七，熙宁六年十月辛巳记事。

> 事，若非荆公力主于内，则群议动摇，决难成功。……若论熙河之役，则二公实同心膂，无异说也。……其帖，今录以上呈。
>
> 荆公政事固多失，然此一事却是看得破也。①

我认为，朱熹所说“二公实同心膂，无异说也”，真正是切中实质的。因为，王安石之所以始终不动摇地支持王韶，正是由于二人对这次军事行动，都怀有一个要断西夏右臂的战略目标。

招讨西蕃既然是为了断西夏右臂，所以在制服西蕃诸部落的过程当中，王安石即屡次向宋神宗谈及向西夏用兵之事，例如在熙宁五年八月壬辰，他就督促宋神宗说：

> 陛下必欲经略夏国，及秉常（西夏主的名字）幼稚之时，正宜汲汲。古人进德修业欲及时。缘天下事机，变动无穷，及可为之时，不可失也。②

同年九月癸亥又向宋神宗说：

> 今不取夏国，则四夷旅拒如今日，非所以宁息中国。然常人不可与虑始，此乃陛下所宜留意。③

---

① 《朱文公文集》卷六〇。
② 《续资治通鉴长编》卷二三七。
③ 《续资治通鉴长编》卷二三八。

在《熙宁奏对日录》当中，王安石记录了他对宋神宗所说的一段话：

> 今秉常幼，国人饥馑，困弱已甚，陛下不能使之即叙，陛下不可不思其所以。此非不察于小事，乃不明于帝王之大略故也。陛下以今日所为，不知终能调一天下、兼制夷狄否？臣愚窃恐终不能也。

可惜的是，宋神宗对他的这几次谈话全都没有做出积极的反应。

第二节　在契丹统治者两次制造衅端时的对策

一　熙宁五年契丹统治者的第一次挑衅

熙宁五年（1072）的秋季，北宋驻守北部边境的官员多次向宋廷陈报说，契丹的兵马越过了作为两国边界线的拒马河，看样子是要在拒马河南安置口铺（哨所）。宋神宗和文武大臣们对此进行了多次讨论。王安石始终以为，应把主要力量用在对西夏的军事上，应以对西夏的军事胜利制止契丹的制造衅端，并争取时间大修攻守之备以待契丹，而不应就事论事地专在移置口铺问题上与之斤斤计较。《续资治通鉴长编》卷二三七于熙宁五年八月丁酉记宋廷的一次讨论云：

> 雄州言："契丹巡马又过河。"枢密院以为必将添置口铺。……上意终未能不虞契丹置口铺。
>
> 安石曰："能有所纵，然后能有所操；所纵广，然后所操广。契丹大情可见，必未肯渝盟。陛下欲经略四夷，即须讨论所施先后。……若能经略夏国，即不须与契丹争口铺，契丹必不敢移口铺。若不能如此，虽力争口铺，恐未能免其陵傲。……若能讨论所以胜敌国之道，区区夏国何难讨荡之有？不务讨论此，乃日日商量契丹移口铺事，臣恐古人惜日，不肯如此！"

《续资治通鉴长编》卷二三八于熙宁五年九月丙午朔又记宋廷对此事的另一次讨论云：

> 雄州言："北界欲以兵来立口铺。"
>
> 文彦博、蔡挺等欲候其来，必争令拆却。
>
> 上曰："拆却若不休，即须用兵，如何?"
>
> 挺曰："不得已，须用兵。"
>
> 上以为难，曰："彼如此，何意也?"
>
> 王安石曰："或是因边吏语言细故，忿激而为此；或是恐中国以彼为不竞，故示强形；或是见陛下即位以来经略边事，以为更数十年之后，中国安强，有窥幽燕之计，即契丹无以枝梧，不如及未强之时先扰中国。以为

> ‘绝迟则祸大，绝速则祸小’，故欲绝中国，外连夏人以扰我。”……
>
> 上曰：“何以应之?”
>
> 安石曰：“今河北未有以应契丹，未宜轻绝和好。若彼忿激，及示强而动，即我但以宽柔徐缓应之，责以累世盟誓信义，彼虽至顽，当少沮，少沮即侵陵之计当少缓。因其少缓，我得以修备。大抵应口铺事当宽柔徐缓，修中国守备当急切。以臣所见，口铺事不足计，惟修守备为急切。苟能修攻守之备，可以待契丹，即虽并雄州不问，未为失计；若不务急修攻守之备，乃汲汲争口铺，是为失计。”……
>
> 安石又白上：“天下事有缓急，如置口铺，是生事，人所罕见，故陛下亦以为忧；如河北都无以待契丹，是熟事，人所习见，故陛下亦不以为虑。臣以谓：人所罕见者乃不足虑，人所习见者乃足忧；足忧宜急，不足忧宜缓。”

就这样纷纷扰扰地商讨了许多次，到头来还只是一场虚惊。正像王安石所推测的那样，契丹并没有向北宋边境内移置口铺。唯其如此，所以这次的议沦纷扰并没有影响到王韶攻取河湟的计划。

二　熙宁六年契丹统治者的第二次挑衅

在熙宁五年的冬季，熙河路已经建立起来，该地区蕃部的招讨工作已基本取得成功，并且已经论功行赏，按照王安石的用兵计划，是要待对西北蕃部的征讨取得更全面的胜利，继即考虑对西夏进行军事征讨的事。不料在熙宁六年的冬季，契丹的统治者却又派来使臣，说宋朝边防驻军的口铺，侵占了蔚、应、朔三州（皆在今山西省北部及与内蒙古交界处）的境土，必须重新划分地界。事实上，这纯粹是一种挑衅行为。因为，这三州全在石敬瑭割让于契丹的燕云十六州之内，从割让之日，到契丹派来使臣之时，其间已将及一百四十年，在此期间，双方并不曾发生过地界的争执。只有宋英宗治平二年（1065），契丹方面曾有人到北宋边界线内的长连城和六蕃岭两处设置了口铺，北宋守边人“以其见侵，毁之”。契丹人退走之后也并未再来。可见此疆彼界的分划，原即十分明确。而在事过百数十年之后，契丹统治者却突生异议，硬说北宋在这三州边界所建置的营舍铺屋，都侵占了契丹的边界，因而要重新做一次分划疆界的工作，并说这三州的边界全都应以分水岭作双方的分界线，却又根本不能明确指出，究竟哪儿叫作分水岭。所以，这分明是一桩无理取闹的挑衅行为，而就北宋王朝来说，也分明是可以有理有据地与契丹力争的一桩事情。然而北宋的最高统治集团中人，特别是宋神宗，却不认为据理力争可以制止契丹的挑衅，而心惊胆战地唯恐契丹以兵戎来侵犯，于是一次次地召集大臣聚议，商讨对策。《续资治通鉴长编》卷二五〇，熙宁七年（1075）二月己巳朔载：

上忧契丹。

安石曰："岂有万里而畏人者哉！如不免畏人，必是事尚有可思处。"

同书同卷于同月壬申又载：

时契丹将遣泛使萧禧来。上谓王安石："契丹若坚要两属地（按：即两国搭界处之缓冲地），奈何？"

安石曰："若如此，即不可许。"

上曰："不已，奈何？"

安石曰："不已，亦未须力争，但遣使徐以道理与之辩而已。"

上曰："若遽交兵，奈何？"

安石曰："必不至如此。"

上曰："然则奈何？"

安石曰："以人情计之，不宜便至如此。契丹亦人尔。"

冯京以为："我理未尝不直。"

上曰："江南李氏何尝理曲？为太祖所灭。"

安石曰："今地非不广，人非不众，财谷非少，若与柴世宗、太宗同道，即何至为李氏？若独与李氏同忧，即必是计议国事犹有未尽尔。不然，即以今日土地、人民、财力，无畏契丹之理。"

同书卷二五一，熙宁七年三月乙巳又载：

> 上患修河北守备而北敌疑，以问辅臣。
>
> 王安石曰："明告其使：'北朝屡违誓书要求，南朝于誓书未尝小有违也。今北朝又遣使生事，即南朝不免须修守备。修守备，缘不敢保北朝信义故耳。若南朝，固不肯违誓书，先起事端。'如此，则彼亦或当知自反。"
>
> 上以为然。

在这次谈话几天之后，契丹主所派遣送信的使臣萧禧已到开封，北宋的执政大臣，多以为萧禧必是来求关南之地（即周世宗所收复的瀛、莫二州之地）的，王安石则以为，必不如此。在开拆萧禧所送书信之前，宋神宗仍怀疑信中必多所求索，王安石则以为可能只是争论河东地区三州疆界的事。及拆阅来书，果然一如王安石之所料。三月丙午，宋神宗在延和殿接见了萧禧，向他说道："三州地界事，是小事，边疆守臣即可办理，何必专派你来？我当即派一职官前去当地察看，你朝也派一职官前去商谈，如何？"萧禧认为这样办理很好，并表示此外也并无其他要求。萧禧在开封共留住半月，到三月癸亥，便又带着北宋朝廷的回信（吕惠卿撰写）回契丹复命去了。

萧禧北归不久，王安石也离开了朝廷而到江宁去做知府。十个月后才又回到开封。在此期内，宋神宗委派了刘忱、吕大忠到代北地区去与契丹所委派的萧素、梁颖交涉关于三州地界的事。吕、刘根据前此许多年契丹致送宋方的文牒，论证宋方并无侵占三州地界事，萧素、梁颖虽举不出反证，却不肯对吕、刘的意见表示认同，到熙宁七年岁末，萧素、梁颖要返回契丹朝廷请示，宋廷遂也把吕大忠、刘忱召回，并改派韩缜前往代北与契丹官员商洽三州地界事。到熙宁八年三月，当王安石还没有到达开封时，契丹却又派萧禧到开封送信来了。信中说："近览所司之奏陈，载详兹事之缕细。谓刘忱等虽曾会议，未见准依。自夏及冬，以日逮月，或假他故，或饰虚言。殊无了绝之期，止有迁延之意。若非再凭缄幅，更遣使人，实虞诡曲以相蒙，罔罄端倪而具达。"[①] 这又使宋神宗惊慌失措起来，并即下诏给元老重臣韩琦、富弼、曾公亮、文彦博诸人，要他们提供应付契丹的对策。与此同时，王安石也回到了开封，重登相位。

恢复王安石宰相职位的诏命，是熙宁八年二月十一日发布的。江宁与开封相距，依当时交通常例，共为二十二程。将诏令递送江宁与王安石应召赴开封所需之日合计，即使中间无稍迟误，亦需一个半月。而据《续资治通鉴长编》所载，王安石是在三月己未（二十七日）才朝见宋神宗的，也足证他是此前不久才回到开封的，上距二月十一日颁发诏令之时，其相隔也确实已经一月又半了。据此可知，《邵氏闻见录》谓王安石闻命不辞，"溯流七日至阙"之说，纯属无稽之谈。

王安石首次朝见宋神宗，便向他表示说："今陛下复召用

---

① 《续资治通鉴长编》卷二六一，熙宁八年三月庚子记事。

臣，所以不敢固辞者，诚欲粗有所效，以报陛下知遇，以助成陛下盛德大业而已。然投老余年，岂能久事左右，欲及时粗有所效，愿陛下察臣用心。”[①] 这里所说的“盛德大业”，与王安石七年前初任参知政事时所表示的要助神宗大有为，用意自完全相同。只是，这次又附加了“投老余年”和“欲及时粗有所效”等语。

契丹争地界的问题既一直未得解决，据《续资治通鉴长编》卷二六二所载，王安石在四月癸亥（二日），便又主动去向宋神宗提议说：

> 契丹无足忧者。萧禧来是何细事，而陛下连开天章，召执政，又括配车牛驴骡，广籴河北刍粮，扰扰之形见于江淮之间，即河北、京东可知，契丹何缘不知？臣却恐契丹有以窥我，要求无已。
>
> 上曰：“今中国未有以当契丹，须至如此。”
>
> 安石曰：“惟其未有以当契丹，故不宜如此。凡卑而骄之，能而示之不能者，将以致敌也；今未欲致敌，岂宜卑而骄之，示以不能？且契丹四分五裂之国，岂能大举以为我害，方未欲举动，故且当保和尔。”
>
> 上曰：“契丹岂可易也！以柴世宗之武所胜者，乃以彼睡王（按：指契丹穆宗）时故也。”
>
> 安石曰：“陛下非睡王，契丹主非柴世宗，则陛下何

① 《续资治通鉴长编》卷二六一，熙宁八年三月己未记事。

为忧之太过？忧之太过，则沮怯之形见于外，是沮中国而生外敌之气也。”安石又言：“萧禧不当满其所欲，满所欲则归而受赏，是开契丹之臣以谋中国求赏，非中国之利也。”又言：“外敌强则事之，弱则兼之，敌则交之。宜交而事之则纳侮，纳侮而不能堪，则争，争，则启难。故曰示弱太甚，召兵之道也。”

但是，不沦王安石说了多少话，宋神宗却丝毫不为所动，就在四月丙寅（五日），在好不容易地把契丹泛使萧禧打发走了（仍然是由吕惠卿写了一封回信让他带走）的当天，又颁布了一道诏令说：

国家与契丹通和年深，终不欲以疆场细故，有伤欢好大体。既许以治平年盖铺处依旧址修盖，务从和会，即更不论有无照证。若不指定分水处，即恐检视之时，难为擗拨。……今已指挥韩缜等一就检视，擗拨处以分水岭为界。

另外，宋神宗还派了一名宦官送“御笔”给韩缜，督责他说：“疆界事，朕访问文彦博、曾公亮，皆以为南北通好百年，两地生灵得以休息。有所求请，当且随宜应副。朝廷已许，而卿犹固执不可，万一北人生事，卿家族可保否？”

尽管宋神宗要对契丹采取委曲求全的意向已如此明白、坚决，王安石对神宗的这一意向之不予赞同，却也是极其坚定的。原任代州知州，新被宋神宗委派与韩缜共同负责分划地界的周永清，也同样是不愿奉行神宗的这一意旨的。《续资治通鉴长编》卷二六二于四月戊寅（十七日）载：

命新知代州周永清……同韩缜分划地界……永清入对，言："疆境不可轻以予人。臣职守土，不愿行。"固遣之。

王安石为上言："契丹大而无略，则多隙可乘，且并诸国及燕人为一，四分五裂之国也。"

上曰："中国兼燕、秦、楚、越万里之地，古所以胜外敌之国皆有之。能修政刑，则契丹诚不足畏。"

安石曰："中国如大物，要以大力操而运之耳。"

宋神宗发言中涉及契丹的一句，其弦外之音盖在于，目前的政刑还未能修治得好，所以契丹还是可畏的。

《续资治通鉴长编》卷二六三，于同年闰四月甲午（初三日）又载：

上谓辅臣曰："萧禧才去，便无人论北事。须是大家恻怛忧边。"

王安石曰："此乃臣朝夕所愿望于陛下者。君倡臣和，若陛下不倡，臣何由自效？"

又议契丹事，安石曰："卑而骄之，乃是欲致其来。如传闻契丹甚畏我讨伐，若彼变其常态，卑辞以交我，不知我所以遇之将如何？陛下虽未欲陵之，边臣必争献侵侮之计；今彼不然，故我不敢易彼。由是观之，我不可示彼以惮事之形，示以惮事之形，乃所以速寇也。”

上曰：“彼必不肯已，则如何？”

安石曰：“譬如强盗在门，若不顾惜家赀，则当委之而去，若未肯委之而去，则但当抵敌而已，更有何商量？臣料契丹君臣有何智略，无足畏者。臣所畏者，契丹作难，则宜有受陛下委付与之抗者，方其与抗之时，乃有人献异议于中，陛下不能无惑，因从中挠其机事，则安危成败深有可忧。何则？千钧之重，加铢两而移。两敌相对，是争千钧之重之时，陛下从中著力挠之，则非特加铢两之力而已。此乃臣所甚畏也。若临事无此，则自有人为陛下任此责者。”

王安石向宋神宗一次次的进言，真称得上是披肝沥胆、竭智尽虑了，其用意，无非是想要鼓起宋神宗的勇气，在与契丹办理蔚、应、朔三州地界的交涉当中，不要暴露出一种畏怯情状，以免产生各种不良后果。然而，宋神宗既已颁布了要屈从契丹无理要求的诏令，又直接给负责办理交涉的韩缜等人以“御笔”指示，大势已去，已定，已绝非王安石所能挽回的了。到这年七月丙子（十六日），《续资治通鉴长编》卷二六六又载：

韩缜等图上河东缘边山川、地形、堡铺分画利害，诏:“双井水峪、瓦窑坞分画地开壕立堠，增置铺屋控扼处，并依奏。……其古长城以北弓箭手地，听割移。”

关于代北三州重划地界的交涉，到此，基本上已告结束，而且，基本上是以屈从契丹的要求之处为多。其中的每一步骤和每一细节，全都是在宋神宗的亲自过问和授意之下进行的。就在颁发这道诏令的同一天，宋神宗不无愧歉地又向王安石解释说:“度未能争，(契丹)虽更非理，亦未免应副。”王安石依然回答他说:“诚以力未能争，尤难每事应副，国不竞亦陵故也。若长彼谋臣猛将之气，则中国将有不可忍之事矣。”

屈从契丹的要求，重新划定蔚、应、朔三州的边界，既已成了定局，王安石为扭转这一事态发展所作的努力，也已经到达最后一局，客观上的事态发展虽早已告知王安石回天无力，主观上王安石却一直还在努力回天。事实是，从三月末王安石抵达开封，重与神宗相见，重又谈论到契丹要求重新划分蔚、应、朔三州疆界一事之日起，他虽还和前此一样坚持不能向契丹示怯示弱的主张，但同时他却也深切地感觉到，宋神宗担心契丹会以兵戎相临的忧惧感全未解除，而且仍极难解除。而任凭地界交涉依照神宗的意向发展，其必然结果，则是大长敌人的威风，大煞自己的志气。从此以后，不但契丹不能触动，西夏同样也不敢去触动了。一着之误，全盘皆输。这是对王安石的吞并西夏与契丹(即恢复汉唐旧境，亦即统一中国)的战略设想的严重挫伤，是给予王安石意志上、精神上的极为沉重的打击。

三　韩琦、富弼主张自行解除武装以释契丹统治者之疑

保守派的韩琦、富弼等人，在对待契丹的无端挑衅，要求重划代北地界的问题上，却采取了与王安石截然不同的态度。在熙宁八年的三月，契丹为坚持重划地界之议，再次派遣萧禧到北宋朝廷来进行交涉时，宋神宗深恐处理稍有失误，会使事态发展得更坏，以致造成严重后果，于是决定要广泛征求一些“元老重臣”的意见。他下手诏给韩琦、富弼等人说：

> 朝廷通好北虏，几八十年。近岁以来，生事弥甚。代北之地，素有定封，而辄造衅端，妄来理辨。比敕官吏同加案行，虽图籍甚明，而诡辞不服。今横使复至，意在必得。朕以祖宗盟好之重，固将优容；虏情无厌，势恐未已。万一不测，何以待之？古之大政，必询故老。卿夙怀忠义，历相三朝，虽尔身在外，乃心罔不在王室。其所以待遇之要、御备之方，密具以闻，朕将亲览。

韩琦在回答这道手诏的奏疏中说，契丹的挑衅，全是北宋政府改革军政、加强战备的一些措施，使契丹“见形生疑”，因而招惹出来的。他所列举的足以致契丹之疑的一些事件中，包括：

秦州古渭之西，吐蕃部族散居山野，不相君长，耕牧自足，未尝为边鄙之患。向闻强取其地，建熙河一路……而河州或云地属董毡，董毡即契丹婿也，即恐辟地未已，岂不往诉？而契丹闻之，当谓行将及我，此又契丹之疑也。

北边地近西山，势渐高仰，不可为塘泊之处，向闻差官领兵，遍植榆柳，冀其成长，以制虏骑。然兴于界首，无不知者。昔庆历慢书所谓“创立堤防，障塞要路”，无以异矣。然此岂足恃以为固哉？但使契丹之疑也。……

自虏人辨理地界，河朔缘边与近里州郡一例差官检讨，修筑城垒，开淘壕堑。赵、冀、北京，展贴之功，役者尤众。敌楼战棚之类，悉加完葺增置，防城之具率令备足，逐处兵甲器械，累次差官检视……此皆众目所睹，谍者易窥。……此又徒使契丹之疑也。

近复置立河北三十七将，各专军政。……雄州地控极边，亦设将屯兵……以至预籍上户车马驴骡，准备随行，明作出征次第，不可盖掩。此又深使契丹之疑也。

夫北虏素为敌国，施设如此，则积疑起事，不得不然，亦其善自为谋者也。……

望陛下将契丹所疑之事，如将官之类，因而罢去，以释虏疑，万一听服，则可迁延岁月。……如其不服，决欲背约……虏人果来入寇，所在之兵可以伺便驱逐，大帅持重，以全取胜。自此彼来我往，一胜一负，兵家之常，不可前料，即未知何时复遂休息也。①

韩琦的这些议论，几乎全都是站在契丹的立场上，似乎是代表契丹贵族而向北宋政府提出了种种责难和要求：既指责它不该向河湟进军，又指责它不该整军经武，从事战备；既要求它把边境上的防守武备自动撤除，也要求它把内地州郡的练兵教战一律废止。而最后一段中的“一胜一负，兵家之常，不可前料，即未知何时复遂休息”，这更是明目张胆地散布失败主义。

韩琦的这道奏章递送到朝廷之后，宋神宗和王安石曾在一次对话中对之有所评论。

宋神宗说：“韩琦用心可知！……前访以北事，乃云‘须尽改前所为，契丹自然无事’！”

王安石说：“韩琦再经大变，于朝廷可谓有功，陛下以礼遇之，可也；若与之计国事，此所谓‘启宠纳侮’。”②

“启宠纳侮”是《尚书·说命（中）》的一句话，是傅说告诫殷王武丁，不要宠信非其人以自取侮辱。王安石在这里引用

① 《韩魏王家传》卷一〇。

② 《续资治通鉴长编》卷二六三，熙宁八年闰四月戊申记事。“再经大变”是指宋仁宗和宋英宗的逝世而言。

此语，却绝非专指宋神宗因宠信韩琦而自取侮辱，而是和他所说的对敌人“宜交而事之，则纳侮”，以及“示弱太甚，召兵之道”诸语用意全同，是说若与韩琦计议国事而又听信他的话，那是只会为北宋王朝招致侮辱的。我认为王安石对韩琦所下的这句评语，是颇为中肯的。

富弼在回答这道手诏的奏疏中所提出的意见，和韩琦的那些议论也相差无几。他说道：

> 臣五六年来，窃闻绥州、罗兀、熙河……咸议用兵。……始初兴举，便传闻云：“朝廷后必复灵、夏，平贺兰。”既又大传有人上平燕之策，此说尤盛，北虏必寻已探知。
>
> 相继彼复闻朝廷修完器甲，简练卒伍，增筑城垒，积聚刍粮。加之……近又分置河北三十六将，按阅愈急。喧布渐久，事机参合，此虏人所以先期造衅，以有代北侵境之端而不肯已也。……彼非敢无故骤兴此端，实我有以致其来也。惟陛下深省熟虑，不可一向独谓虏人造衅背盟也。……
>
> 若朝廷乘忿，便欲深入讨击，臣实虑万一有跌，其害非细。更或与西夏为犄角之势，则朝廷宵旰矣。……
>
> 臣愿陛下以宗社为忧，生民为念，纳污含垢，且求安静……贵免一跌之失，此天下之愿也，亦臣之志也。
>
> 向又喧传陛下决为亲征之谋，中外益更忧惧，心陨胆落！陛下虽英睿天纵，必有成算，然太平天子与创业

之君事体绝异，尤不可慨然轻举。……

臣窃谓因横使之来，且可选人，以其疑我者数事开怀谕之……须令释然无惑，乃一助也。……

况中原大国，已与北虏结隙，今若更不推诚以待之，则恐不能解疑释惑也。①

富弼在这里首先指出，契丹的重划地界的提议，并不是无端造衅，而是北宋“修完器甲，简练卒伍，增筑城垒，积聚刍粮”诸措施招致来的。按照他的这个逻辑所能得出的结论，当然就是只有把这些有关战备的措施一律废罢，然后才可以把“衅端”消除。这和韩琦站在契丹立场上所说的那些话，居心是全然相同的。

富弼所提出的具体对策，是“纳污含垢，且求安静”。他最害怕的，则是北宋政府采取比较强硬的态度。他尤其害怕风闻到“深入讨击”和“亲征之谋”一类的传说，听到之后竟至吓得“心陨胆落”，这也是和韩琦同样在明目张胆地散布失败主义。

富弼在最后还提出，必须“推诚以待”契丹，否则就不能解契丹之疑，释契丹之惑。怎样才是“推诚相待”呢？那就只能是把北宋方面有关军政的机密和盘托出，把它们一齐泄漏给契丹。南宋初年的卖国贼秦桧，当他卑鄙无耻地向金

① 《续资治通鉴长编》卷二六二，《历代名臣奏议》卷三三〇《御边门》。

人进行卖国投降的罪恶活动而遭到人们的反对时，他就大言不惭地向人宣告说：你们是“以智料敌”，我秦桧是“以诚待敌”。富弼、秦桧，先后相隔五六十年，却都要以诚待敌，取彼证此，则富弼在这里所提出的，也是一个向敌人屈服的对策，岂不很明显了嘛！

四　驳斥邵伯温捏造的“以与为取”的无耻谰言

在关于代北地界的交涉当中，王安石所一贯坚持的，是一条从爱国主义立场出发的对策，而保守派庸人韩琦、富弼等人所提出的，则是一条屈从敌人的政策，信史所载，斑斑可考，铁证如山，无复可疑。然而在保守派的走卒、司马光的忠实信徒邵伯温的笔下，却捏造了一种完全违反事实、颠倒是非的谣言，妄图把爱国主义者王安石诬蔑为犯了严重卖国罪行的人。邵伯温在其《闻见录》中，对于宋与契丹争辩地界的交涉做了如下记述：

> 熙宁七年春，契丹遣泛使萧禧来，言代北对境有侵地，请遣使同分画。神宗许之，而难其人。执政议遣太常少卿判三司开拆司刘公忱为使。……虏又遣萧禧来，帝开天章阁，召执政与（刘）忱、（吕）大忠同对资政殿，论难久之。……
>
> 帝遣中使赐富韩公（弼）、韩魏公（琦）、文潞公（彦博）、曾鲁公（公亮）手诏……（原载手诏及韩、富奏疏俱已引见上文，此不重出。）

文潞公、曾鲁公疏，皆主不与之论，皆乞选将帅、利甲兵以待敌。

时王荆公再入相，曰："将欲取之，必固与之也。"以笔画其地图，命天章阁待制韩公缜奉使，举与之。盖东西弃地五百里云。

韩公承荆公风旨，视刘公忱、吕公大忠有愧也。议者为朝廷惜之。

呜呼！祖宗故地，孰敢以尺土不入王会图哉！荆公轻以畀邻国，又建"以与为取"之论，使帝忽韩、富二公之言不用。至后世奸臣，以伐燕为神宗遗意，卒致天下之乱。荆公之罪，可胜数哉！具载之以为世戒。

炮制了一部《闻见录》的邵伯温，也就是假冒苏洵之名而写《辨奸论》的那个人。收有《辨奸论》的《闻见录》是在南宋初年即12世纪40年代出笼的，此后，在宋、契丹争地界的交涉中"以与为取"的议论，被当时以及后代的一些官绅士大夫们确信是出自王安石之口的。第一个沿用邵伯温这一说的，是南宋的李焘。李焘在《续资治通鉴长编》当中记载宋与契丹地界交涉的事，所载王安石的言论，从其所附加的注语看来，基本上都是从《熙宁奏对日录》中摘录来的。其所记改派韩缜取代刘忱、吕大忠去与契丹官员谈判代北地界事，也恰是在王安石第一次罢相而离开北宋朝廷期内；宋神宗在严厉督责韩缜必须"随宜应副契丹所有请求"的"御笔"中，说"朝廷已许，而卿犹固执不可，万一北人生事，卿家族可保否!”其中所涉及的大臣，也只是文彦博、曾公亮二人。可见，要尽量服从契丹要求的意见，始终与王安石全不相干。这在李焘原应是十分清楚的。但是，由于邵伯温是司马光的信徒，李焘对邵伯温的信任就远远超过其对王安石的相信程度，以致在两个关键处所，他竟用邵伯温的记载来否定王安石的《熙宁奏对日录》，不惜与另外一些相关记载矛盾。

(一)《续资治通鉴长编》于熙宁八年四月癸亥记述了王安石所说的“萧禧不当满所欲”一段和“示弱太甚，召兵之道也”一段之下，紧接着就又说道：“然安石本谋，实主弃也，虽对语云尔，竟弗克行。”又于附注中引录了邵伯温《闻见录》中那段“欲取固与”的记载，然后总结说：“据此，则弃地实安石之谋。今《日录》四月二日对语乃谓‘许萧禧不当满其欲’，与邵所记特异，疑蔡卞等后来增加，实非当日对语也。今姑存之，仍略著安石本谋，庶后世有考云。”

(二)《续资治通鉴长编》熙宁八年七月壬申“上与王安石论契丹地界”条，在记述了王安石所说“若长彼谋臣猛将之气，则中国将有不可忍之事矣”一段之后，也附加注语说：“上与王安石论(地界)，据《日录》。疑此事即陈瓘所谓‘托训’[①] 也。盖安石实主割地之议者，他书可考也。”这所谓“可考”的“他书”，实际也只是指邵伯温的《闻见录》而言。

---

① “托训”意即伪造宋神宗的话。

但是，尽管李焘相信邵伯温的那段记载，他却只在《续资治通鉴长编》的正文当中写了“安石本谋，实主弃地”八个字，而没有摘引什么“欲取姑与”或“以与为取”的话语加以证实。这表明，他必是察觉到邵伯温的记载未必全可信据，因而采取了谨慎的态度。而在稍晚于李焘的陈均所编写的《皇宋编年纲目备要》当中，在熙宁八年“秋七月，命韩缜如河东割地”条下，就直截了当地写道：“初，萧禧至馆中，留不肯行，必欲以分水岭为界。……王安石劝上曰：‘将欲取之，必姑与之’。于是诏于分水岭画界，遣使以图示禧，禧乃去。至是，命缜往河东割新疆与之。凡东西失地七百里。”再下就又摘录了邵伯温的“呜呼，祖宗故地”云云那段诟骂王安石的议论。

以此以后，邵伯温的这条记载和议论就取得了“定于一尊”的地位，就连李焘的儿子李埴在其编写的《皇宋十朝纲要》当中，于记述宋与契丹的地界交涉时，也一字不改地抄用陈均写在《皇宋编年纲目备要》当中的那一段话，再到后来，元朝官修的《宋史》中，明人编撰的《宋史纪事本末》中，清初毕沅编撰的《续资治通鉴》中，更是众口一词，都直接或间接地把邵伯温的论点沿袭了下来。

究竟邵伯温的这条记载是否可信？王安石是否提出过“欲取姑与”或“以与为取”的主张？

答案全是否定的。

这个所谓的“欲取姑与”或“以与为取”的议论，完全是邵伯温凭空捏造出来，是对王安石进行诬蔑的一种无耻谰言。

所以说它纯出邵伯温的捏造，只是一种无耻谰言，是因为：

第一，“欲取姑与”或“以与为取”的论点，和王安石历次对答宋神宗的那些言论是完全相反的，而那些对答言论之确实出诸王安石之口，是不存在任何疑点的。如前所说，经李焘在《续资治通鉴长编》中记载下来的王安石在争地界交涉中的许多次言论，绝大部分都是王安石在《熙宁奏对日录》中自己记录下来的，不但是最为原始的，也是最为确实可信的史料。

第二，《吕惠卿家传》当中关于宋与契丹争议地界的一段文字，也是一件最有力的旁证，可以证明王安石所记录的他在地界交涉中的那些言论，都是如实地记录下来的，而不是在事后又加以缘饰和窜改的。今摘录《吕惠卿家传》中有关的一段文字于下：

> 是时北使来求地。已而谍言：契丹有渝盟入寇之谋。……
>
> 上欲与以所求。
>
> 惠卿曰：“彼甚无礼。今须谕以本非我侵，特以通和之久，不欲深辨，予之而已。……今萧禧以颜色来动吾国，遂取地去，归必受重赏，则彼国人谁不愿起事以侵侮我？……”
>
> 上曰：“不与，须至用兵。”

惠卿曰："拒绝亦不可，遽与亦不可。……今且遣使，许以治平堡铺，彼亦岂能拒绝？不过再遣，往返须逾年，足以为备矣。必欲其速了，何耶？"

上曰："忽然生事，如何？谁能保其无他？"

惠卿曰："未闻以千里畏人者也。……澶渊之役，闻定州才有二三万人，澶州才有二万人，所以敌敢如此；今有二十万正兵，又有保甲，恐未敢深入也。"……

王安石曰："陛下昨日言：'以睡王不恤国事，故世宗能胜之。'然睡王如此，世宗不过取得三关；陛下今日政事，岂可比得睡王？何至遽畏之？立国必有形势，若形势为人所窥，即国不可立矣。就令（彼）强盖堡铺如治平中，亦不至起兵。"①

吕惠卿的意见，一部分是附和宋神宗，如"特以通和之久，不欲深辨，予之而已"和"今且遣使，许以治平堡铺"二事即是；另一部分则是和宋神宗的意见不相同的，如"今萧禧……遂取地去，归必受重赏"云云诸语即是。而和宋神宗意见不相同的这些话，却又与王安石在熙宁八年四月癸亥对答宋神宗的论点完全相同，可见变法派的人都持有这样一种意见。这段文字最后所记王安石的一段话，与王安石自己记录在《熙宁奏对日录》当中的，除了字句稍有不同外，大意

① 自《续资治通鉴长编》卷二六二，熙宁八年四月丙寅"萧禧入辞"条下附注转引。

没有任何差异。这两种记载既如此相同，足可证明，王安石始终坚持其不能对契丹示弱示怯的意见，从来不曾提出过什么“欲取姑与”或“以与为取”的谬论。

第三，若谓这是王安石到交涉的最后阶段，才在思想上有了一个一百八十度的改变，才提出了“欲取姑与”或“以与为取”的意见，这也是说不通的。因为，一直到韩缜参与划分疆界，并将缘边山川地图陈报宋廷时，王安石不是还引用“国不竞亦陵”这句古语为论据，而反对长敌方的“谋臣猛将之气”吗？

第四，《续资治通鉴长编》于元祐元年（1086）闰二月甲辰载有苏辙的一道奏章，其中有云：

> 先帝初使吕大忠商量地界，大忠果敢有谋，坚执不与。北使自知别无的确证验，已似慑伏；而韩缜暗弱，遂坏此事，乞取问大忠及当时知次第人，即见诣实。

《历代名臣奏议》的《去邪门》也载有吕陶于同年同月所上的一道奏章，其中有云：

> 伏见韩缜……使河东日，实与虏使梁允同定地界，不能援誓书剖析曲直，大为梁允同所曲，遂割吾境土形胜之地数百里以啖犬羊。……辱命蹙国，罪当万死。

假如韩缜的这种“辱命蹙国”的行径确实是秉承着王安石的

“风旨”而干出来的，则在苏辙、吕陶两人的奏章中断无把王安石放过不提之理；两人既全未提及，可知这事只能由韩缜负责。至于指定韩缜去负责结束这次地界之争，并指示他对契丹采取让步政策的，则是宋神宗，这在苏辙、吕陶二人的奏章中虽均不敢涉及，而《续资治通鉴长编》所记前后事节，却甚明确。总之，韩缜办理这次交涉，只是秉承了神宗的旨意，而绝对没有秉承什么“荆公风旨”。

综上所述，可见邵伯温所编造的“欲取姑与”和“以与为取”之说，在北宋一代的官私记载中，只能找出有力的反证，却绝对找不到任何一条旁证出来。在北宋晚年新旧两派互相倾轧、斗争的长期过程中，指陈王安石的“罪言罪行”的大有人在，却也并无一人涉及此事。这岂不完全可以证明，邵伯温的这条记载，完全是由他恶意虚构的一种无耻谰言吗？

第六章　王安石的两次罢相

第一节　宋神宗畏天变与王安石的首次罢相

和北宋一代所有的执政大臣都不同，当王安石跻身到北宋王朝决策机构之时，对于北宋的政治、军事、财政经济和社会风俗等主要问题，他已有了一整套的改革方案。为求把这些改革方案依次付诸实施，他也做了充分的精神准备，即：他要用“天变不足畏”的观点去破除人们对天人感应学说的迷信；用“祖宗不足法”的观点去解除一些传统思想和成规旧章对人们头脑的束缚；用“流俗之言不足恤”的观点排除来自社会上糊涂议论的无谓干扰。在11世纪北宋政权所统辖的地区之内，王安石把“三不足”的思想观点用以自律，虽然可以使他成为一个先进人物，但却又不可避免地，要成为一个脱离现实，脱离社会人群大众（包括知识分子阶层在内）的人物。

宋神宗即位不久，就把王安石召入中央政府任翰林学士，在他与王安石几次对谈时，听了王安石向他陈述的有关“变风俗，立法度”的一些意见，他无不击节叹赏。以此作为根据，我们似乎可以说，王安石的有关革故鼎新的主张，基本上是都得到了宋神宗的同意。但就推行新法的进程中宋神宗的诸多不同对应来看，又不能轻易地得出这一结论。我们也许可以这样说：在一般性和不着实的理解层次上，宋神宗对王安石的变风俗、立法度的各项建议是完全同意而且十分赞赏的，但那都是在未经过逻辑思辨和具体分析情况下的反应，一到面临改革的现实，宋神宗就会做出另一种表现和反应了。举例来说，当王安石任翰林学士时，所奏呈的《本朝百年无事札子》中曾有几句带批评性的意见，说道："君子非不见贵，然小人亦得厕其间；正论非不见容，然邪说亦有时而用。"对于这道奏札，宋神宗曾亲向王安石说过："昨阅卿所奏书至数遍，可谓精尽，计治道无以出此。"这表明他对奏札中的意见，包括对使正论邪说互相搅扰的做法的批评，全都认可和同意，并要照办或照改。可事实却并不如此。单就征服熙河地区蕃部这一问题来说，宋神宗既已认定王韶、王安石的断西夏右臂的战略决策是正确的和可行的，那就应当大力支持，其实却不然。熙宁六年王韶的招讨计划已经全部实现时，宋神宗虽称赞王安石说："洮河之役，大小并疑，惟卿启迪，迄有成功。"但又说，"群疑方作，朕亦欲中止，非卿助朕，此功不成。"这里所说的"大小并疑"，"群疑方作"，不就是指朝廷上的文彦博、冯京等人经常提出反对意见，和在秦凤路的李师中、郭逵等人在军事上的掣肘和阻挠吗？而这些反对意见和阻挠行为之所以生成，不又正是由于宋神宗有意地要使"异论相搅"以发生互相制约的作用吗？正因如此，所以当招讨工作将近成功以及已经成功并受到宋神宗的奖励之时，王安石本应是极为欢欣鼓舞，而他却不止一次地请求辞去宰相职位，难道这不是必有深层原因可供我们探索的吗?

另举一例：作为王安石革新变法精神支柱的“三不足”原则，在王安石入参大政之后不久，司马光、范镇、陈荐等人，便借考试馆职人员的机会，在试题中全部加以揭露，并用“愿闻所以辨之”作为试题的结语。当宋神宗看到这份试题之后，大为骇怪，说朝廷上绝对无人作此主张，并批示令别出试题。到他见到王安石时，又问王安石：“闻有三不足之说否?”王安石虽答以“不闻”，但紧接着就对“祖宗不足法”和“流俗之言不足恤”的道理加以详细的阐明，以为此二语全都是正确的，并不是谬误和值得骇怪的。但对“天变不足畏”一事，他却不敢坦率地予以承认，而只是委婉地说道：“陛下躬亲庶政，无流连之乐，荒亡之行，每事唯恐伤民，此即是畏天变。”他不敢谈及尧时曾有九年的洪水，商汤时曾有七年的大旱，都足证明天变必与行政无关的道理。但在熙宁三年（1070），王安石却把他所撰写的《〈洪范〉传》呈献给宋神宗，其用意所在，则专是为了他对《洪范》中的“狂恒雨若”“僭恒旸若”二句新解，把汉儒释“若”为“顺应”的误解，改正为，“若”应从本义释作“犹如”，这样就把汉儒附加的天人感应关系一刀砍断。他以为这个新的解说，也许可以使神宗明白自然现象的变异与政治全不相干。后来的事实证明，王安石的这一意图，在宋神宗那里并未收到任何效果。尽管如此，每逢保守派的人们借自然界的异常现象对新法肆行阻挠时，王安石却总是用灾异与政治全不相干的观点进行反击。

仅仅说王安石的《〈洪范〉传》并没有对宋神宗的天人感应的传统迷信起到任何启迪，还嫌不够，因为，后来事实证明，并不是宋神宗对天变不足畏的观点有所信从，恰恰相反，他反而站在保守派人物一边，和他们一起大唱反调了。《续资治通鉴长编》卷二五一载，从熙宁六年（1073）冬到七年春，久旱不雨。在七年的三月中下旬内，当翰林学士韩维在延和殿朝见时，宋神宗向他说道："久不雨，朕夙夜焦劳，奈何?"韩维说："陛下忧悯旱灾，损膳避殿，此乃举行故事，恐不足以应天变。《书》曰'惟先格王，正厥事'。愿陛下痛自责己，下诏广求直言，以开壅蔽；大发恩命，有所蠲放，以和人情。"后数日，又言："近日畿内诸县，督索青苗钱甚急，往往鞭挞取足，至伐桑为薪以易钱货。旱灾之际，重罹此苦。夫动甲兵，危士民，匮财用于荒夷之地，朝廷处之不疑，行之甚锐，至于蠲除租税，宽裕逋负，以救愁苦之良民，则迟迟而不肯发。望陛下自奋英断行之。"此后，他又一次请求面对。经韩维这样再三陈请，宋神宗就指令他起草诏书，于七年三月二十八日发布，全文为：

> 朕涉道日浅，晻于致治，政失厥中，以干阴阳之和。乃自冬迄今，旱暵为虐，四海之内，被灾者广。间诏有司，损常膳，避正殿，冀以塞责消变，历月滋久，未蒙

休应。嗷嗷下民，大命近止。中夜以兴，震悸靡宁。永惟其咎，未知攸出。意者朕之听纳不得于理欤？狱讼非其情欤？赋敛失其节欤？忠谋谠言郁于上闻，而阿谀壅蔽以成其私者众欤？何嘉气之久不效也？应中外文武臣僚，并许实封言朝政阙失，朕将亲览，考求其当，以辅政理。三事大夫，其务悉心交儆，成朕志焉。

韩维在奏对之时，首先说仅仅“举行故事，不足以应天变(指久旱言)”；其次则说青苗之法害民，应予罢除；最后则说不应该把财货浪费在招讨西蕃的军事上。针对这些问题，他力劝宋神宗下诏责己，广求直言。宋神宗采纳了韩维的谏言而颁降如上的这道诏书。而这道诏书，既是宋神宗第一次完全站在保守派立场上向王安石的新政进行全面的指责，有意地要使“异论相搅”，更是直接向着王安石所标举的“天变不足畏”的观点公开挑战。在王安石读到这道诏书之后，其精神上心灵上所受的刺伤和打击之深重，当然可以想见。然而王安石却隐忍着这一伤痛，当他于数日后又一次见到宋神宗时，他仍是若无其事地，坚定地奉守着“天变不足畏”的观点，向神宗劝说道：“水旱常数，尧汤所不免。陛下即位以来，累年丰稔，今旱暵虽逢，但当益修人事，以应天灾，不足贻圣虑耳。”宋神宗却回答他说：“此（按指久旱）岂细故！朕今所以恐惧如此者，正为人事有所未修也（按：此当指新法多有不合天意)！”从这番答话的语气和态度，当然都可以体察出宋神宗一直还在坚持着诏书中的那些意见。而在此期间，保守派的司马光、郑侠、滕甫等也都相继应诏上书，奏陈天变之不应忽视，新法之必须废除，等等，这使得王安石觉得非坚决辞去相位不可了，便再三向宋神宗恳求解除职务。可此时，宋神宗却又省悟到，在当前的臣僚当中，真正能“横身为国家担当重大事业”的，只有王安石一人（对太皇太后语），因此他又不肯应允王安石的辞职。在屡经挽留而无效之后，他打算只允许王安石辞去相位，而仍给予师傅之官，把他留在开封。但这也没有得到王安石的同意。最后，在无可奈何的情况下，在熙宁七年四月中旬，终于依照王安石的请求，罢免了他的宰相之职，改派他去做江宁府的知府了。王安石于此后就尽快地回到江宁。

但是，过了还不满一年的时光，到熙宁八年二月，宋神宗又恢复了王安石的相位，又把他调回开封去了。

第二节　战略设想的破灭和王安石的第二次罢相

一　用孟子的“濡滞”去齐探求王安石迟迟辞别相位的原因

《孟子》的《公孙丑（下）》，记载了孟子到齐国去游说齐宣王，劝说他推行仁政，以便称王于天下。齐宣王对孟子的一次次进言，却总是半信半疑，不肯下决心照办。孟子在失望之后，便怀着十分留恋的心情而迟迟疑疑地离开了齐国。

在此之后，有一个名叫尹士的人，对于孟子这次的来去缘由深为不解，于是引发了孟子吐诉衷情的一大段话语。今将《孟子》记述此事的原文抄录于下：

> 孟子去齐。尹士语人曰："不识王之不可以为汤、武，则是不明也；识其不可，然且至，则是干泽也。千里而见王，不遇故去，三宿而后出昼，是何濡滞也！士则滋不悦。"高子以告，（孟子）曰："夫尹士恶知予哉！千里而见王，是予所欲也；不遇故去，岂予所欲哉？予不得已也。予三宿而后出昼，于予心犹以为速。王庶几改之，王如改诸，则必反予。夫出昼而王不予追也，予然后浩然有归志。予虽然，岂舍王哉！王犹足用为善。王如用予，则岂徒齐民安，天下之民举安。王庶几改之，予日望之。予岂若是小丈夫哉，陈于其君而不受，则怒，悻悻然见于其面，去则穷日之力而后宿哉！"尹士闻之，曰："士诚小人也！"

王安石自从在熙宁初年与宋神宗遇合以来，其得君之专与当政之久，是在他以前北宋宰辅中任何人之所不及的，他与宋神宗的相互理解和期许绝非暂时到齐国作游说的孟子与齐宣王二人的相互关系所能比。但是，我之所以引录《孟子》中的那段记事，却只是为了比对王安石重登相位之后，直到他第二次罢相之日，那段时期内的矛盾心理。

熙宁七年四月王安石的罢相，是因为保守派人物借旱灾肆虐喧嚣不已，而宋神宗也相信天灾必与他的行政措施有这样那样的关联，因而听信了保守派的谏言的结果。王安石居相位虽已数年，但他实际上还是一个难进易退的人。可是他这次的罢相，正是在他大力推行各项新法，是在他的宏伟战略设想中那一断西夏右臂的阶段性战争——河湟战役取得了全胜，按他的预定计划，正应是策划如何乘机向西夏进行武力征取的时候。因此，他虽然辞去宰相，而对于上述诸项军、政事务，特别是对于最后一项，他却是无法割舍的。到熙宁八年二月，当他接到恢复相位的诏命之后，虽然不是像有人所说，溯流一周而至开封，可的确是在接到这一诏命之后，以最积极快速的行动而赶往开封重登相位的。他满怀希望，以为原有设想能得到更进一步的实现，然而不幸的是，当他回到开封之日，又恰是契丹王朝再次派遣萧禧南来，依然坚持重新划分代北三州地界之时。王安石坚定地主张，绝不能对契丹的这种挑衅稍示屈从，而宋神宗却一直顾虑重重，心怀惊恐，对于王安石一次次诤言，全都置若罔闻。到熙宁八年的五六月间，代北地界的交涉，事实上是以北宋政府之忍辱屈服而告终结，王安石政治态度之消极从此开始，他的身心陷入进退两难的处境。一方面他还像孟子濡滞地离开齐国时那样，心里满怀着希冀，皇帝庶几改悔，在与契丹的地界交涉告一段落之后，能够把失之于契丹者转而收之于西夏，亦即再按照他原来的战略设想，乘招讨西蕃诸部的胜利余威，发动对西夏的军事攻势。他既有“皇帝庶几改之，予日望之”的存心，也同样有孟子的心态：“予岂若是小丈夫哉，陈于其君而不受，则怒，悻悻然见于其面，去则穷日之力而后宿哉！”他在静候宋神宗思想的转变。然而日积月累之后，宋神宗却绝口不提此事！

北宋人马永卿所记述的刘安世的《元城语录》中，有一段评述王安石和宋神宗的话，今摘录于下：

当时天下之论，以金陵（按即王安石）不作执政为屈，此“虚名”也；平生行止无一点涴（污染），论者虽欲诬之，人主信乎，此“实行”也；论议人主之前，贯穿经史今古，不可穷诘，故曰“强辩”；前世大臣，欲任意行一事，或可以生死祸福恐之得回，此老实不可以此动，故曰“坚志”。因此八字，此（新）法所以必行也。

得君之初，与人主若朋友，一言不合己志，必面折之，反覆诘难，使人主伏弱乃已。及元丰之初，人主之德已成，又大臣尊仰将顺之不暇。天容毅然正君臣之分，非与熙宁初比也。

这段话告诉我们的一个最主要的信息，是宋神宗对执政大臣们态度的前后大不相同的变化。刘安世把元丰初年作为前后不同的分界线，事实上是稍晚了一些，因为，在王安石第一次罢相前夕，宋神宗与王安石对话时的神情，如前文所记述，已经远非此年之前两人对谈时了，而到王安石返京复职之后，对契丹重划地界的挑衅，宋神宗对王安石所陈对策，竟采取不听不理姿态，而凭本人的意向专断处理，这难道不是已经表明他对王安石也在“正君臣之分”了吗？何尝是到元丰之初始然呢。在这一变化的情况下，刘安世所说，王安石在“得君之初，与人主若朋友，一言不合己志，必面折之，反覆诘难，使人主伏弱乃已”的作风自然必须改变。对于进军西夏，在宋神宗不肯亲口提出之时，他也只能把它放在自己的希望当中，长期等待。

当王安石一直苦于无法打开这种困惑窘局时，宋神宗于熙宁九年六月丁亥（初三），忽然告诉王安石说：“熙河探报，夏国欲用十二万人取熙河：六万拒汉兵来路，六万攻取。果如此，奈何？”王安石当即向他分析说：“熙河城必非一日可拔。夏国纵无后顾，不知十二万人守熙河几日？自来夏国大举，罕能及二十日，熙河虽乏粮，亦皆有半年以来枝梧，恐无足忧者。且夏国非急迫，安肯出此？”[①] 今按，宋神宗口述的这一“熙河探报”，实在来得有些突兀。何以这样严重的军事情报，不依通常的例子先送达枢密院，而竟首先抵达皇帝的耳目之中呢？何以在王安石断言夏国非急迫不肯出此之后，宋神宗不像担心契丹之以兵戎来侵那样，一再地追问：“果如此，奈何？”而竟默然而息，不再作声了呢？而且，何以在这次的谈话之后，不论在宋神宗的口中，还是在《续资治通鉴长编》以及宋人其他史籍的记载中，全都没有涉及西夏确已有向熙河出兵动向的续到音信呢？因此，我们可以做

① 《续资治通鉴长编》卷二七六。

出判断说，宋神宗所说的“熙河探报”，全属虚枉不实之词，乃是特地用来沮消王安石原定在断西夏右臂之后继即用兵西夏的战争计划的。[①] 这当然更使王安石痛切地感觉到，过去几年招讨西蕃诸部的成功，只成为徒劳和浪费事体，已全然失去其战略意义了！

在“熙河探报”之后，紧接着发生了吕惠卿状诉王安石的事件。

王安石于熙宁七年四月罢相之时，力荐吕惠卿为参知政事，吕惠卿却得陇望蜀，很想在王安石罢相期内，登上相位，并且制造了几件有损于王安石政治声誉的事，希望借此阻止王安石的复职。所以，当他闻悉王安石于罢相不足十月之后，又被召入京复职时，不禁大为愕然。但在王安石复相之后，在对待契丹要求重新划定代北三州地界的问题上，吕惠卿还是与王安石采取了同样的态度和主张。所以在对待一时盛传的，吕惠卿极力阻止王安石“再入”的一些举动，王安石一直是采取高姿态而没作任何反应。但一些卑鄙无耻的小人，如邓绾、练亨甫等人，却不断在王、吕二人之间搬弄是非、挑拨离间。宋神宗为解决王、吕二人之间的矛盾，便于熙宁八年（1075）四月，改派吕惠卿出知陈州。吕惠卿也把这事情归罪于王安石。到熙宁九年的春夏，吕惠卿为泄积愤，一连写了几道控诉王安石的奏状给宋神宗，其最主要的一句话

---

① 《续资治通鉴长编》卷二七七，熙宁九年七月庚寅又载，“上批，熙河今岁减罢使臣至京多日”云云，今查七月庚寅上距六月丁亥仅隔数日，而神宗手批竟只字不再提及西夏进军一事，可知六月丁亥“熙河探报”纯属虚妄。

语是："王安石尽弃素学，而隆尚纵横之末数以为奇术，以至谮愬胁持，蔽贤党奸，移怒行狠，犯命矫令，罔上要君。"①他所罗列的这些罪状，与王安石的素行是否相符，宋神宗应该是一清二楚的。然而，不知究竟用意何在，在谈论过"熙河探报"之后的第四天，即熙宁九年六月辛卯（初七），宋神宗竟把吕惠卿前后奏状所诉各节，一股脑儿告之王安石了。王安石闻悉之余，一方面知道宋神宗对吕状所诉诸事必皆知其端的，用不着再向他一一置辩；而另一方面，也使他立即与四天前宋神宗无端提出的"熙河探报"事件紧密联系起来，由此及彼，由表及里地思考的结果，他只有再向宋神宗恳切地申请罢免他的相位，此后也更多地称病不到中书供职了。事态发展到这等地步，宋神宗却又派专人去向王安石解释说："朕无间于卿，天日可鉴，何遽如此？"为什么王安石的这次辞职，竟使得宋神宗用对天盟誓的言语来表白自己的心迹呢？这不正可证明问题之核心所在，与吕惠卿的诉状全不相干，而只在宋神宗与王安石两人的关系上吗？而此种关系的焦点，岂不又正是集聚在究竟要向西夏用兵呢，还是要在预测西夏可能出兵熙河的自相惊扰的情况下而放弃主动行动呢？宋神宗既要采取后一种决策，当然不免对王安石感到无限愧咎了。此时，恰逢王安石的儿子王雱（当时也在开封任职）的病情加重，宋神宗遂乘势给假令王安石在家抚视病儿。六月二十九日，王雱病卒，宋神宗又下令给王安石，要他"候王雱终

① 《续资治通鉴长编》卷二七六。

七供职”。王安石对他儿子是非常爱重的，儿子之死，当然使他悲痛不堪，从此他不再到中书供职，对于公私的交往也一律加以谢绝，并且不再问闻了。然而邓绾、练亨甫那伙不识大体的人，却仍在为保障自己的前程而蝇营狗苟地干些卑鄙勾当。例如，做御史中丞的邓绾竟死皮赖脸地恳求宋神宗不要让王安石告退，并要求宋神宗在开封赐予王安石一所宅第，等等。王安石闻悉这类事件之后，便奏陈神宗，把他们贬斥到外地去任职。而其本人则仍是向宋神宗恳求解除职务。到这年的十月丙午（二十三日），正式发布了诏令，王安石再次罢相，以同平章事判江宁府。回到江宁，王安石立即上书，坚请“奉祠”，此后他就退居江宁城外的钟山，过起诗人和学者的生活来了。

《宋宰辅编年录》载王安石这次罢相的《制词》有云：“眷方深于台辅，志弥坚于政经。挈持纲维，纠正法度。俄属伯鱼之逝，遽兴王导之悲。引疾自陈，丐闲斯确，宜仍宰路之秩，载加衮钺之荣。”其中并无些许微词，连他的“往往托疾不事事”，也未提及而略表不满。可见这次罢相原因，主要是为了王雱之死。李焘在《续资治通鉴长编》中所附加的“上亦滋厌安石所为”等语，分明是缺乏实据的曲笔。但是，王雱之死，王安石悲痛不堪，终究只是王安石力求罢相的近因，而非其根本原因，因为，依照上文所列举的发生于熙宁九年六月诸事节来看，即使王雱不死于此时，王安石也一定是非要从政坛脱身不可的。痛心于那个宏伟战略设想的彻底破灭，王安石不能不以本人的政治生涯为之殉葬。

二　王安石的二次罢相非因吕惠卿的“发其私书”

王安石这一次之所以未能久居相位，据当时官僚士大夫们所哄传，是因为与吕惠卿互相倾轧所致，其事之大致如苏辙在后来的一道奏章中所说：

安石之于惠卿，有卵翼之恩，有父师之义。方其求进，则胶固为一，更相汲引，以欺朝廷；及其权位既均，势力相轧，反复相噬，化为仇敌。始安石罢相，以执政荐惠卿，惠卿既已得位，恐安石复用，遂起王安国、李士宁之狱，以扼其归。安石觉之，被召即起。迭相攻击，期致死地。安石之党言惠卿使华亭知县张若济借豪民钱置田产等事……狱将具而安石罢去，故事不复究。案在御史，可覆视也。惠卿言安石相与……发其私书，其一曰“无使齐年知”，齐年者冯京也，先帝犹薄其罪；惠卿复发其一曰：“无使上知”，安石由是得罪（按指第二次罢相）。

夫惠卿与安石出肺腑，托妻子，平居相结惟恐不深，故虽欺君之言见于尺牍，不复疑问。惠卿方其无事，已一一收录，以备缓急之用；一旦争利，遂相抉摘，不遗余力，必致之死。此犬彘之所不为，而惠卿为之，曾不愧耻。……①

① 据《宋宰辅编年录》卷八摘引。

这里边所举述的事实，有些是确实的，例如说王安石、吕惠卿后来意见不合，吕惠卿在王安石第一次罢相时企图取而代之，因而“起王安国、李士宁之狱”，想牵连及于王安石，而使其不可能重登相位，这是确有其事的。王安石重登相位之后，有些想要讨好王安石的人，也确实又揭发了吕惠卿借豪民钱在华亭县购置田产的事。但其中所说至关重要的一事，即所谓王、吕在反目之前“更相汲引，以欺朝廷”，“平居相结惟恐不深，故虽欺君之言见于尺牍，不复疑间”，亦即吕惠卿发其私书，一曰“无使齐年知”，一曰“无使上知”一事，却是属于“事出有因，查无实据”的。苏辙所指陈的，吕惠卿揭发王安石写给他的两封信，当即上文从《续资治通鉴长编》卷二七六所引录吕惠卿连续控诉王安石的奏状中所附入的，然而《续资治通鉴长编》所概括出来的“谮愬胁持，蔽贤党奸”以至“罔上要君”等等行径，并不包括“毋使上知”一事。而且，在哲宗初年，即有一个认真追查过此事的陆佃。陆佃在参加编修《神宗实录》时，曾写过一封《乞降出吕惠卿元缴进王安石私书札子》，全文是：

> 臣等勘会：昨来御史弹奏吕惠卿章疏内，称惠卿缴奏故相王安石私书，有“毋使上知”“毋使齐年知”之语，“齐年”谓参知政事冯京，且称“安石由是罢政”。大臣出处之由，史当具载。欲乞圣慈特赐指挥，降出惠卿元缴安石之书，付实录院照用，所贵笔削详实。

《札子》的后面还附加“贴黄”说：

台谏自来许风闻言事，所以未敢便行依据。

这道《札子》收在陆佃的文集当中，书中在这道《札子》之下却又附有陆佃的“自注”说：

黄庭坚欲以御史所言入史，佃固论其不可。庭坚恚曰：“如侍郎（按指陆佃）言，是佞史也。”佃答曰：“如鲁直（按黄庭坚字鲁直）意，即是谤书。”连数日议不决，遂上此奏。

后降出安石书，果无此语。止是嘱惠卿言练亨甫可用，故惠卿奏之。庭坚乃止。①

陆佃的这几段文字，可以确确凿凿地证明，王安石并没有与吕惠卿共同干过“欺君”“欺朝廷”的事，在吕惠卿上缴的信中也并没有“无使上知”等话语。因此，王安石的第二次罢相，决不是因为有什么欺君的事而使宋神宗大怒所致。

我以为，如上文所说，这事情的发生，只应是与宋神宗对待王安石和整个变法运动的态度有关。在宋人吕本中的

① 自《续资治通鉴长编》卷二七八熙宁九年十月丙午，王安石罢相条附注转引。

《杂说》中有一条记载说：

> 王安石再相，上意颇厌之，事多不从。

安石对所厚叹曰：“只从得五分时也得也！”事实确是如此。在他前次任宰相时，宋神宗对他的信任，虽并不真如曾公亮所说：“上与介甫如一人，此乃天也！”然而在大多数的场合，对他确是言听计从的。对于变法运动的态度，宋神宗虽有时不免因保守派的阻挠而发生动摇，但基本上是大力支持的。但这次到任以来，王安石却日益觉察到，他反而是立异之时多，不听不从的时候居多了。在对待契丹统治者就代北疆界挑衅事件的决策上表现得最为明白。

第三节　略论宋神宗、王安石二人间的关系

一　思想境界和战略设想的差距使宋神宗与王安石的关系日益疏远

历数在王安石入参大政、推行新法的时期之内，在北宋王朝的高层决策集团人物当中，对于王安石变法改制支持最长的，是宋神宗；而投入的心计和力量最多的，则是吕惠卿。吕惠卿长于吏事，却又不适合于主持军国大计，所以，到王安石第一次罢相，推荐他担任参知政事之时，他的政治野心虽急遽增长，他的才德皆不称厥职，却也全都暴露出来，以

致搞坏了与王安石的关系，也断送了自己的政治前途。宋神宗则不然。尽管在熙宁年间，几乎在推行每一种新法的过程当中，因受到保守派反对议论的影响，他都曾有表示动摇的时候，然而不久，他就又做出后悔的表示，仍使新法能照旧推行下去。甚至在王安石第二次罢相之后，一直到宋神宗逝世时为止，新法也还在继续推行。所以我说，宋神宗是支持和协助王安石的变法改制事业为期最长久的一人。而且，自宋神宗与王安石晤面之初，在听取了他的那些政治上、财政经济上以至军事上的改革谋略之后，他真心实意地想使王安石那些治国安邦的理想能够全部变为现实。当吕惠卿背叛了王安石，要求辞去参知政事职位时，《续资治通鉴长编）卷二六六于熙宁八年七月癸未载有吕惠卿与宋神宗的一次对话，兹摘录如下：

> 上曰："安石学术，莫了得天下事否?"惠卿曰："然。"上曰："卿但参贰，责不尽在卿。"……上曰："无他事，何须求去如此之坚?"……惠卿曰："陛下数宣谕臣以'参贰安石'，不识何也? 参知政事，莫是参知陛下之政事否?"上曰："安石政事，即朕之政事也。"

从宋神宗向吕惠卿说出的这番话中，我们似乎可以寻绎出来，王安石的所有政治举措，都是代表了宋神宗而做出来的，似乎在思想、主张和意志诸方面，他与王安石都不存在差距。事实上，对于宋神宗的这番话，我们只能当作他对吕惠卿的应付语言，而不应不加分辨地做笼统的理解。对宋神宗与王安石的关系，既必须做不同阶段的分析，还必须就王安石的变法架构拆开来做区别的分析。而自始至终存在于二人之间的一个核心问题，则是思想意识方面的极大的差距，尽管王安石一直是想以各种方法力图缩短他们之间的这一差距。

王安石之所以能成为北宋一代的杰出政治改革家，是因为他既有“贯穿经史今古、不可穷诘”的学术根柢，又有多年宦游各地，考查、体察、积累而成的实际经验，融会贯通，遂使他具有了超越同代人（特别是上层社会那些腐儒俗儒们）的要求变风俗、立法度的一系列思想见解。“天变不足畏”、“祖宗不足法”和“流俗之言不足恤”，则是为了廓清大环境中的迷雾，排除改革道路上的障碍的精神武器。

熙宁元年（1068）四月，新除翰林学士的王安石，在最初几次与宋神宗对话时，他大都是概括地指陈北宋立国百年来行政上所积成的一些弊端，而且鄙薄蜀汉的诸葛亮和唐朝的魏徵，以为全无足取，表明他所追求的是尧舜之治，这使得宋神宗衷心向往，以为“治道无以出此”，所以便当面明白地向王安石宣告说：“朕须以政事烦卿。”随即用王安石为参知政事。应当说，在这一短时期内，宋神宗对王安石是毫无保留地加以信任和倚靠的。但王安石参政未久，保守派的富弼、范镇、陈荐、司马光等人先后呼应，向宋神宗揭发出王安石的“三不足”之说，宋神宗向王安石加以质询之后，第一次在思想认识上受到触动，觉得王安石的所作所为必不能完全与他的思想见解合拍，而他也意识到，自己身居皇位之尊，断不应该尽舍己以从安石，从此便不能不多少有些动摇。所以，当青苗法遭受到保守派人物的攻击而王安石愤然辞职时，他便命司马光起草一道不允许辞职的“答诏”给王安石，其中却极尽丑诋之词，说新法使得“士夫沸腾，黎民骚动，乃欲委远事任，退处便安，卿之私谋，固为无憾，朕所素望，将以诿谁?”这哪里是不允辞职，实际是逼迫王安石非离职不可。宋神宗虽在几天之后向王安石亲自写信道歉，使王安石出而视事，但宋神宗对于保守派的议论并不作为不足恤的流俗之见而断然加以拒斥，却是十分明显的。到熙宁六七年的冬春之间，天久不雨，宋神宗竟又因畏惧天变而令王安石罢相返回江宁。如此诸种事端，都说明宋神宗的思想意识，与王安石的“三不足”的改革主张，还相去极远，所以在推行新法的过程中，总不免发生动摇。这种情况且与日俱增。

在对待契丹和西夏的问题上，这二人的观点和见解也存在着极大的差距。王安石不但是一个政治改革家，在军事上也是一位卓越的战略家。当王韶用兵攻讨西蕃诸部，王安石身在汴京，而他对王韶每次战役的部署，却几乎都能很准确地加以料度。[①] 当契丹的统治者在熙宁中对北宋进行挑衅时，北宋的决策集团中人大都惊慌失措，束手无策，王安石却独能做出理性分析，料定契丹只能提出有限的要求和虚张声势，是可以据理力争而它绝对不会发动军事进攻的。他对于从宋

---

① 《续资治通鉴长编》于叙述几次战役的结局后，均有“一如安石所料”语。

太宗以来所采取的“将从中御”的战略战术一概加以否定，以为那只能招致失败的结局。对契丹，他不但认为澶渊之盟是北宋王朝的耻辱，而且也绝不仅仅把收复燕云十六州作为对契丹的战斗目标，而是认为契丹统治区内民族复杂，缺乏凝聚力量，乃一四分五裂之国，是可以战胜攻取，把它吞并的。对于统治权正在发生混乱的西夏，特别是在它的右臂已被切断之后，更是一个“取乱侮亡”的好时机、好对象。上述种种，全都可以显示出王安石确实具有战略家的眼光、识度和气派。然而，当他不止一次地向宋神宗提及时，却全都没有得到宋神宗的积极反应。神宗最后竟虚构了一道“熙河探报”，用以熄灭王安石所要点燃的战火，导致了王安石的二次罢相，并最终脱离了政坛。

王安石对于充盈了朝野的保守派，一贯是敢于斗争的，但就他所处的时代来说，作为一个众浊独清、众醉独醒的政治改革家，而真正能从变法改制受到实惠的，又都是那些“村乡朴蠢、不能自达之穷氓”，则其新法新制之推行，若得不到宋神宗的大力支持，势必会落得一事无成。所以在他“得君之初，与人主若朋友，一言不合己志，必面折之，反覆诘难，使人主伏弱乃已。”以致另一宰相曾公亮无限感慨地对苏轼说：“上与安石如一人，此乃天也！”这种情况虽在一步步地有所改变，到熙宁七年，宋神宗因震慑于久旱不雨的天灾和保守派的喧嚣而罢免了王安石的相位，但在熙宁八年春季重登相位之时，王安石依然是带着坚强的信心、毅力和他宏伟的战略设想而奋勇前来的。所以当他回到汴京首次与宋神宗晤谈时，首先就又表明他的“诚欲助成陛下盛德大业”，“诚欲粗有所效，以报陛下知遇。然投老余年，岂能久事左右？欲及时粗有所效，望陛下察臣用心。”这时他好像已完全忘怀了一年前罢相时的一切情况，而对宋神宗还怀抱着一种希望，认为遇到神宗在军国大计的决策时有不同意见，凭他的强辩和坚持，通过“反覆诘难”，仍然可以把他说服，使他“伏弱”的。王安石却没有觉察到，此时此际宋神宗登极已及九年，他所经常考虑的，是如何能把军国大计的决策之权日益集中在他的身上，而不致发生大权旁落之弊。他既然想“政由己出”，当然不愿再尽量吸纳王安石的各种建议了。所以到四月之初，二人再次相见而论及民兵与募兵的利弊时，宋神宗又大力强调募兵制度乃是“尽收无赖而厚养之，又重禄尊爵养其渠帅，乃所以弭乱”。这分明是对王安石想要通过保甲法的施行而恢复民兵制度的否定，王安石虽仍向他申述道：“专恃黥兵，则唐末五代之祸可见。且黥兵多则养不给，少则用不足，此所以须民兵也。”然而接下来，宋神宗却“顾左右而言他”了。[①] 至于对付契丹要求重划代北三州地界的问题上，宋神宗对王安石的意见，在他返回汴京之后，几乎可以说一直是不听不理的。

王安石在得君之初，就力劝宋神宗做一个大有作为的君主，到他返汴重登相位之时，仍然极力表示要辅佐宋神宗完成其盛德大业。因为，只有宋神宗肯奋发有为，王安石才能

---

① 《续资治通鉴长编》卷二六二。

在他的支持庇护之下展布其变法改制的各种方案和施设。所以，当他感觉到宋神宗的思想见解与他本人相去日远时，尽管他在去留之间已经常发生心情上的矛盾斗争，不断地向宋神宗提出解除职务的请求，但每次总都在理性分析和宋神宗不肯允从的情况下没有决然辞去。这表明了他一直还在委曲求全，想把宋神宗与他本人在变法改制、治国安邦的思想认识上的差距再尽量拉近，以便再取得宋神宗的支持，把自己在政治上和军事上的战略设想都尽可能多地实现一些。若对宋神宗这位“犹可足用为善”的皇帝匆遽断然告别，实际上意味着，是对于他的变法改制事业的告别，也是对他已开创的一个奋发有为的新时代的告别。这正是王安石之所以长期隐忍着内心的矛盾斗争和痛苦而不肯粗率从事的原因。只是在听到宋神宗向他宣告了那一道虚假的“熙河探报”之后，王安石才痛感他的全盘战略的破灭，而且是绝无挽救的余地了，这才导致了他的二次罢相的结局。这也就是一位政治改革家，一位具有远大宏伟的政治军事计划战略家的悲剧结局。

二　宋神宗依然运用要使执政大臣“异论相搅”的那条家法

王安石依靠宋神宗为推行变法改制的后台，而宋神宗对此事的态度始终是不够坚决的。

当商鞅劝说秦孝公变法时，他向秦孝公说道：“疑行无名，疑事无功。”① 要他坚定不移地把变法事业进行下去。秦孝公也确实这样做了。王安石在与宋神宗商讨变法革新的过程中，也多次向他说道：“执狐疑之心者，来谗贼之口；持不断之虑者，开群枉之门。”② 又向他说，“陛下方以道胜流俗，与战无异。今稍自却，即坐为流俗所胜矣。”又向他说，“流俗之人……好为异论，若人主无道以揆之，则必为议论众多所夺，虽有善法，何由而立哉？”这许多话，都同样是劝告宋神宗把变法事业坚定不移地进行下去，而不要被保守派的纷纭议论所动摇。但是，宋神宗却没有能像秦孝公那样坚定。他不但一遇风浪就要摇摆，而且还有意地把几个保守派人物留在政府当中，使其构成对变法派的一股牵制力量。

王安石在《本朝百年无事札子》当中，曾向宋神宗指出北宋王朝在用人行政方面累世奉行的一种错误策略，那就是：

> 君子非不见贵，然小人亦得厕其间；正论非不见容，然邪说亦有时而用。

北宋王朝自其建立以来，就极注意于“防微杜渐”的事。唯恐大权旁落在宰辅大臣当中的某一人或某一派系手中，总是同时并用一些政见不同的人，而且加重谏官御史们的劾奏之权，使彼此互相牵制。王安石批评了这种传统的做法，正是

① 《史记·商君列传》。

② 《续资治通鉴长编》卷二六八，熙宁八年九月乙酉记事。

希望宋神宗不要再采用这种策略，以利于新法的实施。而《续资治通鉴长编》卷二一三于熙宁三年七月壬辰还载：

> （曾）公亮曰："真宗用寇准，人或问真宗，真宗曰：'且要异论相搅，即各不敢为非'。"
>
> 安石曰："若朝廷人人异论相搅，即治道何由成？臣愚以为，朝廷任事之臣，非同心同德，协于克一，即天下事无可为者。"
>
> 上曰："若令异论相搅，即不可。"

从宋神宗在这里所说的这句话来看，他是和王安石的意见完全相同的，这样，似乎他也必然要改变那种使大臣互相牵制的传统做法，但是，从宋神宗在用人方面的一些实际行动来看，却又并不如此。即如对于一贯反对变法的司马光，按宋神宗的本意，也是要提升他为枢密副使而把他留在中央政府中的；司马光后来之所以离开朝廷，则是因他本人与王安石势不两立之故，而不是宋神宗主动调出的。再如文彦博，也是一个遇事就跳出来与变法派为敌的人，却一直稳坐在枢密使的位置上，到熙宁六年夏才因"力引去"而"出判河阳"。再如富弼的女婿冯京，当王安石变法之始，他做御史，就上书劾奏王安石"更张失当，累数千百言"，被王安石"指为邪说，请黜之"，宋神宗却"以为可用"，把他提升为枢密副使[1]，后来又提升他为参知政事。从此，“士大夫不逞者，皆以京为归”[2]，亦即成了保守派中的一个核心人物。

以上种种足可证明，宋神宗有意要把保守派的部分势力保存在北宋朝廷之中，不肯认真对保守派的势力给予打击。既然如此，则在宋神宗逝世之后，保守派的后台太皇太后高氏临朝听政之时，保守派一拥而上，变法改制的成果全被推翻，便成为势所必至了。

---

① 《宋史》卷三一七《冯京传》。

② 《续资治通鉴长编》卷二五二，熙宁七年四月癸酉记事。

第七章　宋神宗的逝世与宋廷政局的大变

第一节　宋神宗的逝世和保守派人物的当政

元丰八年（1085）三月，宋神宗逝世，他的最大的儿子赵煦继承了帝位，这时还未满十周岁，是为哲宗。王安石自二次罢相，返回江宁闲居，到这时已将及九年了。在闻听这一信息之后，他写了两首《神宗皇帝挽词》，其第一首的全文为：

将圣由天纵，成能与鬼谋。
聪明初四达，隽义尽旁求。
一变前无古，三登岁有秋。
讴歌归子启，钦念禹功修。[①]

这首《挽词》的前六句，全是歌颂宋神宗在位十八年内，在变法改制方面所建立的业绩，最后一联，则是寄希望于新即

---

① 《王荆文公诗李壁注》卷四九。

位的皇帝，能把神宗的改革事业继承下去。可是，当时宋廷政局的发展变化，却远非身在江宁的王安石所能料及的。

元丰八年二月，宋神宗病情加重，他的母亲高太后即已开始共同听政，到哲宗即位后，尊高太后为太皇太后，自即日起，反而是这位小皇帝与太皇太后共同听政了。

太皇太后高氏，是在宋太宗时就以武功起家的高琼的后人。她对于厉行变法的宋神宗常表不满，对王安石尤其不满。而王安石当进行变法之初，对于皇亲贵戚所享受的某些特权就颇有所裁损。例如，在熙宁二年（1069）十一月，就制定了一个《裁宗室授官法》，其中规定："唯宣祖、太祖、太宗之子孙，择其后各封国公，世世不绝；其余元孙之子，将军以下听出外官；袒免之子，更不赐名授官，许令应举。"① 下一年的十二月，"再裁定后、妃、公主及臣僚荫补恩泽"②。

陆游的《老学庵笔记》卷二也载有一事：

> 王荆公作相，裁损宗室恩数，于是宗子相率马首陈状，诉云："均是宗庙子孙，且告相公，看祖宗面。"荆公厉声曰："祖宗亲尽，亦须祧迁，何况贤辈！"于是皆散去。

①② 《皇宋编年备要》卷一八；《经进东坡文集事略·上神宗皇帝万言书》郎晔注。

王安石的这些措施，和先秦的法家人物吴起在楚国变法时“废公族疏远者”的做法是极为类似的。然而这也当然引起皇亲贵戚们的怨怒和仇恨。而作了这班人物代表的则正是神宗的母亲高太后。她在熙宁七年（1074）就曾与宋神宗的弟弟岐王赵颢一同痛哭流涕地劝告神宗说：

> 祖宗法度，不宜轻改。民间甚苦青苗、助役，宜悉罢之。王安石变乱天下，怨之者甚众，不若暂出之于外。①

宋神宗虽因这次的劝告，对新法的支持发生过一次动摇，但最终还是没有采纳这一意见。

但是，事到今天，变法改制的主谋王安石罢相已久，以大力支持变法的神宗皇帝也逝世了，新登极的小皇帝则只享有与太皇太后共同听政的地位，全部用人行政的重大国事，实际上已都是唯太皇太后之令是听了。这位太皇太后既对变法派人物深恶痛绝，所以在她当权伊始，就连续起用了大批保守派的人物，对于长期以来反对新法最卖力的司马光、文彦博、吕公著更为倚重。在他们尚未造朝之时，就“遣使劳诸途，谕以恢复祖宗法度为先务”；在他们既已到达之后，便先后相继拜他们为宰辅大臣，而特别听信倚重的则为司马光其人。

---

①《续资治通鉴长编》卷二五二，熙宁七年四月丙戌记事。

司马光之希图倚恃太皇太后以推翻新法，正与王安石在熙宁年间之希图倚恃宋神宗以推行新法时相似。在他到任之后，对于新近登极的小皇帝，却与王安石《神宗皇帝挽词》的最后一联完全相反，他根本不把年幼的新皇帝放在眼里，而只是一心一意地去逢迎太皇太后。他特地上了一道奏章说，孔子虽有“三年无改于父之道，可谓孝矣”的遗教，但那是指“无害于民、无损于国者，不必以己意遽改之耳；必若病民伤国，岂可坐视而不改哉！……朝廷当此之际，解兆民倒悬之急，救国家累卵之危，岂暇必俟三年然后改之哉！况今军国之事，太皇太后、陛下权同行处分，是乃母改子之政，非子改父之道也，何惮而不为哉！”① 既然此后推翻新法的行为是“乃母改子之政，非子改父之道”，这当然就置小皇帝于无权过问的地位了。

在定下了“以母改子”的调子之后，司马光就在太皇太后的全力支持下，把过去曾经反对过新法，或曾经遭受过变法派排斥打击的官僚士大夫们，大量引进到朝廷中来。特别是对御史台这个能够“纠察百官，进行弹击”的机关，要控制在他最亲信人员的手中，便用刘挚、王岩叟等人充任侍御史、监察御史等职，要他们专力对变法派的人们进行弹劾。

晁说之《晁氏客语》记载了司马光任相后择用财务行政人员时的离奇主张：

---

① 《续资治通鉴长编》卷三五五，元丰八年四月庚寅记事。

司马温公作相，以李公择为户部。公择文士，少吏才，人多讶之。公曰："方天下意朝廷急于利，举此人为户部，使天下知朝廷之意，且息贪吏望风掊刻之心也。"

专以不善理财者去负责国家的财政大计，这样的"朝廷之意"，究系何哉！为全盘推翻新法，主持国家大政的首辅司马光，竟然不惜以蠹耗天下民众的血汗为代价。任凭国家财政被胡乱支配，以此来证明其"重义不重利"，这充分证明司马光全然缺乏政治家应有的识度，与王安石相较，相差不啻十万八千里。

司马光做宰相仅仅一年五个月的时间，到元祐元年（1086）九月初一就去世了（王安石是同年四月去世的），但太皇太后却是在主政八年之后的元祐八年（1093）才去世的，由她主持政务的这八年，因为年号是元祐，所以被保守派称为"元祐更化"的时期，实际上，这是保守派在太皇太后的支持下，大肆推翻新法而恢复祖宗之法的时期。在此期内，宋哲宗因一直为太皇太后和先后上台的辅政大臣所无视，到太皇太后一死，他于亲政之后便改年号为绍圣，明确表示要继续奉行其父在位时的所有政令了。但此是后话，在本书内不予论述。

第二节　章惇就役法问题对司马光进行严厉驳斥

司马光对于王安石和变法派所制定推行的各种新法，不做任何区别，全盘予以否定。他所做出的一个笼统的结论是：这些新法都是“舍是取非，兴害除利。名为爱民，其实病民；名为益国，其实伤国”。[①] 因而一切都非废罢不可，根本不考虑有无坚强充分的道理可以服众，而只是一味地颟顸行事。

司马光上台之后最急切要实现的，是推翻免役法而恢复差役旧法，但他对于这新、旧二法的优劣利病却又不能明确举述出来。他在《致三省咨目》中只说道：

> 今法度所宜最先更张者，莫如免役钱，不惟刻剥贫民，使不聊生；又雇得四方无赖浮民，使供百役，官不得力。为今之计，莫若尽罢免役钱，依旧差役。……
>
> 光现欲作一文字奏闻，若降至三省，望诸公同心协力与赞成。如此行之，可以除久弊，苏疲民。
>
> 凡法久则难变。此法行之已十五年，下户虽愁苦，上户颇优便，常情论议已是非不一，若不于此时决志改之，恐异日遂为万世膏肓之疾，公家不得民力，贫民常

---

① 《司马文正公传家集》卷四六《乞去新法病民伤国者疏》。

苦，富民优矣。[①]

他在这里所举的最主要的理由，不过是因为免役法已经推行了十五年，如果不由他大力推翻，很可能就要为以后“万世”所行用了。他在这道《咨目》里虽说什么免役法“刻剥贫民”“下户愁若”“上户优便”，而在他所相继“奏闻”的“乞罢免役钱，依旧差役”的两道《札子》当中，却又提出了与此互相矛盾的理由，以及另外一些更不能成立的理由，以致遭受到变法派章惇的强有力的驳斥。今摘要举述于下：

司马光于元祐元年正月初三和十七，先后连续进呈两道《乞罢免役钱依旧差役札子》，他在前一《札子》中说：

> 旧日差役之时，上户虽差充役次，有所陪备，然年满之后却得休息数年，营治家产，以备后役；今则年年出钱，无有休息，或有所出钱数多于往日陪备之钱者。此其害一也。

在后一《札子》中却又说：

> 彼免役钱虽于下户困苦，而上户优便。行之已近二十年，人情习熟，一旦变更，不能不怀异同。

① 《司马温公集》卷六三。

章惇在奏章中驳斥说：

> 臣看详司马光初三日札子内，竭言上户以差役为便，以出免役钱为害；至十七日札子内却言："彼免役钱虽于下户困苦，而上户优便。"旬日之间，两入札子，而所言上户利害正相反，未审因何违戾乃尔！……必是讲求未得审实，率尔而言。以此推之，措置变法之方，必恐未能尽善。

司马光在《札子》中还说：

> 臣民《封事》言民间疾苦，所降出者约数千章，无有不言免役之害者，足知其为天下之公患无疑。

章惇在奏章中驳斥说：

> 臣看详臣民《封事》降出者，言免役不便者固多，然其间言免役之法为便者亦自不少，但司马光以其所言异己，不为签出，盖非人人皆言免役为害，事理分明。然臣愚见：……大抵《封事》所言利害，各是偏辞，不可全凭以定虚实当否，惟须详究事实，方可兴利除害。……缘今来司马光变法之意虽善，而变法之术全疏，苟在速行，无所措置，免役之害虽去，差役之害复生，不免生民受弊，而国家之德泽终不下流，甚为可惜。

司马光在《札子》中还说：

为今之计，莫若直降敕命：应天下免役钱一切并罢。其诸色役人，并依熙宁元年以前旧法人数，委本县令佐亲自揭《五等丁产簿》定差。仍令刑部检会熙宁元年现行差役条贯，雕印颁下诸州。

章惇在奏章中驳斥说：

臣看详此一节尤为疏略，全然不可施行！且如熙宁元年，役人数目甚多，后来屡经裁减，三分去一；今来岂可悉依旧数定差？……今日天下政事，比熙宁元年以前，改更不可胜数。事既与旧不同，岂可悉检用熙宁元年现行条贯？窃详司马光之意，必谓止是差役一事，今既差役依旧，则当时条贯便可施行。不知虽是差役一事，而官司上下关连事目极多，条贯动相干涉，岂可单用差役一门？显见施行未得！

司马光在《札子》中还说：

逐县若依今来指挥，别无妨碍，可以施行，即便依此施行；若有妨碍，致施行未得，即仰限敕到五日内具利害擘画申本州，仰本州类聚诸县所申，择其可取者，限敕书到一月内具利害擘画申转运司。……

章惇在奏章中驳斥说：

> 臣看详：今日更张政事，所系生民利害，免役差役之法最大，极须详审，不可轻易。……今来止限五日，诸县何由擘画利害？详光之意，务欲速行以便民；不知如此更张草草，反更为害。……且诸县既迫以五日之限，苟且施行犹恐不暇，何由更具利害申陈？诸州凭何擘画？诸州既无擘画，转运司欲具利害，将何所凭？……光虽有忧国爱民之心，而不讲变法之术，措置无方，施行无绪。可惜朝廷良法美意，又将偏废于此时！有识之人，无不喟叹。①

章惇虽是振振有词，据理力争，然而变法派在其后台宋神宗逝世之后，已经完全失势了；而新上台的司马光，在其后台太皇太后高氏的大力支持之下，有权有势，可以恃势专横地为所欲为。因此，章惇的驳斥不但没有发生任何作用，他本人却为此而被罢免了相位。就连南宋的理学大师朱熹，尽管是一个完全站在司马光等保守派一边，对王安石和变法派的所有人都肆意鄙斥的人，而对这次关于役法的争辩及其结局，却也以为司马光做得未免太不像话了，他曾向他的学生说道：

---

① 《续资治通鉴长编》卷三六七，元祐元年二月丁亥记事。

司马光对于役法的议论太“疏略”，“前后自不相照应”，被章惇“一一捉住病痛，敲点出来”。“虽章惇悖慢无礼”，然他“说底却是”。司马光却不管章惇驳文中议论的是与非，“只一向罢逐”，“排他出去”，“却是太峻急”。①

反对司马光如此卤莽轻率地废罢免役法、复行役法的，并不只是变法派的章惇等人。保守派中也有表示反对的。例如苏轼、苏辙弟兄，在熙宁年间推行免役法的初期，他们都是极力反对的，而到司马光急急忙忙要把免役法废掉时，他们却几乎变成了免役法的大力维护者了。

第三节　新法全被废罢

在司马光草率地废罢免役法，并公然宣称一切新法都是“病民”“伤国”之法，都应该依次予以废罢之后，并不只是苏轼弟兄反对，保守派中还有不少人先后出而表示异议，有的以为保甲法不应废止，有的以为青苗法应该继续推行，虽则没有人对全部新法一律加以维护，却也极少认为全部新法都应废止。为什么这些人对待新法的态度前后有所不同呢？这是因为：

王安石和变法派所制定推行的一系列新法，全是从地主阶级整体和全局出发，是为了维护地主阶级的长远利益的，其中虽寓意对官绅豪强大地主阶层所享有的特权要加以裁损，

---

① 黎靖德编《朱子语类》卷一三〇。

却也仍是为了谋求达到上述那个目的的。例如，他所以要制裁兼并，也只是要保证地主经济能得到比较正常的发展。当其实行变法之初，大张旗鼓，雷厉风行，颇不免于“倾骇天下之耳目，嚣天下之口”，特别是那些保守派的官僚士大夫们，更有些担心害怕，怕要触犯到他们的切身利益，所以对新法合力进行围攻和反对。但在变法革新的各种措施已连续实施了十多年之后，那班人也清楚地看到，变法不但没有触犯到地主阶级的任何根本利益，相反，还使这些根本利益得到了确保，使地主阶级的大多数人都有所受益。对豪绅大地主阶层的某些特权虽有所裁损，其所裁损的幅度又实在是极为有限的。这就使得在过去曾经大力反对过新法的那些人，只要不是顽固死硬地只想维护大地主阶层所独享的特权和利益的，像司马光及刘挚、刘安世等一小撮人那样，在对新法的看法上便不免或多或少、或彼或此的有所改变了。所以，尽管某个人对某项新法的看法前后有所改变，却也丝毫不能说明，他的思想已从保守转变到前进和革新这方面来了。

现再回到苏轼、苏辙和另外几个保守派人物对待废罢新法的问题上来。苏辙在其所作《亡兄子瞻端明墓志铭》中有两段文字说：

元祐元年二月，迁中书舍人。时君实方议改免役为差役。差役行于祖宗之世，法久多弊，编户充役，不习官府，吏虐使之，多以破产。而狭乡之民或有不得休息

> 者。先帝知其然，故为免役，使民以户高下出钱，而无执役之苦。行法者不揭上意，于雇役实费之外取钱过多，民遂以病。若量出为入，毋多取于民，则足矣。
>
> 君实为人，忠信有余而才智不足，知免役之害而不知其利，欲一切以差役代之。方差官置局，公亦与其选，独以实告，而君实始不悦矣。尝见之政事堂，条陈不可，君实忿然。公曰："昔韩魏公刺陕西义勇，公为谏官，争之甚力，魏公不乐，公亦不顾。轼昔闻公道其详。岂今日作相，不许轼尽言耶？"君实笑而止。公知言不用，乞补外，不许。君实始怒，有逐公意矣。①

从这两段引文中，不但可以看出苏轼在司马光当权后对于免役法的态度，也可以极清楚地看出苏辙在那时候对于免役法的态度。另据苏轼在其《辩试馆职策问札子》② 第二首中所自述，他在政事堂惹怒了司马光之后，还上疏极言道："衙前可雇不可差，先帝此法可守不可变"，并且明白指出，司马光"专欲变熙宁之法，不复较量利害，参用所长"的做法是极其错误的。然而司马光这时大权在握，一意孤行，对于这些话全都置若罔闻。

保守派中的范百禄，也是不赞成司马光废罢免役法、复行差役法的。《续资治通鉴长编》于元祐元年（1086）二月

---

① 《栾城后集》卷二二。
② 《苏轼文集》卷二七。

丁亥记其事云：

> 始议复差役，中书舍人范百禄言于司马光曰：“熙宁初，百禄为咸平县，役法之行，罢开封府衙前数百人，而民甚悦。其后有司求羡余，务刻剥，为法之害。今第减出钱之数，以宽民力可也。”光不从。

保守派中元老之一的吕公著，在重新上台当政之后，也是打算把某些新法继续推行下去，对过去在施行过程中出现的弊端分别予以矫正。《续资治通鉴长编》卷三五七于元丰八年（1085）六月戊子载其所上奏疏有云：

> 且如青苗之法，但罢逐年比较（按指比较所收息钱多少），则官司既不邀功，百姓自免抑勒之患。
>
> 免役之法，当须少取宽剩之数，度其差、雇所宜，无令下户虚有输纳。上户取其财，中户取其力，则公私自然均济。
>
> 保甲之法，止令就冬月农隙教习，仍只委本路监司提按，既不至妨农害民，则众庶稍得安业，无转为盗贼之患。

司马光在最初虽然说，吕公著所奏陈的这些“利害”，与他“所欲言者正相符合”，但后来的事实却证明，其中并无任何一条为他所采纳。

另外，从刘安世《弹奏范纯仁、王存事》的奏疏中所说的：

> 纯仁自为枢密之日，因司马光久在病告，遂以国用不足为说，上惑圣聪，申明常平旧敕，巧言附会，却令州县于存留一半钱斛之外，依旧散青苗息钱。天下之人，莫不疑惑。光闻其事，力疾入见，以死争之。又于上前亲自禀奏云："不知是何奸邪之人，劝陛下复为此事？"纯仁汗颜畏缩，不敢仰视。寻得圣旨，尽令寝罢。①

可知范纯仁的本意是主张继续推行青苗法的，却被司马光气势汹汹地骂作"奸邪之人"，把这一意见硬给压制下去了。

从刘安世《乞罢李常、盛陶中丞、侍御史之职》的奏疏中所说的：

> 陛下即位之初，知免役出钱为民之患，故复用祖宗差役之制。李常在户部，不能讲究补完，而协助邪说，请复雇募。及为中丞，犹闻奏乞施行。……
>
> 保甲之害，众所共知，陛下变法以来，农民方遂休息。而盛陶乃倡言乞重编排。朝廷若行其说，天下岂不大骇？②

① 《尽言集》卷一一。

② 《尽言集》卷七。

可知李常是主张继续推行免役法的；而盛陶则是主张继续推行保甲法的。他们的这些主张，除受到刘安世的弹劾而外，再也没有取得其他任何反应。

保守派的内部尽管如此议论纷纷，终于没有能使司马光对废罢新法的事稍为慎重一些。方田均税、市易、保甲诸法在元丰八年就明令废罢了，青苗法和免役法也在元祐元年废罢了。将兵法虽未全部推翻，却也改为“将兵皆隶州县、军政委州县守令通决”，这样也就不再有从枢密院选派正副将官到各个驻扎军队的地区去加强作战训练的事了。

第四节　司马光、文彦博等人弃地与敌

王安石做宰相之日，在王韶胜利完成了攻取河湟的战役，北宋政府在河湟地区建立了熙河路之后，虽还不断向宋神宗建议向西夏本土进军，但到他第二次罢相为止，这建议一直未被宋神宗采纳，也没有为实施这一建议做任何准备事项。到王安石下台五年后的元丰四年（1081），因为西夏国主秉常被其母梁氏和操权的大臣幽囚起来，宋神宗认为这是向西夏用兵的大好机会，遂决定由泾原、环庆、鄜延、秦凤、熙河五路大举进兵。虽五路出师，宋神宗却以为没有可以担任“大帅”的人物，因而不设总的统帅。① 五路的统帅人物中，有两个宦官和一个外戚。实际上为宋神宗所倚靠的却又是李

① 《续资治通鉴长编》卷三一三，元丰四年六月甲申记事。

宪、王中正这两个宦官。兵出之后，指挥不统一，步骤不协调，既无人考虑全局的部署，各路之间又缺乏应有的联系。不论在战略上或战术上全都存在着致命弱点，致使这场战争不可避免地遭受了失败。

但是，由沈括和种谔负责的鄜延路，在这次战争当中，却先后取得了几次战役的胜利，并且夺占了一些至关重要的军事据点：在九月末和十月初，种谔率兵去进攻米脂寨，在打败了西夏的援兵八万余人于无定川之后，米脂的西夏守将即举城而降，米脂寨为宋军占领，南可以屏蔽绥德，北可以控扼银夏二州，是军事上的要冲。十一月，沈括又“不失一矢”，而以智计赚取了浮图、吴堡、义合三寨。第二年的初夏，沈括又采用声东击西的办法，既打败了来犯鄜州的西夏军队，又乘胜遣师绕道河东，于夜间渡河而袭取了葭芦寨。葭芦寨居于山巅，形势险绝，居高临下，可以控制极广大地区。另外，环庆路的宋军还在这次战争之前就从西夏手中夺占了一个安疆寨，熙河路的宋军也在战争初期就攻占了兰州。在北宋建国一百二十多年之后，兰州这才归属于宋。

米脂、浮图、葭芦、安疆这四个军寨，因为都深入到西夏的境界之内，西夏统治者为其边防安全着想，是决不甘心让宋军占领的，因而在丢失之后，有时就出动兵马，企图再把这个或那个军寨夺回；有时则以文书向宋廷交涉，希望把上述诸寨归还给西夏。但是，直到宋神宗逝世，西夏的这两种手法都没有达到目的。几个军寨仍保持在宋军手中。北宋和西夏是处于对立斗争状态中的两个敌对政权，双方交界处的军事要冲之地，当然是在所必争的。宋军既已争夺到手，当然必加坚守，要利用这些形胜之地进一步去制服夏人。所以，北宋王朝之不肯轻易放弃这几个军寨，乃是理所当然的。

然而到司马光上台后，他却设身处地地替西夏割据政权的安全着想，认为上述诸寨若不归还西夏，西夏的统治者就将经常担心北宋出兵进行“讨袭”，从而“不得安居”。因此，他提议要把元丰四、五两年内所攻占的所有军寨，要借新帝即位改元的机会，一律主动地退还给西夏。他在元祐元年（1086）春天写了一道《论西夏札子》说：

> 臣闻此数寨之地，中国得之虽无所剩，虏中失之为害颇多。何则？深入其境，近其腹心，常虑中国一朝讨袭，无以支梧，不敢安居。是以必欲得之，不肯弃舍。……彼怨毒欲仇报之心，窥窬欲乘衅之意，日夜不忘。……臣每思之，终夕寒心。……
>
> 陛下诚能于此逾年改元之际，特下诏书，……旷然推恩，尽赦前罪，自今以后，贡献赐予，悉如旧规，废米脂、义合、浮图、葭芦、吴堡、安疆等寨，令延、庆二州悉加毁撤，除省地①外，元系夏国旧日之境，并以还之。……
>
> 国家方制万里，今此寻丈之地，惜而不与，万一西

① “省地”是指北宋政府所辖境上。

人积怨愤之气，逞凶悖之心，悉举犬羊之众，投闲伺隙，长驱深入，覆军杀将，兵连祸结……天下骚动。当是之时，虽有米脂等千寨，能有益乎？不唯待其围攻自取，固可深耻；借使虏有一言不逊而还之，伤威毁重，固已多矣。故不若今日与之为美也！①

司马光这位保守派所持的失败主义的论点和论据，在这几段文字中已经揭露得明白无遗。而他竟还把这种行为称为“美”行，可见他所奉守的真善美的标准是如何颠倒错乱了。

司马光提出了主动弃地之说以后，立即得到了保守派的刘挚、苏辙、范纯仁、文彦博等人的附和。文彦博还更进一步，要把王韶从吐蕃族诸部落手中收复的熙河路的全部地区连同元丰四年攻占的兰州，也一并奉送给西夏。而这一提议也立即得到了司马光的赞同。于是就作为中书省和枢密院的共同提案而提了出来。他们的理由是：

如窃人之财，既为人所执，犹不与之，可乎？②

这个拟于不伦的理由，当场即受到变法派人物安焘的驳斥说：

自灵武以东，皆中国故地。先帝兴问罪之师而复之，

① 《司马温公集》卷五〇。
② 《续资治通鉴长编》卷三八二，元祐元年七月癸亥记事。

何乃借谕如是?①

先帝有此武功，今无故弃之，岂不取轻于外夷?②

曾经在河湟地区任职四年的孙路也挟带一份舆地图去与司马光当面指陈③说：

兰州弃则熙河危。熙河弃则关中摇动。唐自失河湟，吐蕃、回鹘一有不顺，则警及国门。逮今二百余年。非先帝英武，其孰能克复？今一旦委之无厌之敌，恐不足以止寇，徒滋后患尔!④

当司马光以弃地之议征询曾在西北边境任职的游师雄的意见时，游也表示反对，说道：

此（指欲弃之地）先帝所以控制夏人者也，若何弃之？不惟示中国之怯，将起敌人无厌之求。……万一燕人（按指契丹）遣一乘之使，来求关南十县，为之奈何?⑤

---

① 《续资治通鉴长编》卷三八二，元祐元年七月癸亥记事。
② 《宋史》卷三二八《安焘传》。
③ 《宋史》卷三三二《孙路传》。
④ 《续资治通鉴长编》卷三八二，元祐元年七月癸亥条附注。
⑤ 《宋史》卷三三二《游师雄传》。

经过安焘、孙路等人的竭力争辩，熙河一路虽幸而得以保全下来，而由沈括、种谔等人艰苦奋战和使用智计得来的米脂、浮图、葭芦、安疆四寨，却终于被保守派的当权者们拱手送给西夏了。

第八章　对王安石变法的评价

第一节　这次变法是革新派与保守派之间的一场激烈斗争

司马光在写给王安石的信中曾说："观介甫之意，必欲力战天下之人，与之一决胜负，不复顾义理之是非，生民之忧乐，国家之安危。光窃为介甫不取也。"这几句话恰恰反映出来，不论在思想上或政治上，王安石的路线和司马光那一伙保守派的路线是截然不同的，因而对于义理的是和非，生民的忧和乐，国家的安与危，就全用大不相同的标准来加以衡量。既然如此，那么王安石要与之"力战"，要"与之一决胜负"的，就决不是"天下之人"，而只限于司马光那班保守派。但司马光所使用的"力战"和"一决胜负"诸词句，又确实活灵活现地描绘出作为一个政治改革家的王安石的战斗姿态。

王安石在执政期内，从事于变法革新的每个过程，实际上都是他奋勇战斗的一个历程。

在王安石第二次罢相之后不久，御史蔡承禧就曾上疏，对王安石所领导的变法运动的意义、作用，所遭逢的困难，及其不屈不挠、百折不回的坚强意志，做了如下的论述：

> 伏睹陛下即政以来，嫉时已久，思除历世之弊，务振非常之功。作兴人材，绳督吏职，无论于旧，不间于新。取材则小臣皆得以面陈，去害则大臣不可以幸贷。有善不嫌于亟进，有恶不吝于速降。故理财治农之方，求之近古而未有；养士训兵之法，矗于百年而一新。
>
> 然其兴事之初，尚多徇俗之士：自不学于正道，顾胥动以浮言。或初是而卒非，或本同而末异。以持循为适治，以拱默为安常。陈事则是于古而忘于今，语治则丧其精而守其稗。以匪懈夙夜为“希旨”，以不顾毁誉为“躁求”。群谤万端而无穷，圣虑一志而不惑。争之积日而才定，勤以累年而粗成。①

引文的前一段，概括地举述了熙宁年间的变法运动所涉及的方面之广及其所收功效之大。后一段则举述了保守派对变法运动所制造的各种各样的诽谤和阻挠。从其中所说保守派的“是古”“忘今”，正可看出变法派特别是王安石的重视现实问题的一贯态度；从其“匪懈夙夜”句则可看出变法派特别是王安石的励精图治的勤奋精神；从其“不顾毁誉”句更可看出，变法派特别是王安石的勇于任责的作风。这同战国法

① 《续资治通鉴长编》卷二七八，熙宁九年十月末。

家吴起在楚国作令尹时那种“言不取苟合，行不取苟容，行义不顾毁誉，必欲霸主强国，不辞祸凶”[①] 的作风是完全相同的。

社会历史的变化，主要的是由于社会内部矛盾的发展，即生产力和生产关系之间、阶级之间、新旧之间的矛盾之发展，推动了社会的前进，推动了新旧社会的代谢。王安石等变法派同保守派们的矛盾斗争，正是属于新与旧之间的矛盾斗争。而这次斗争，是在中国整个封建社会时期内，极其激烈也极其重要的一个回合。

第二节　为天下理财的成效：发展了生产，扭转了积贫的局势

1. 王安石的理财主张，是“为天下理财”，目的是要把潜存于自然界的财富尽可能发掘出来，因此他提出的理财方针，是“因天下之力以生天下之财”，在实施他的这一理财主张和方针时，是“以农事为急”。在农业生产的问题上，他所提出的三件要紧的事，则是“去其疾苦，抑兼并，便趣农”。

王安石和变法派的人们，依照这样的理财主张和方针以及实施计划制定了一系列新法，都或多或少地收到了成效：农田水利法的推行，不但使各地都大量兴建疏浚了陂塘堤堰等水利灌溉工程，而且修治河北诸河，使其大致都能循河道

---

① 《战国策·秦策》所载范雎论吴起语。

流行，所出“退滩地”及用河中泥沙溉淤的土地多达四万余顷；开封府界诸河沿岸实行淤田的结果，每年增收的谷物也达数百万石。[①] 据《宋史·食货志·农田篇》所载，自熙宁二年至九年，在全国修建成功的水田、民田与官田合计，共为三十六万三千余顷。其夏秋两季的收获，自必较前大有增加，初步落实了“欲富天下则资之天地”的主张。青苗法的推行，由政府以低利率出贷钱粮，使农户都可及时地从事于耕种和收敛，而不再忍受兼并之家的高利盘剥。募役法的推行和差役法的废除，使得一大批“力田之民，脱身于公”[②]，回到农业生产岗位上去，使尽可能多的人能够“尽其力”，自然也就会使得尽可能多的土地能够“尽其利”。

王安石和变法派之所以制定和推行上述这些新法，虽然全都是为了谋求充足的税源，谋求生产更多的可供封建统治者剥削的物资，但是，由于这些新法符合了经济发展的精神和方向，它们的实施就会多多少少使封建社会生产发展的迟滞进程稍得加速。

在中国历史上，不同执政者、不同政治派别的政策及其实践，对于社会进步所起作用的好坏，大小，归根到底，决定于它对生产力的发展是否有帮助及其帮助之大小，决定于它是束缚生产力的，还是解放生产力的。我以为，对于北宋中叶的变法派同保守派的政策及其实践，也同样是可以用这

---

① 《续资治通鉴长编》卷二六五，熙宁八年六月戊申所载王安石语。

② 《续资治通鉴长编》卷三六〇，元丰八年十月丙申所载上官公颖奏疏中语。

个标准加以衡量的。变法派所制定的一些政策法令及其实践，虽还远远谈不到解放生产力，但对当时生产力的发展总还是有一些帮助的，因而是发生了积极的作用的。

2．青苗法收取息钱，市易法也收取息钱，募役法则于应用雇值之外收取二分宽剩钱，每一种全都是一个很庞大的数字。这样巨额的钱币集中到政府之后，变法派的人们是否能依照王安石所提出的“取天下之财以供天下之费”的原则办事，这也应是评价新法时一个极关重要的问题。

当青苗法推行之初，保守派的韩琦等人攻击王安石为“兴利之臣”，王安石向宋神宗辩解说：

> 陛下修常平法，所以助民，至于收息，亦周公遗法也。且如桑弘羊笼天下货财以奉人主私欲，游幸郡国，赏赐至数百万，皆出均输，此乃所谓兴利之臣也。今陛下广常平储蓄，抑兼并，振贫弱，置官为天下理财，非所以佐私欲，则安可谓之兴利之臣乎？①

到免役法施行之后，曾布回答保守派对于收取免役宽剩钱的攻击时说：

> 今役钱必欲稍有羡余，乃所以备凶年，为朝廷推恩

① 《宋会要辑稿·食货》四之二〇。

蠲减之计，其余又专以兴田利，增吏禄。①

当宋神宗提议把浙西地区第五等户所纳役钱一律免除时，王安石又向宋神宗说道：

> 第五等户出钱虽不多，如两浙一路已除却第五等下不令出钱外，尚收四万贯。若遇本路州军有凶年，以（此钱）募人兴修水利，即既足以赈救食力之农，又可以兴陂塘沟港之废。陛下但不以此钱供苑囿、陂池、侈服之费，多取之不为虐也。②

上面引用的这些言论和文章当中，所提及的各种用途，不论是广储蓄、救灾荒、兴田利或赈贫弱，总都是直接或间接与农业生产和农民生活发生关系的。这样的一些事实，使得反对王安石最力的陈瓘也无法再加以非议，因而就把这类事一齐归美于宋神宗，而不得不在其《进国用须知疏》中说什么“臣窃惟神考立法之意，取民之财，还以助民”了。

3. 但是，作为统治阶级上层人物之一员，王安石所说的“以供天下之费”，决不会只限于和农业生产直接或间接有关的一些事项。在这些项目之外，再支用其中的一部分，用以破除陋规，开创新例，对北宋政权的中央和地方各级衙门中

---

① 《续资治通鉴长编》卷二二五，熙宁四年七月戊子记事。

② 《续资治通鉴长编》卷二三七，熙宁五年八月辛丑记事。

的大量吏胥，即帮助各级官僚进行统治的一些人员，支付给他们生活所必需的一些费用，从正常的道理看来，是既很必要也很正当的一种用途。这就是上面引文中所提到的“增吏禄”一事。

北宋各级政府中“吏”的数量是很大的。吏，是“官”以外的一种人，是既不由科第或门荫出身，没有名位，也不入流品的一些办事人员，一般也叫作“公人”。在王安石变法以前，这一大群吏胥是全都没有薪给禄廪的。他们都倚仗枉法贪赃、讹诈勒索以为生。如司马光在嘉祐七年（1062）所上《论财利疏》中所说：

> 府史胥徒之属，居无廪禄，进无荣望，皆以啖民为生者也。上自公府省寺、诸路监司、州县乡村、仓场库务之使，词讼追呼、租税徭役、出纳会计，凡有毫厘之事关其手者，非赂遗则不行。是以百姓破家坏产者，非县官赋役独能使之然也，太半尽于吏家矣。①

像开封府的一个主管诉讼刑狱事件的吏所自白的：

> 向时（按指增吏禄前）遇事，且思如何可以取钱，又思如何可以欺罔官员，实无心推究人之枉直。②

---

① 《司马文正公传家集》卷二五。

② 《续资治通鉴长编》卷二三三，熙宁五年五月乙巳记事。

王安石认为这种情况对于政令的推行是极为有害的，因而从熙宁三年（1070）起，他就首先对北宋中央政府各衙门的吏员按月给予禄钱，并制定了“重法”以杜绝贿赂请托、枉法受赃等弊端。而且要逐渐地对“天下吏人”一概制禄。《续资治通鉴长编》载有他与宋神宗关于此事的一次谈话云：

> 王安石曰：“……经久天下吏禄恐须当尽增，令优足。”
>
> 上曰：“如此岂不善，但患阙钱耳。”
>
> 安石曰：“此极多不过费百万缗。然吏禄足则政事举，政事举则所收放散之利亦必不少。且今人吏衣食固亦出于齐民，但不令以法赋之而已。……若将来诸路收酒坊税钱，必然可足吏禄有余也。”
>
> 上又曰：“吏受赇，亦不免出于官钱耳。”
>
> 安石曰：“……今公赋禄与之，即不为余人侵牟，而又不至枉法害事以取赂矣。”①

沈括在《梦溪笔谈》中有关于增吏禄的一条，也表明了他对于这一措施完全赞同的态度：

> 天下吏人素无常禄，唯以受赇为生，往往有致富者。

---

① 《续资治通鉴长编》卷二三三，熙宁五年五月乙巳记事。

> 熙宁三年始制天下吏禄，而设重法以绝请托之弊。是岁，京师诸司岁支吏禄钱三千八百三十四贯二百五十四。岁岁增广，至熙宁八年予为三司使日，岁支三十七万一千五百五十三贯一百七十八。自后增损不常，皆不过此数。京师旧有禄者及天下吏禄，皆不预此数。

到熙宁六年（1073），“天下吏人”大概基本上都能按月领取到禄廪了。《续资治通鉴长编》卷二四八于这年十二月壬申记其事云：

> 时内自政府有司，外及监司、诸州，胥吏皆赋以禄，谓之“仓法”。京师岁增吏禄四十一万三千四百余缗，监司诸州六十八万九千八百余缗。然皆取足于坊场、河渡、市例、免行、役剩、息钱等，而于县官岁入财用初无少损。且民不加赋而利禄以给焉。

这可见，通过各种新法的实施而聚集到北宋政府的钱币，自熙宁六年以来，每年为了支付吏禄，至少要支用一百一十余万贯。

4. 尽管在“增吏禄”上用了这么多钱币，尽管此外还有前面所举述的另外的那几种用途，而所支用的总数字仍只占北宋政府所聚集到的这一大宗钱币的一小部分，大部分却还未被动用。而钱币之外，还聚集了大量的谷物。这些未被动用的钱币和谷物的数额之大，据毕仲游于元祐元年（1086）

《上门下侍郎司马温公书》所说是：

> 今诸路常平、免役、坊场、河渡、户绝庄产之钱粟，无虑数十百巨万。如一归地官（按指户部）以为经费，可以支二十年之用。则三司岁入之常，半为羸余。①

据元祐元年做户部尚书的李常所说是：

> 伏见现今常平、坊场、免役积剩钱共五千余万贯，散在天下州县，贯朽不用，利不及物。②

据建中靖国元年（1101）知枢密院事安焘所追述的是：

> 熙宁、元丰之间，中外府库，无不充衍。小邑所积钱米，亦不减二十万。③

据陈瓘的《进国用须知疏》中所说是：

> 神考理财之政，所以法先王而虑万世。……取民之财，还以助民。故天下诸路，州州县县，各有蓄积，将以待非常之用，不使有偏乏之处。……今当绍述此意，

---

① 《西台集》卷七。
② 《续资治通鉴长编》卷三八四，元祐元年八月丁亥记事。
③ 《宋史》卷三二八《安焘传》。

岂宜取三十年间根本蓄藏之物，一切大违成宪而偏用之于一方乎？

中央和地方政府既然蓄积了这样巨额的钱币和谷物，前此长期存在的积贫之局到此就完全改观了。通过推行新法而聚积贮存到这么多的谷物和货币，在王安石和变法派的规划和设想当中，究竟要把这一大宗财富作什么使用呢？这就应当再来回顾一下《续资治通鉴长编》卷二二〇所载，王安石在熙宁四年（1071）二月庚午对宋神宗所说的那番话了：

今所以未举事者，凡以财不足故。故臣以理财为方今先急。未暇理财而先举事，则事难济。臣固尝论天下事如弈棋，以下子先后当否为胜负。

这里所谓举事，只能是指对西夏和对契丹的用兵而言，不可能是指此外的任何其他事情。当王安石第二次罢相时，北宋各级政府的积蓄虽还不会像宋神宗去世时那样丰足，但从安焘的话来看，其时的“中外府库”也已经“无不充衍”了。第二步棋，就只能是对西夏和契丹的兴师用兵了。这在宋代人所编写的史书上可以找到确切证据。蔡惇的《官制旧典》①有一条说：

① 《官制旧典》已佚，此从《宋宰辅编年录》卷七转引。

国朝沿五代后唐之制，置三司使以总国计，应四方贡赋之入，朝廷未尝预焉，一归三司。三司总盐铁、度支、户部，位亚执政，目为计相。凡国家工役之费，其所用皆耗蠹之大者，必命三司使总之，乃可节以制度也。

至王安石为相，自著《周礼义》以符合新法，故持冢宰掌邦计之说，谓宰相当主财计，遂与三司分权：凡赋税、常贡、征榷之利，方归三司；摘山、煮海、坑冶、榷货、户绝、没纳之财，悉归朝廷。其立法，举常平、免役、坊场、河渡、禁军阙额、地利之资，皆号朝廷封桩。又有岁科上供之数，尽运入京师，别创库以贮之，三司不预焉。于是祖宗处国计之良法尽坏矣。

陈均的《皇宋编年备要》卷二〇于元丰三年（1080）十一月《置元丰库》条下，也摘录了《官制旧典》的上两段文字，而在其“皆号朝廷封桩”句下，又增加了以下许多话：

法行既久，储积赢羡。是年，于司农寺南创元丰库贮之，三司不与焉。

及官制行，户部①岁入才四百余万缗，其他尽入元丰库，以待非常之用云。

应有所用，必有司具数上之，宰执聚议同奏，降旨

① 宋神宗在元丰三年把职官制度做了一番改革，取消了“三司”，把三司的职掌移归户部。

下库，始可支焉。盖虽天子不得而用。其制之严如此。

自熙宁以前，诸道榷酤、坊场，率以酬衙前之陪备官费者；至熙宁行（免）役法，乃收酒场，听民增直以售，取其价以给衙前。时则有坊场钱。至元丰初，司农请岁发坊场百万缗输中都。至是，遂置库贮之。

这里所说的"以待非常之用"，当然也是指对契丹与西夏兴师用兵而言的，是与王安石所说的"举事"的含义完全相同的。又据范祖禹《范太史集》中《论封桩札子》云：

提刑司封桩阙额禁军请受钱粮斛斗万数不少，此乃户部、转运司本分财计，先帝特令封桩以待边用，盖恐仓卒调发不及，故为此权宜之制。今朝廷方务安边息民，则封桩之法宜悉蠲除。

所以，元丰库实际上就是一个战时物资储备库。它的设置虽在王安石下台四五年之后，但王安石在执政期内就已把常赋常贡以外的各项物资收入都用"朝廷封桩"的名义储积起来，这在事实上已经是把它们作为战备物资看待了。

陆佃的《陶山集》卷十一中有《〈神宗皇帝实录〉叙录》一文，文中虽未追溯储积这一大宗物资的原始过程，对于宋神宗之专为对契丹用兵而设置了一个储备库，却做了更为明确的叙述。《叙录》说：

（神宗）常愤惋敌人倔强，久据蓟燕，慨然有恢复之志。聚金帛内帑，自制四言诗曰："五季失图，猃狁孔炽。艺祖造邦，思有惩艾。积帛内帑，基以募士。曾孙承之，敢忘厥志。"每库以诗一字揭之。

既而储积如丘山，屋溢不能容，又别命置库增广之，赋诗二十字，分揭其上，曰："每虔夕惕心，妄意遵遗业。顾予不武资，何日成戎捷。"其规模宏远如此。①

迨元丰间，年谷屡登，积粟塞上盖数千万石，而四方常平之钱不可胜计。余财羡泽，至今蒙利。

王安石未下台时，虽曾三番五次地怂恿宋神宗对西夏用兵，却都因受到别种事件的干扰而未被宋神宗所采纳。到元丰四年（1081），宋神宗因听说西夏的统治集团发生了内讧，认为有隙可乘，就发动了五路兵马进攻西夏。这次的军事行动由于措置失当而遭到了惨重失败。第二年，又因西夏集中兵力攻破了北宋刚刚修筑成功的永乐城（在今陕北米脂、榆林、横山三县交界处），北宋的将士民夫又失陷死亡了好几万人。从此以后，北宋的最高统治集团没有人敢再提及用兵二字，因此，直到宋神宗逝世之日为止，不但元丰库中所储积的物资并未动用，而散存在天下各州县的，正如李常的奏章

① 我以为，在此应加注意者，有两个问题。其一，宋神宗这两首诗所表示的，仍只以恢复燕云十六州为限，与王安石的并吞西夏、契丹的战略设想远不相符；其二，他虽在诗句中有收复燕云的表示，而从其对付契丹两次挑衅时的态度看，皆是示弱示怯，可见他缺乏攻取燕云的勇气。

所说，也同样是“贯朽不用”了。

5. 当青苗法推行初期，保守派的刘攽就在其《与王介甫书》中说道：

> 且朝廷青苗之息，专为备百姓不足，至其盈溢，能以代贫下赋役乎？府库既满，我且见其不复为民矣。外之则尚武功，开斥境土；内之则广游观，崇益宫室。……介甫一举事，其弊至此，可无念哉！可无念哉！①

王安石把北宋王朝的“外则不能无惧于夷狄”的屈辱处境作为必须扭转和改善的一个重大问题，他的战略设想是以军事力量解除来自党项、契丹贵族的民族压迫。如果他真能在“青苗之息”及其他财货收入盈溢了府库之后，把这笔财富用去整军经武，大举用兵而制服西夏与契丹，既解除了民族压迫，也使北宋王朝从党项、契丹贵族的严重军事威胁之下解脱出来，恢复汉唐时代的统一局面，这是何等高尚雄伟的事业，而保守派的人物竟把它与“广游观，崇益宫室”之事等量齐观，认为是同样的“弊”事。这可见，保守派都是甘愿生活在那种“外则不能无惧于夷狄”的屈辱处境之下，完全缺乏民族思想和民族自尊心。

而且，在王安石当政以后，直到刘攽写这封书信之时，在变法派以至皇帝本人，不但没有“广游观，崇益宫室”的

---

① 《彭城集》卷二七。

具体行动，并且也都没有这样的言论和主张，而刘攽却在信中说什么“介甫一举事，其弊至此”，竟似已经发生了这种弊事一样，这又怎能算作“善言”和“忠告”呢？

然而居心更恶毒、纯粹无端造谤、其卑鄙险恶远出刘放之上者，却还是那个生活在北宋末南宋初而专力造谣诬蔑王安石的邵伯温。在邵伯温的《闻见录》中有这样一条记载：

> 神宗天资节俭。因得老宫人言：“祖宗时妃嫔公主月俸至微。”叹其不可及。王安石独曰：“陛下果能理财，虽以天下自奉可也。”帝始有意主青苗、助役之法矣。安石之术数类如此。故吕诲中丞弹章曰：“外示朴野，中怀狡诈。”

据邵伯温所说，宋神宗是在听到了王安石奉劝他“以天下自奉”的话以后，“始有意主青苗、助役之法”，而且，吕诲弹章中的“外示朴野，中怀狡诈”两语就是针对着王安石的这句话而发的。据此推考，则王安石的这句话必是在上台初期所说。但是，当王安石上台之初，司马光、富弼、文彦博、程颢等人全都在北宋政府的各部门任职，何以他们中竟无一人针对王安石的这句话提出反对意见呢？吕诲奏章中的那两句倘若确是针对王安石此语而发，何以竟不把此语直接揭出示众呢？司马光的《涑水记闻》，程颢、程颐、苏轼等人的文章和杂记等都极力搜集有关王安石的一些捕风捉影的事加以记述和笑骂，何以也竟无涉及“以天下自奉”这一言论的呢？

王安石的理财方针是“因天下之力以生天下之财”，其理财的主要途径是大力发展农业生产。他所奉为榜样的，是桑弘羊的能使“民不加赋而国用饶”。把这些财赋使用在什么地方呢？他的原则是“取天下之财以供天下之费”。他并且屡次向宋神宗明白指陈：“置官为天下理财，非所以佐（人主）私欲”，奉劝他不要“以此钱供苑囿、陂池、侈服之费”。王安石是这样说的，也是这样做的，而且宋神宗也是采纳了他的这些意见的。邵伯温却闭塞眼睛，把一些彰彰在人耳目的事实置之不顾，捏造了这样恶毒的谣言，对此，除理解为他是用此发泄其对于政治改革家王安石的积愤仇怨而外，是再也找不到其他任何解释的。

第三节　新法的被推翻不等于新法的失败

本书的任何章节都在说明，在王安石制定和推行新法的全部过程当中，是历经保守派人物的反对、阻挠和破坏，他也为此而付出了极大的精力，奋勇与他们进行斗争的。宋神宗虽基本上对新法的推行予以支持，有时却也不免为保守派的议论所蛊惑，或被他们的鼓噪所困扰，而表示有所犹豫和动摇，但在大多数场合，却都是以恢复了理性、排除了干扰为结局。而且，不论在王安石身居相位之时，或在他退出政坛之后，即从熙宁之末到元丰八年之春，从来都不曾因变法改制而引起劳动人民的群起反对。尽管还有许多项目，并不能依照王安石的初衷而次第进行，例如他想通过保甲法而把募兵制改为民兵制，他的那个吞并西夏与契丹、恢复汉唐时期统一局面的计划等事，而每项得到实施的新法在推行之后，全都在农业生产，或政府的财政收入，或社会经济的其他方面，收到或大或小的积极效益。对于这样的一些积极效益与成果，如果一概置之不理，视若无睹，而只着眼于司马光上台后粗暴颟顸地把新法全部推翻，认为这就是新法的失败，这是既不符合史实，也不符合道理的。

当司马光不顾一切地要把新法全部推翻之际，在保守派的人物当中，有许多人都提出反对意见，如上文所引述，有的以为青苗法可以继续推行，有的以为差役法不应恢复，可以说，在新法中占重要地位的几种，几乎都有保守派中的或彼或此、或多或少的人员，出而反对司马光的废罢，主张继续施行。于此可见，司马光推翻全部新法的做法，确实是不得人心的，如果当时不是起用司马光，而是起用另一位保守派人物当政，其对待新法的做法，必不会如此卤莽灭裂，而是一定会比较圆满，会考虑得周到一些的。因此，我以为，绝对不应把司马光的推翻新法，认为是新法的失败。正如一位建筑师经过长期的研究思考，设计建造了大面积的庭院房舍，虽还未必可称之为美轮美奂，然而已可供广大人民安居乐业之用，却不幸有仇人冤家突然到来，只为发泄其怨怒之气，便不问缘由，一律将其拆除推倒，这怎能算做建筑师设计与施工的失败呢？

第九章　王安石的暮年和身后

第一节　十年的退休生涯

王安石在熙宁九年十月第二次罢相回到江宁之后，就在江宁府城东门和钟山的正中间，一个名叫白塘的原极荒芜的地段，购置了一块地皮，修盖了几间房屋，种植了一些树木，稍稍作成了一个家园模样，作为他的府第。府第的周围别无人家，房屋也仅蔽风雨，并不宏伟壮观，甚至连垣墙也没有修筑，看起来只像设在路旁的小旅店。因为它西距江宁城的白下门和东距钟山各为七里，王安石就为它取名为半山园。实际上，就地理位置说，名之为半山固甚确切，但就其规模说，称之为园，却是很不相称的。白塘地卑，多年积水为患，王安石在此卜筑之后，乃因势乘便，凿渠决水，使与江宁城河相通。此后，王安石要进江宁城时，也间或雇乘小舫，泛此水渠而行。①

半山园以北不远的地方，有一个土骨堆，相传是东晋谢

① 此段皆据《王荆文公诗李壁注》卷四，《题半山寺壁二首》题下注文。

安的故宅遗址，一直还被叫作谢公墩。这是王安石经常跑去游憩的地方。在那里摩挲着满生苍苔的石头，想象着谢安当年所完成的事功和在这地方居住的情景，他每每流连忘返。

王安石经常出游于江宁附近各地，有时骑马，有时骑驴。马是宋神宗赠送与他的，驴是自己买的。还雇用了一名牵卒。后来马死掉了，便专骑小驴。有人曾向他建议说，老年人出游最好乘用肩舆（轿子），他不肯这样做，并且回答说："古之王公，至不道，未有以人代畜者。"有时他也喜欢乘坐"江州车"，自己坐在一厢，另一厢由同游的朋友坐，如无游伴，即由僮仆坐。

他每次出游，全都是随随便便，没有任何排场。对于风吹日炙，也全不在乎。王铚在《默记》中曾记载了一个故事：

> 元丰末，王荆公在蒋山野次，跨驴出入。时正盛暑，而提刑李茂直往候见，即于道左遇之。荆公舍蹇相就，与茂直坐于路次。荆公以兀子，而茂直坐胡床也。语甚久，日转西矣，茂直令张伞，而日光正漏在荆公身上，茂直语左右令移伞就相公，公曰："不须。若使后世做牛，须着与他日里耕田。"

苏辙曾在一道奏章中说王安石是一个"山野之人"，大概就是因为王安石的衣着装束和举止行动都不像当时一般士大夫们那样斯文、雅致和奢华之故。而他的这种本色，直到做了许多年的宰相之后也不曾有任何改变。

钟山有一所佛寺，名叫定林寺，因距离半山园较近，凡是不到别处旅游的日子，王安石就到定林寺去。那里有专供他居住的一所房子，王安石经常在这所房子里读书，著述，或者接待来访的客人。有名的书法家米芾就是在这里与王安石相识的，他为这所房子取名为昭文斋，并当场写了这个斋名。著名画家李公麟为王安石画了一张着帽束带神采逼真的像，也悬挂在这个昭文斋中。

在王安石退居江宁之后，也许是他已经在白塘建立了居地之后，他曾先后写过两首诗，一首题为《元丰行示德逢》，全诗为：

> 四山翛翛映赤日，田背坼如龟兆出。
> 湖阴先生坐草室，看踏沟车望秋实。
> 雷蟠电掣云滔滔，夜半载雨输亭皋。
> 旱禾秀发埋牛尻，豆死更苏肥荚毛。
> 倒持龙骨挂屋敖，买酒浇客追前劳。
> 三年五谷贱如水，今见西成复如此。
> 元丰圣人与天通，千秋万岁与此同。
> 先生在野固不穷，击壤至老歌元丰。①

另有《后元丰行〈踏歌〉》，全诗为：

---

① 《临川文集》卷一。

歌元丰：十日五日一雨风。
麦行千里不见土，连山没云皆种黍。
水秧绵绵复多稌，龙骨长乾挂梁梠。
鲥鱼出网蔽洲渚，荻笋肥甘胜牛乳。
百钱可得酒斗许，虽非社日长闻鼓。
吴儿踏歌女起舞，但道快乐无所苦。
老翁堑水西南流，杨柳中间杙小舟。
乘兴敧眠过白下，逢人欢笑得无愁。①

现在传世的王安石诗文集，包括李壁笺注的王荆文公诗全都编辑得不够完善，对于王安石的诗文各本的收集都有问题：既有很多遗漏，也有把别人的作品掺入其中的，对于诗文的编次又全非依照写作年月排列。上引两诗虽都难确定其写作年月，但必是相隔不久写成的，在李壁的笺注中，于《后元丰行》一首题下，曾注云："或谓公欲以此御神考之听，冀复相，此谬论也。"我以为李壁把或人之说称作谬论是完全正确的，这两首诗皆可看作描写农家生活的欢乐之词，其中很可能包含了对他当政时先后所作兴农事业的自我安慰，却绝不会含有希求恢复相位之意。就此二诗，可以看出王安石在退休江宁之后的闲适心情，也可窥见其在江宁时的诗人生涯之一斑，故引录于此。

为使北宋政权在意识形态方面能做到"同道德之归，一

① 《临川文集》卷一。

名法之守”，使“道德一于上而习俗成于下”，王安石在执政期间就由他们父子和变法派的吕惠卿等人重新注释了《周官》《尚书》《诗经》，即所谓《三经新义》。在其中，他们对“先儒传注一切废不用”，而却有意地把法家、佛教所讲说的义理中合于这些书中的思想的部分，极力予以推阐和发挥。与《三经新义》相配合，他自己还着手编撰一部文字训诂方面的书——《字说》。当他第二次罢相时，编写《字说》的工作才刚开始，因此回到江宁之后，他在定林寺的昭文斋中所从事的，主要就是继续编写这部《字说》。

王安石认为编写《字说》的意义很重大，他在《熙宁字说序》中说：

> 字者，始于一二而生生至于无穷，如母之字子，故谓之字。其声之抑扬开塞、合散出入，其形之衡纵曲直、邪正上下、内外左右，皆有义，皆本于自然，非人私智所能为也。与夫伏羲八卦、文王六十四，异用而同制，相待而成《易》。先王以为不可忽，而患天下后世失其法，故三岁一同。同之者，道德也。……
>
> 余读许慎《说文》，而于书之意时有所悟，因序录其说为二十卷，以与门人所推经义附之。
>
> 惜乎先王之文缺已久，慎所记不具，又多舛；而以余之浅陋考之，且有所不合。虽然，庸讵非天之将兴斯文也，而以余赞其始？故其教学必自此始。能知此者，

> 则于道德之意已十九矣。[1]

这些话充分表明，王安石这时候虽是“身在山林”，却还是“心存魏阙”的。就《字说》的内容及其思想性来看，当时就已被人指称为“秦学”，因为其中既“美商鞅之能行仁政”，而且还替李斯的所作所为进行了解释。[2] 这显然是一部贯串了法家思想内容的书。所以，这时的王安石虽然已经不是直接操持政柄了，却还是想通过《字说》与《三经新义》的传布，而达到用法家的思想去影响当时的思想，用法家的治术为北宋政权服务的目的。

然而，毕竟是一个罢了官的人，退休在江宁的王安石，对于过去因从政而结下的恩怨，全都力求以淡泊心情来对待了。例如，对于背叛了他的吕惠卿的各种行径，有时他虽感到有些气愤，因而常不免随手写“福建子”三字以示意，但在元丰初年，吕惠卿“除母丧，过金陵，以启与安石求和”时，王安石却写了一封心平气和极富理性的回信给他，说道：

> 与公同心，以至异意，皆缘国事，岂有它哉。同朝纷纷，公独助我，则我何憾于公？人或言公，吾无与焉，则公何尤于我？“趣时便事”，吾不知其说焉；“考实论情”，公宜昭其如此。开谕重悉，览之怅然。昔之在我者

---

① 《临川文集》卷八四。

② 《宋史》卷三四六《陈次升传》。

诚无细故之可疑；则今之在公者尚何旧恶之足念。然公以壮烈，方进为于圣世；而安石苶然衰疾，特待尽于山林。趣舍异路，则相呴以湿，不如相忘之愈也。想趣召在朝夕，惟良食为时自爱。①

此回信中虽还有“不如相忘”句，有略示弃绝之意，但全信淳厚切实，不似当政时对待保守派所惯用的那种凌厉雄辩的词锋。

对于一向站在反对派立场上并因此而被贬谪到黄州的苏轼，当他北徙汝州，路过江宁时，王安石竟把他当作知心朋友加以接待了。朱弁的《曲洧旧闻》记其事云：

东坡自黄徙汝，过金陵，荆公野服乘驴谒于舟次，东坡不冠而迎揖曰：“轼今日敢以野服见大丞相！”

荆公笑曰：“礼岂为我辈设哉！”

东坡曰：“轼亦自知，相公门下用轼不着。”

荆公无语，乃相招游蒋山。

蔡絛的《西清诗话》也记此事云：

元丰间，王文公在金陵，东坡自黄北迁，日与公游，尽论古昔文字，间即俱味禅悦。公叹息语人曰：“不知更

① 《临川文集》卷七三。

几百年，方有如此人物。”

苏东坡这次是在元丰七年的七月抵达金陵的，大概停留了许多日子才又离去，因为他有在金陵购置田宅的打算，是在未能办成之后，才又去仪真的。到仪真后他即写信给王安石说：

> 近者经由，屡获请见，存抚教诲，恩意甚厚。……轼始欲置田金陵，庶几得陪杖屦，老于钟山之下，既已不遂，今来仪真又二十余日，日以求田为事，然成否未可知也。若幸而成，扁舟往来，见公不难也。[①]

从这封信中，既可看出，东坡停留在金陵时，王安石招待他的一番盛情；也可看出，东坡对于前辈诗人学者王安石，具有如何真诚的仰慕情怀。

这时候的王安石，不但对于苏轼只谈论一些与“诵诗、说佛”有关的话题，对于另外一些到半山园或定林寺来访的人，也大都是谈论一些同样的话题，基本上是不大议论时事的。

但这只反映出，在王安石的生活和思想当中存在着深刻的矛盾，这种谈诗说文、说佛味禅的生活，只是表明了这矛盾的一个方面；更确切地说，这只是他对待政治见解完全不同的人们的一种应酬办法。像王安石这样勇于担当变法重任

---

① 《苏轼文集》卷五〇。

的人物，他是不可能对于现实政治、国家命运和人类前途漠不关心的。只有对思想上、政治上真正志同道合的人，他才乐于与之谈论这样的问题。他在写给他的女婿蔡卞的一首诗（《示元度》）中所说："今年钟山南，随分作园圃。……老来厌世语，深卧塞门窦。……独当邀之子，商略终宇宙。"① 正充分说明了这一点。因而，他不但把编撰《字说》当作一种自觉履行的政治任务看待，而且在他的一首《杖藜》诗中还吐露了真情：

尧、桀是非时入梦，固知余习未全忘。②

王安石在元丰五年（1082）写了一首题为《六年》的七言绝句，总述他自从退休江宁以来六个年头内的情怀：

六年湖海老侵寻，千里归来一寸心。

西望国门搔短发，九天宫阙五云深。③

这也表明，他时刻深切关怀朝廷上的政治局势。

元丰七年（1084）的春季，王安石害了一场重病，有一次神志昏迷达两日之久。宋神宗且曾派了御医前来诊视，经多方治疗，才得痊愈。病愈之后，对于几年以来所经营的半

---

① 《临川文集》卷一。

② 《临川文集》卷二七。

③ 《临川文集》卷三〇。

山园和附近的几百亩田产，全觉得是一些累赘，就向宋神宗陈报，把半山园改作僧寺，并由宋神宗命名为“报宁禅寺”，把在上元县境所购置的荒田熟田一律割归钟山的太平兴国寺所有。这件事，只能是他在病后意志消沉、奋斗精神暂时衰退的一种表现。这年秋天，王安石的一家就又在江宁城内的秦淮河畔租了一个小小的独院居住，不再自造宅第。然金陵夏季极热，有时至秋不解，小院窄隘，无地乘凉，乃折松枝架栏御暑，因作《秋热》一诗[①]以记其事。诗之前半部分如下：

火腾为虐不可摧，屋窄无所逃吾骸。
织芦编竹继栏宇，架以松栎之条枚。
岂惟宾至得清坐，因有余地苏陪台。
忿阳陵秋更暴横，燋我欲作昆明灰。
金流玉熠何足怪，鸟焚鱼烂为可哀。

李壁于诗题下注云：“元丰末，公以前宰相奉祠，居处之陋乃至此，今之崇饰第宅者，视此得无愧乎！”然而，不这样，便不成其为王安石了。

元丰八年（1085）的三月，宋神宗去世。王安石写诗哀悼，同时也十分担心政局的变化。他只好把更多的时间用在翻阅书册上去，并经常写些评论历史人物和事件的诗歌，借

---

① 《王荆文公诗笺注》卷五。

以排遣自己的忧思。李壁在《王荆文公诗笺注》的《新花》诗注中载：

> 田昼承君云：“顷为金陵酒官，有荆公处老兵时来沽酒，必问公动止，兵云：‘相公每日只在书院中读书，时时以手抚床而叹，人莫测其意也’。”

到他听到司马光拜相的消息之后，他的担心更变成了忧惧。当有人告诉他说，“近有指挥，不得看《字说》”时，他更受到很大刺激。从此，他陷入极大的愤懑苦痛当中，书册也不能起排遣作用了。他不但时时以手抚床，高声叹息，有时更绕床终夜，不能成眠。亲朋见其如此，便尽可能不使他听到司马光废罢新法的一些举措，但也无法长久隐瞒得住。当他闻悉废罢市易、方田均税和保甲诸法时，还能强作镇定，及知免役法也要废罢，并且要照变法以前的旧样复行差役法时，王安石再也禁持不住，愕然失声地说道，“亦罢至此乎？”停了一会儿又说道，“此法终不可罢！安石与先帝议之二年乃行，无不曲尽。”①

免役法的废罢和差役法的复行，是元祐元年（1086）春季的事，其时王安石已在病中。继此之后，从开封传来的种种消息，都使他更加忧心如焚，无法排遣，其病情便也日益加重。到这年的四月初六，这位六十六岁的老人，便结束了

---

① 朱熹《三朝名臣言行录》卷六之二《丞相荆国王文公言行录》。

他战斗的一生，与世长辞了。

第二节　身后的冷落

1. 当王安石去世的消息传到开封之后，新上台做宰相的司马光正因病家居，他写信给另一宰相吕公著说：

> 介甫文章节义过人处甚多，但性不晓事而喜遂非，致忠直疏远，谗佞辐辏，败坏百度，以至于此。今方矫其失，革其弊，不幸介甫谢世，反复之徒必诋毁百端。光意以谓，朝廷宜优加厚礼，以振起浮薄之风。苟有所得，辄以上闻。不识晦叔以为如何。更不烦答以笔札，扆前力言则全仗晦叔也。①

在这封简短的书信中，司马光只对王安石的文章和节义有所肯定，而对作为政治家的王安石却全部否定了。他还把所有变法派的人和王安石的门生故旧概括为两类：一类是“谗佞”，另一类是“反复之徒”。而在北宋朝廷上，正对各个机构中的变法派人物和王安石多少有些牵连的人，不断地加以斥逐贬窜和打击迫害，这样，就迫使人们只能对王安石表示“疏远”，既不敢再对他加以赞扬，因为那就将被列入“谗佞”之列；也不敢再对他加以批评，因为那就将被认为是

① 《司马温公集》卷六三。

“反复之徒”了。

北宋朝廷根据司马光的“朝廷宜优加厚礼”这句话，追赠王安石为太傅。当时做中书舍人的苏轼替小皇帝宋哲宗撰写的《王安石赠太傅》的《制词》说：

> 朕式观古初，灼见天命：将有非常之大事，必生希世之异人，使其名高一时，学贯千载；智足以达其道，辩足以行其言；瑰玮之文足以藻饰万物，卓绝之行足以风动四方；用能于期岁之间，靡然变天下之俗。
>
> 具官王安石，少学孔、孟，晚师瞿、聃；网罗六艺之遗文，断以己意；糠秕百家之陈迹，作新斯人。属熙宁之有为，冠群贤而首用。信任之笃，古今所无。方需功业之成，遽起山林之兴。浮云何有，脱屣如遗。屡争席于渔樵，不乱群于麋鹿。进退之美，雍容可观。
>
> 朕方临御之初，哀疚罔极。乃眷三朝之老，邈在大江之南。究观规模，想见风采。岂谓告终之问，在予谅暗之中，胡不百年，为之一涕！
>
> 呜呼，死生用舍之际，孰能违天；赠赙哀荣之文，岂不在我。宠以师臣之位，蔚为儒者之光。庶几有知，服我休命。①

这篇《制词》，实在可以评定为苏轼作品中的一篇绝妙好辞。

① 《苏轼文集》卷三八。

它既显示了苏轼文思概括能力之高妙，也显示了他对王安石在立德、立功、立言这三不朽方面业绩的肯定。在“具官王安石”以下的一些论述当中，其“少学孔、孟，晚师瞿、聃”句，也许会被人理解为指责王安石并非醇儒，但王安石晚年的学术思想之颇有趋入佛道二家的倾向，乃是不可争辩的事实，因而绝不是什么微词。其实，苏轼本人的一生，也从未想做醇儒，更不可能以此责人。其下的“网罗六艺之遗文”“糠秕百家之陈迹”等句，则全是赞扬，不含贬义。只有在“信任之笃，古今所无”句下，接着就说“方需功业之成，遽起山林之兴”等句，把王安石八九年的相业竟完全略去不说，其故何在？依我看来，苏轼在这里必是感到了难以下笔之苦，所以就一概从略了。其所感难点应是：苏轼对于熙宁新法，在推行的当时，虽屡提出过反对意见，却并不是一概加以反对，这与司马光之要卤莽灭裂地概行推翻的主张是大不相同的。因而在此《制词》当中，他既不愿全依司马光的意见，把变法改制之事一笔抹杀，也无法把自己的意见做出条分缕析的论述，就只有做出这样简化的处理了。然而就“遽起山林之兴”“脱屣如遗”“争席于渔樵”“进退之美，雍容可观”等等语句来看，苏轼也并不像其他旧派人物那样，说王安石之二次罢相，是因宋神宗“益厌其所为”或因吕惠卿揭发了他的“毋使上知”的私书，暴露了他犯有欺君大罪之故，而是肯定其为自愿引退的一种光明磊落的政治家的行为。

在《王安石赠太傅》的《制词》中，苏轼对王安石虽然并无贬词，但苏轼对王安石的政见和政绩也大有不满之处，却也人所共知。这些不满，他却借用贬谪吕惠卿的机会，在他所撰写的《吕惠卿责授建宁军节度副使制》中抒发出来了：

> 具官吕惠卿，以斗筲之才，挟穿之智。谄事宰辅，同升庙堂。乐祸而贪功，好兵而喜杀。以聚敛为仁义，以法律为诗书。首建青苗，次行助役。均输之政，自同商贾；手实之祸，下及鸡豚。苟可蠹国以害民，率皆攘臂而称首。……始与知己，共为欺君，喜则摩足以相欢，怒则反目以相噬。……①

在这段《制词》当中，除了“斗筲”二句和“手实”二句外，自“以聚敛为仁义”句以下，几乎任何一句都是把王安石包括在内而加以指斥的。所有新法在这里既都被说成是祸国殃民之法，倡议变法的罪魁祸首，当然不是吕惠卿而是王安石，这不就是间接对王安石痛骂了一番吗？

趋炎附势和落井投石，本都是一般封建官僚士大夫们的一种属性；“既明且哲，以保其身”，也是在封建社会中极受赞扬的一种处世哲学。处在王安石逝世后这种政治气氛和压力下的王安石的友朋和故旧，也都不可避免地把这种属性和作风突出地表现了出来。据《宋史·陆佃传》说，在司马光上台之初，因“变更先朝法度，去安石之党”，一般士大夫们

---

① 《苏轼文集》卷三九。

就已“多讳变所从”了。

张舜民的《画墁集》中有《哀王荆公》七绝四首，是在王安石死后不久写成的。其中颇反映了这方面的一些情况。今抄录于下：

门前无爵罢张罗，元酒生刍亦不多，
恸哭一声唯有弟，故时宾客合如何？

乡间匍匐苟相哀，得路青云更肯来？
若使风光解流转，莫将桃李等闲栽！

去来夫子本无情，奇字新经志不成。
今日江湖从学者，人人讳道是门生！

江水悠悠去不还，长悲事业典刑间。
浮云却是坚牢物，千古依栖在蒋山！

这说明，在王安石死后，除了他的弟弟王安礼、王安上而外，其余的友朋和门生大都唯恐被王安石所连累，就都极力表示自己与王安石素无关系。然而归根结底说来，这种“世态”却还是由当时的政治气候和压力所造成的。在当时的社会人群当中，没有人肯再挺身而出，为了维护新法或维护王安石而与保守派相斗争，自是可以理解的事。朱熹也曾说过：“后来元祐诸公，治得熙丰之党太峻，亦不待其服罪。温公论役法疏略，悉为章子厚所驳，（对新党）只一向罢斥，不问所论是非，却是太峻急。”① 由司马光造成的这种严峻政治气氛，再经保守派人物推波助澜，则在王安石身后，怎能不出现萧条凄惨的局面呢！

2. 王安石的父母全都死在江宁、埋葬在江宁。王安石死后也埋葬在江宁，但并不与他的父母葬在同一茔地。《景定建康志》卷四三，虽仅有“王舒王墓在半山寺后”一句极简单的记载，但我们据此可知，在王安石死后，乃是由他的诸弟在他原所居住的半山园（后改称半山寺）后选取了一块墓地埋葬的。在张舜民的《画墁集》中，有《哀王荆公》七绝四首，其中有句云：“恸哭一声唯有弟，故时宾客合如何！”可知王安石的丧葬之事必只是靠他的诸弟办理的。

南宋周辉的《清波杂志》卷十二，有一条记载说：

> 王荆公墓在建康蒋山东三里，与其子雱分昭穆而葬。绍圣初，复用元丰旧人，起吕吉甫知金陵……当时士大夫道金陵，未有不上荆公坟者。……曾子开有《上荆公墓》诗，见《曲阜集》。

以周辉此说与《景定建康志》所载相较，我认为，《建康志》所载应为可信，周辉可能是将王墓的位置记错了。检曾肇的《上荆公墓》诗（《曲阜集》卷四），其中也有“华屋今非昔，

---

① 《朱子语类》卷一三〇《自熙宁至靖康用人》。

佳城闭不开”两句，佳城者坟墓也，既以华屋与佳城并提，亦可证王安石墓必与其生前曾居住过的半山园相比邻。即使退一步说，承认周辉的记载亦可备一说，而王安石死后之葬于江宁，并非归葬抚州，毕竟还是确定无疑的。

明沈德符《万历野获编》卷二《发冢》条载：

> 冢墓被发，即帝王不免，然必多藏，始为盗朵颐。如王荆公清苦，料无厚葬。其墓在金陵。正德四年，南京太监石岩者，营治寿穴，苦乏大砖；或献言云：“近处古冢砖奇大”，遂拆以充用。视其碣，乃介甫也。则薄葬亦受祸矣。

明武宗的正德四年为公元1509年。《野获编》的这条记载（我认为它是可信的）等于告诉我们说：直到16世纪初，王安石的坟墓仍在江宁原地，未被迁移到其他地方。

写到这里，我很想再插入我自己的一段感慨，是久已积存在我胸怀中的一段感慨。我以为，像苏轼在《王安石赠太傅制词》中所说，王安石的“瑰玮之文足以藻饰万物，卓绝之行足以风动四方”，而他任宰相期内的变法改制诸措施，也“能于期岁之间，靡然变天下之俗”。这等于说，他在立德、立功、立言方面都已具备了不朽的条件。而身为宰相的司马光，虽是王安石长期以来的政敌，当他在病中听到王安石逝世的消息之后，立即写信给另一位宰相吕公著，要他向太皇太后和皇帝建议，对王安石的身后事应“优加厚礼，以振起浮薄之风”。于是北宋朝廷果然追赠他为太傅。然而除此之外，由于司马光正在“以母改子”的借口下，大力贬斥熙宁元丰期内参与推行新法的各级从政官员，这种严峻局势使得王安石的故旧全都畏罪之不暇，谁敢再出面冒此风险？遂致前来祭吊和赠送祭品赙礼者也绝少，出现了张舜民《哀王荆公》诗中所描述的“门前无爵罢张罗，元（玄）酒生刍亦不多”的凄凉场面。不但如此，《景定建康志》所载宋人茔墓，大都在标题之下附有或多或少的文字，说明何人撰墓碑，何人撰墓志，并摘录其中一段关键语句，而独于王安石墓，则仅为“王舒王墓在半山寺后”九字，这反映出，在王安石墓前绝无神道碑，而王安石生前位至宰相，死后追赠太傅，于礼于理，都是应当于墓前建立神道碑的。更为奇怪的是，不但在《景定建康志》的“王舒王墓在半山寺后”的九字标题之下不曾道及何人为做墓志铭，不曾摘录墓志铭中的只言片语，在现存的宋人文集、笔记及各种文献当中，竟也找不出有关王安石的行状、墓志铭的任何蛛丝马迹，而从《野获编》中的《发冢》一条，我们才得知埋藏在王安石坟墓中的，只是一块“墓碣”，亦即只载有仅能证明其为王介甫墓的一段简单文字的刻石，这就更令人感到他身后所受待遇实在过分地凄凉了。